Karl Knortz
Märchen und Sagen der Indianer Nordamerikas

Karl Knortz

Märchen und Sagen der Indianer Nordamerikas

Anaconda

Der Text erschien zuerst 1871 bei Costenoble in Jena.
Orthografie und Interpunktion wurden für diese Ausgabe
auf neue deutsche Rechtschreibung umgestellt.

Die Deutsche Nationalbibliothek verzeichnet diese
Publikation in der Deutschen Nationalbibliografie;
detaillierte bibliografische Daten sind im Internet
unter http://dnb.d-nb.de abrufbar.

© 2017 Anaconda Verlag GmbH, Köln
Alle Rechte vorbehalten.
Umschlagmotiv: »Tribal seamless colorful geometric pattern.
Ethnic vector texture. Traditional ornament«, © Chernushka /
Shutterstock. – »Indianischer Traumfänger, Dekoration,
Fotografie, Horizontal, Indigenes Volk«, © worawut17 / iStock
Umschlaggestaltung: Druckfrei. Dagmar Herrmann, Bonn
Satz und Layout: InterMedia – Lemke e. K., Ratingen
Printed in Czech Republic 2017
ISBN 978-3-7306-0482-3
www.anacondaverlag.de
info@anacondaverlag.de

Einleitung

Ich weiß nicht, ob es gerade ein lohnendes Unternehmen ist, die Märchen, Sagen und Fabeln der wilden Rothäute der nordamerikanischen Urwälder und Prärien zusammenzustellen; äußerst mühevoll ist es sicher, das so weitläufig zerstreute Material aus den vielen englischen und französischen Büchern und mündlichen Berichten der Missionare, Dolmetscher, Reisenden und Indianeragenten zu kollektieren, zu ordnen und umzuschreiben. Doch glaube ich, dass es jedenfalls eine interessante Aufgabe ist, der ich mich hier unterzogen habe, denn statt der Anzahl der bisherigen stereotypen Skalpgeschichten hält uns eine solche Sammlung einen klaren Spiegel indianischen Gemütslebens vor, bestehend in uroriginellen, wild aufgeschossenen, zwischen Blumen, Gras und Wigwamstangen gekeimten Fantasien, mit denen sich der alte Medizinmann schon mehr als tausendundeinmal ein »heiligeres« Ansehen gegeben und der vom rauen Kabibonokko in den Wigwam gebannte Familienvater seinen Kindern schon ebenso oft Hunger wie Langeweile vertrieben hat.

Nur im Winter hat der Indianer zu solcher Unterhaltung Zeit und Muße, denn im Sommer, wenn »die Wildnis blüht wie eine Rose« und ihn die Strahlen der Sonne aus der engen Hütte jagen, verbieten ihm sein Gewissen und seine Sicherheit jene Fantastereien, denn es würden ihm dann zur Strafe, wie die alten Propheten lehren, Kröten und Klapperschlangen die nächtliche Ruhe rauben.

Ruhig sitzt er dann neben seinem glimmenden Baumstamm, raucht gelassen seine Pfeife und lässt sich dabei, wenn er gerade sprechselig und nicht allzu hungrig ist, ob seiner merkwürdig verschlungenen Geschichten bewundern, wie er sie fand:

> In des Waldes Vogelnestern,
> In dem Hüttenbau des Bibers,
> In des Büffelochsen Hufspur,
> In dem Felsenhorst des Adlers.

Da erzählt er seine haarsträubenden Sagen von himmelhohen Riesen, deren Mäntel aus Skalpen und deren Trinkgeschirre aus Schädeln ihrer Feinde bestanden; von Mammutbüffeln, die so große Füße hatten, dass sie mit einem allein den größten Wald niedertreten konnten; von baumstarken Manitus, deren Anzahl sich wie die Götter der Hindus nur nach Millionen berechnen lässt, oder von leichtfüßigen Elfen, die wie die Virgilsche Camilla über die Flüsse liefen, ohne sich die Füße zu benetzen, oder über einen Kornacker, ohne eine Ähre zu knicken – und das Echo dieser Erzählungen tönt doch sicherlich viel angenehmer und lieblicher als das jener vielen absichtlich entstellten, von müßigen Köpfen dem Geschmack des ungebildeten Publikums angepassten Gräuelgeschichten, die sich von zahlreichen »zivilisierten« Völkern in noch bedeutend grelleren Farben aufzeichnen ließen, wenn den Lesern nur damit gedient wäre. Aber die arme Rothaut ist einmal vor der öffentlichen Meinung in Ungnade gefallen, und sie ist bereits auch zu alt und zu schwach geworden, um vielleicht noch die Zeit eines günstigen Umschwungs erleben zu können, und es wird auch nicht mehr lange dauern, dass ihre Geschichte, die ja bis jetzt nur von ihrem Untergang handelte, wie ein aus uralten Zeiten überliefertes Märchen klingen wird; denn die Beherrscherin der Welt, die Zivilisation, hat jene traurigen Gestalten längst für überflüssig erklärt und ihnen schon seit geraumer Zeit im Urwald die dickste Eiche umgebogen, die ihnen den Weg zum nahen Grab zeigt.

»Das Geschlecht der Kornsäer ist mächtiger als das der Fleischfresser.«

Die Zivilisation ist eben mit einem wohlgepflegten Garten zu vergleichen, dessen Hüter hauptsächlich darauf angewiesen ist, die wilden Tiere davon fernzuhalten.

So ist's mit dem Indianer. Als sich herausstellte, dass ihm das Wort »Fortschritt« ein unbekannter Begriff war, der weder in seinem Kopf noch in sein ganzes Leben passte, sahen sich die Blassgesichter gezwungen, ihm seinen besonderen Boden anzuweisen, wo er mit seinem Freund, dem Büffel, in gleicher Kategorie stand und nur noch insofern als höheres Geschöpf betrachtet wurde, als er ständig das willfährige Werkzeug zu den nichtswürdigsten Spekulationen abgab.

Zwar wurden für ihn die mildesten und humansten Gesetze und Bestimmungen erlassen, und sein Land wurde ihm so teuer bezahlt, wie man es einem Weißen hätte bezahlen müssen, aber er erhielt doch so gut wie gar nichts dafür. Seine Annuitäten werden gegen die wertlosesten Sachen umgetauscht. Senator Neshmith von Oregon sagte einst in einer Rede, dass er Augenzeuge gewesen sei, wie einem Stamm anstatt des bestimmten Geldes und der wollenen Decken vierzig Dutzend Paare elastischer Strumpfbänder geschickt wurden, trotzdem keiner jener Indianer je vorher nur einen Strumpf gesehen hatte.

So haben sie also ihre angestammte Heimat verloren und das bisschen Wild, das sich noch auf den für sie reservierten Strecken herumtreibt, wird auch tagtäglich seltener, denn der verwegene Trapper achtet keine Grenze, sondern geht hin, wo es ihm gefällt, bestraft aber jede unglückliche Rothaut, die sich desselben Verbrechens schuldig macht, unbarmherzig mit dem Tod oder mit Grausamkeiten, die die der roten Rasse bei Weitem in den Schatten stellen. Denn jene verwegenen Gesellen, die sich dem unsteten Trapperleben, das tagtäglich von allen erdenklichen Gefahren umgeben ist, widmen, schlagen ihr Leben äußerst gering an und das ihrer roten Brüder natürlich noch viel geringer.

Alle Indianer stimmen darin überein, dass es, seit sie mit den Weißen Umgang gepflogen hätten, bedeutend mehr Diebe, Mörder und sonstige schlechte Kerle unter ihnen gäbe.

Der Prophet Tecumseh sagte einst in einer Rede: »Als der weiße Mann seinen Fuß auf unser Land setzte, war er hungrig und schwach und hatte keinen Platz, wohin er seine Decke legen, und kein Feuer, an dem er sie

8

trocknen konnte. Unsere Väter teilten alles mit ihm; wenn er Hunger hatte, speisten sie ihn, wenn er krank war, brachten sie ihm Medizin, und wenn es kalt war, wärmende Felle. Aber der weiße Mann ist wie die halb erfrorene Schlange, die ihren Wohltäter, der sie in seinem warmen Wigwam aufnahm, heimlich mit ihrem Gift tötete. Der weiße Mann macht jetzt Jagd auf uns und verschont weder unsere Kinder noch unsere Frauen, noch unsere alten, hilflosen Leute. Gott hat ihm ein großes Land hinter dem Wasser gegeben, aber er ist mit nichts zufrieden, und nun sucht er uns aus unserer Heimat zu vertreiben!«

Letzteres ist's denn, was den roten Mann zur Verzweiflung treibt und was ihn lehrt, sich zuweilen ähnlicher Waffen zur Verteidigung zu bedienen. Ein jeder Weißer aber, der es mit ihm ehrlich, aufrichtig und human meint, ist mit einem Edelmut, einer Liebe und einer Aufopferung belohnt worden, die bei den zivilisierten Völkern zu großer Seltenheit gerechnet werden müssen. Ich erinnere da nur z. B. an William Penn oder an den Franzosen Dubuque, Gründer der gleichnamigen Stadt in Iowa, zu dessen Ehren lange Jahre nach seinem Tod ein heiliges Feuer unterhalten wurde; dann an den Pelzjäger Henry, den zur Zeit des Krieges Pontiacs gegen die Engländer ein Indianer schnell an Bruders statt annahm und dann seinen Häuptling durch reiche Geschenke bewog, ihn als solchen anzuerkennen und ihm das Leben zu schenken. Dann erinnere ich noch an den Missionar Dean, dessen Geschichte ein Pendant zur Pocahontas-Affäre bildet. Es war nämlich beschlossen worden, ihn zur Sühnung eines durch ein Bleichgesicht getöteten Indianers hinzurichten, als plötzlich alle Weiber des ganzen Dorfes herbeisprangen und einstimmig erklärten, dass, wenn nur eine rote Hand den Kopf des weißen Mannes berühre, sie sich augenblicklich ermorden würden. Dabei zog jede ein verborgen gehaltenes Messer hervor.

Auch erinnere ich noch an Washington, den die Irokesen Hänodägänears oder den »Städtezerstörer« nennen. Als die indianische Medizin oder Religion ihren Himmel schuf, dachte sie natürlich nicht an das Bleichgesicht und reservierte ihm daher auch keinen Sitz; sie fand übrigens auch später, dass es keines solchen würdig war. Als aber die wilden Söhne die Gerechtigkeit und die Humanität Washingtons – des Mannes, den sie schon seit der Schlacht von Monongahela von einem mächtigen Manitu beschützt glaubten – kennenlernten, da wurde es ihnen doch bang ums Herz, wenn sie dachten, dass dieser gute Mann wohl die ganze Ewigkeit am großen, mit faulen Fröschen und Eidechsen gefüllten Stinkfluss zubringen müsse, und ihre Medizinmänner sahen daher schnell nach und fanden dicht am Eingang des Paradieses einen wunderschönen Hügel voll schattiger Bäume und duftender Blumen, und darauf bauten sie seiner Seele eine trauliche Heimat, die jeder Indianer beim Eintritt in den Himmel passiert und freundlich begrüßt.

Zur Kälte der Hölle jedoch ist noch kein Weißer ausdrücklich verdammt worden, trotzdem die Gründe dafür wohl tausendfach auf der Hand liegen.

In der eigentlichen Zivilisation der roten Rasse auf praktischem Weg ist in Nordamerika noch so viel wie gar nichts geleistet worden. Die sich aufopfernden Missionare mit ihren unzähligen Bibeln in den Händen und den edelsten Gedanken in den Köpfen, die vor keiner Mühe noch Gefahr, noch vor der sprachlichen Herkulesarbeit zurückschreckten, haben aus vielfachen Gründen auch nicht viel Solides wirken können; denn abgesehen davon, dass mehrere von ihnen äußerst borniert und andere wieder sehr spekulativer Natur waren und mehr Schnapsfässer als heilsame Ideen einführten, so ist das Christentum wie eine jede andere europäische oder asiatische Religionsform das alleruntauglichste Vehikel, eine wilde Menschenrasse zu veredeln, und das hat sich, denke ich, an den Indianern am deutlichsten gezeigt.

Das Christentum hat sich einmal überlebt; der zweitausend Jahre alte Ideengang eines fremden Volkes, der fremden Verhältnissen, Gesetzen, politischen und sozialen Umständen entwurzelt ist, wirkt auf eine unter ganz anderen Ansichten groß gewordene Nation wie die Temperatur der arktischen Zone auf ein Tropengewächs.

So wenig dem Indianer eine fein gebügelte Hose, eine künstlich gestickte Weste oder ein kostbarer Biberhut von Wert sein kann und so wenig feine Möbel, Sofas und Pianos in seinen Wigwam passen, so wenig passen die biblischen Absurditäten in seinen Kopf. Wie er seine eigenen Kleider hat, so hat er auch seine eigene Religion, seine religiösen Feste, seine Gebete, seine Sintflut, seine Manitus und seine Götter, die er sich so leicht nicht nehmen lässt. Eine christliche Gottesanschauung ist ihm noch lächerlicher wie uns die seinige.

Auch ist seine Brust voll des begründeten Erbhasses, der ihn lehrt, alles von den Weißen Kommende mit der größten Vorsicht und Bedachtsamkeit zu erwägen, ehe er sich entschließt, sich etwas davon zu eigen zu machen. »Denn«, sagte einst ein Häuptling, »der weiße Mann ist nicht mit guten Absichten in unser Land gereist, und das Buch, das er mitgebracht hat und von dem er sagt, es enthalte Gottes Wort, ist nicht für die Indianer gemacht. Gott hat uns seine Gebote in den Kopf geschrieben und unseren Vorvätern gesagt, wie wir ihn ehren sollen, damit er uns immer Wild schicke. Wenn wir aber dem weißen Mann und seinem Buch folgen und unsere alten Sitten vergessen, so werden wir, wie die Erfahrung zeigt, elend und arm, und unsere Schutzgeister werden uns weinend den Rücken kehren. Dann werden wir immer tiefer und tiefer sinken und zuletzt wie er mühsam Kühe melken und Korn pflanzen müssen!«

Eine andere Unterhaltung, die uns Conrad Weiser, ehemals Dolmetscher bei den sechs Nationen, mitteilt, liefert uns ebenfalls eine treffende Charakteristik des allgemeinen Argwohns, mit dem der Indianer die christliche Kirche ansieht.

Conrad Weiser hatte einst eine Botschaft nach Onondaga im Staat New York zu bringen und traf dabei unterwegs eine ihm befreundete Rothaut, mit der er sich einige Stunden unterhielt. »Conrad«, sagte der Indianer, »du hast lange unter den Weißen gelebt und kennst auch ihre Sitten. Ich habe, wie du weißt, mich häufig längere

Zeit in Albany aufgehalten und dort bemerkt, dass sie sich regelmäßig alle sieben Tage einmal in einem großen Haus versammeln; kannst du mir nicht erklären, was sie darin tun?«

»O ja«, erwiderte Weiser; »sie versammeln sich dort, um gute Dinge zu hören und ihrem Gott zu danken und zu dienen.«

»Ich zweifle nicht daran, Conrad, dass sie dir das gesagt haben, denn sie haben mir dasselbe gesagt; aber ich bezweifle dessen Wahrheit und will dir nun meine Gründe mitteilen. Ich war kürzlich wieder einmal in Albany, um meine Häute zu verkaufen und Messer, Decken usw. dafür einzutauschen. Du kennst doch Hans Hanson dort; zu dem ging ich und fragte ihn, wie viel er für das Pfund Biber geben könne. ›Vier Schilling‹, erwiderte er und fügte hinzu, dass er aber jetzt keine Geschäfte machen könne, da er in die Kirche gehen müsse.

Nun, dachte ich bei mir selbst, wenn du jetzt keine Geschäfte machen kannst, so gehst du einmal mit ihm; und ich tat es denn auch. In der Mitte des Hauses stand ein kohlschwarz angezogener Mann, der schien von sehr wichtigen Dingen zu reden, wobei er stets auf mich blickte. Da ich mir einbildete, er ärgere sich, mich hier zu sehen, so ging ich hinaus und setzte mich vor die Tür und zündete meine Pfeife an. Darauf hörte ich ganz deutlich, wie jener Mann ständig von einem Biber sprach. Als die Kirche aus war und die Leute wieder nach Hause gingen, fragte ich Hans, ob er mir nicht mehr als vier Schilling geben könne.

›Nein‹, antwortete er barsch, ›ich hab's mir überlegt und kann nur dreieinhalb bezahlen.‹

Alle anderen Kaufleute, die ich darauf fragte, gaben mir dieselbe Antwort, und nun liegt es doch klar auf der Hand, dass sich die Weißen nur deshalb versammelten, um mir schlechte Preise für meine Biber zu zahlen. Denk nur nach, Conrad, und es wird dir einleuchten. Wenn sich die Weißen so oft versammeln, um Gutes zu hören, so sollten sie doch auch etwas Gutes wissen; aber sie wissen rein gar nichts. Wenn ein Weißer in unser Land kommt und hungrig ist, so geben wir ihm Speise und Trank und verlangen nichts dafür; kommt aber eine Rothaut in ihre Häuser, um etwas zu essen, so heißt's zuerst: ›Wo ist dein Geld?‹ Und hat nun der Arme keins, so wird er vor die Tür geworfen.

Solche gute Sachen lehren sie nicht in jenen Versammlungen. Uns sind sie von unseren Müttern gelehrt worden, als wir noch Kinder waren, und wir haben uns deshalb nicht mehr als Männer zu versammeln brauchen. Aber die Weißen gehen nur aus dem einfachen Grund in jenes große Haus, damit sie sich einigen, wie sie uns am billigsten um unsere Felle beschwindeln!« —

Wir haben vorhin beiläufig erwähnt, dass außer dem allgemeinen psychologischen Grund auch noch die Dummheit verschiedener Missionare eine Teilschuld an ihrer Erfolglosigkeit trägt, und wir führen dazu nur ein Beispiel an, nämlich Stellen aus dem Religionsbuch eines französischen Geistlichen, dessen Manuskript zufällig Dr. Mather in die Hände fiel.

Frage: »Wie ist der Boden im Himmel?«

Antwort: »Sehr eben. Man braucht weder Fleisch noch Kleider dort; man wünscht es sich nur, und man hat es.«

Fr.: »Müssen die Leute im Himmel arbeiten?«

Antw.: »Nein, sie tun nichts. Die Felder bringen ohne besondere Mühe Korn, Bohnen und Kürbisse hervor.«

Fr.: »Wie ist der Boden in der Hölle?«

Antw.: »Sehr uneben und zerrissen; sie ist ein feuriger Pfuhl in der Mitte der Erde.«

Fr.: »Hat man Licht in der Hölle?«

Antw.: »Nein, es ist immer dunkel, und man kann nichts als Teufel sehen.«

Fr.: »Wie sehen die Teufel aus?«

Antw.: »Sehr kränklich. Sie haben Larven vor, mit denen sie die Leute erschrecken.«

Fr.: »Was wird in der Hölle gegessen?«

Antw.: »Die Leute sind immer hungrig. Die Verdammten leben von heißer Asche und von giftigen Schlangen.«

Fr.: »Welches Wasser haben sie zu trinken?«

Antw.: »Schreckliches Wasser. Nichts als geschmolzenes Blei.«

Fr.: »Sterben sie in der Hölle?«

Antw.: »Nein. Einer frisst den anderen auf; aber Gott erweckt jeden Morgen die Gefressenen wieder.«

Mit dieser Probe wird wohl der Leser genug haben. Sehen wir uns nun einmal das religiöse Leben der Indianer etwas näher an, von dem uns nichts einen besseren Begriff liefern kann als eben ihre primitiven Märchen und Legenden.

Wie bei den Griechen, so wimmelt auch bei jenen die ganze Natur von Göttern, und wie Erstere die Stufe zwischen Mensch und Gott durch ihr mächtiges Heroengeschlecht ausfüllten, so haben Letztere dafür zweideutige Manitus erfunden. Bäche, Felsen, Bäume und Sträucher sind von diesen Geistern bewohnt; Regenbogen, Nordlichter und Sternschnuppen sind Geister, und die Milchstraße ist deren Weg.

Der hauptsächlichste religiöse Kultus der Irokesen besteht in der Verehrung der heiligen drei Geschwister; diese sind der Geist des Korns, der Geist der Bohne und der Geist des Kürbisses. Jene Pflanzen sind nämlich die wichtigsten Gaben des Großen Geistes und daher besonderen Schutzengeln anvertraut worden, unter denen man sich drei schöne Frauen vorstellt, die einen großen Wigwam bewohnen und unter dem Namen Deohako bekannt sind.

Die guten Geister offenbaren sich gewöhnlich durch Träume; denn Träume, sagen die Indianer mit Homer, kommen von Gott und haben folglich auch etwas zu bedeuten.

Wie nun der Große Geist seine zahlreichen Unterbeamten und Vasallen hat, so hat auch sein später entstandener Antagonist, der Teufel, eine Masse dienstbarer Trabanten, die Pestilenz, Krankheit und Hungersnot verschulden und allerlei Schwarzkünstler und Hexen unter die Leute schicken. Besonders großartig organisiert sind die irokesischen Teufel; sie halten sogar jährlich ihre regelmäßigen Versammlungen ab, zu denen jedem der Skalp seines besten Freundes als Einlasszettel dient.

Jene Teufel sollen auch dem edlen Korn seine ursprüngliche Nahrhaftigkeit genommen und verursacht haben, dass dessen Pflanzung jetzt mit so viel Mühe verbunden ist und die roten Leute dabei ihre liebe Mutter, die Erde, so sehr quälen müssen. Wenn der Wind durch die Ähren streift, so hört man auch ganz deutlich das Jammern und Wehklagen des Korngeistes ob der Schändung des göttlichen Kleinods, das der Sage nach dem Busen der Mutter des Großen Geistes entsprungen sein soll.

Die zwei obersten geistigen Gewalten haben natürlich bei jedem Stamm ihre besonderen Namen, Beschäftigungen, Attribute und eigentümlichen Charaktere. Bei den Odjibwas heißt der Große Geist Gitschi Manitu, bei den Irokesen Häwenneyu; andere Namen für ihn sind Mingo Minnato, Monätowa, Atahon, Oki, Mitschabu usw. Einer seiner Hauptbeamten war, wie die Irokesen erzählen, Heno, der Gott des Donners, gewöhnlich nur der »Großvater« genannt, der unter dem Niagarafall wohnte, Wolken, Regen und Gewitterstürme schuf und stets rächende Blitze für die Hexen und Gotteslästerer bereithielt. Sein Kopf war mit glänzenden Federn geschmückt, die ihn gegen alle Attacken des Teufels sicherten, und wenn er ausging, hängte er sich gewöhnlich einen großen, mit scharfkantigen Felsen gefüllten Ranzen um, die er gelegentlich miserablen Subjekten auf die Köpfe warf.

Am einfachsten in theologischen Dingen ist wohl der Apache-Indianer in Sonora; er hat nur einen Häuptling des Himmels, Yastasitanne, angestellt, ihm aber weiter keine Eigenschaften – weder gute noch schlechte – beigelegt, weil man seiner großen Entfernung wegen darüber nichts zu sagen wisse. Daher weiß er auch nicht, ob es eine Belohnung und eine Bestrafung seiner Taten gibt, und an ein Fortleben nach dem Tod zu glauben, geht nun ganz und gar über seinen Horizont.

Auch die Chickasaws wissen nichts von einer ewigen Verdammnis.

Der Große Geist hat so viele verschiedene Wohnungen, wie es Rothäute gibt. Nach dem allgemeinen indianischen Sprichwort soll er auf »der Prärie« weilen; die Komantschen sagen, sie wüssten es nicht, aber die Sonne wüsste es sicher, da sie ihn ja täglich besuche, weshalb man sie auch verehren solle. Andere sagen wieder, er wohne in Carver's Cave, einer mit Hieroglyphen beschriebenen Höhle bei St. Paul in Minnesota, die von den Indianern Wakantipe genannt wird, usw.

Gitschi Manitu tritt in allen möglichen Gestalten auf: als Schildkröte, als rote Sandsteinpfeife, als Bär usw. Er kann sich sehr schnell verwandeln und tut das auch häufig. Den Odjibwas erschien er einst als 64 Fuß (?) großer Riese; bei den Huronen hatte er sich mit Schellen, Korallen und Muscheln behängt, und als ihm Hiawatha seine Tochter opferte, kam er in Gestalt eines

Vogels herunter. Früher, als er noch als Mensch unter den Indianern lebte, hatte er sich den Namen Manobozho, Hiawatha oder Tarenyawagon beigelegt, Namen, die ein sehr reichhaltiger poetischer Sagenkreis umgibt. Seine Riesenarbeiten, die er in jener Gestalt verrichtete, erinnern an die eines Herkules, eines Thor oder eines Wischnu.

Der indianische Hiawatha ist der mexikanische Quetzalcoatl; er lehrte wie jener Ackerbau und Religion, zerstörte aber nicht wie der später durch einen an einem Spinnengewebe vom Himmel gekommenen Zaubertrank verrückt gemachte Azteke seine Werke wieder, sondern ließ sie für alle Ewigkeit bestehen.

Hiawatha heiratete auch, aber er machte es nicht wie sein göttlicher Kollege Wischnu, jener flötenblasende Mädchenjäger, der sich 16 000 Weiber anschaffte, oder wie der geile Zeus, der sogar seine Schwester zur Frau nahm, sondern er war genügsam und nahm sich nur eine Frau, um seiner Nation ein würdiges Beispiel zu geben, nach dem sich aber seine »heiligen Nachfolger«, die Herren Medizinmänner, nicht gerne richten, denn sie glauben ebenso gut wie die Chiefs das Privilegium zu haben, Polygamie treiben zu dürfen.

Wie Zeus durch das Rauschen der Eiche zu Dodona seinen Willen kundgab, so macht sich Gitschi Manitu durch das Rauschen der Blätter oder durch die Gestalt hinziehender Wolken oder den Flug der Raubvögel verständlich. Auch geben die Medizinmänner vor, mit ihm in direkter Verbindung zu stehen, aber ihre Mitteilungen darüber sind bereits seit geraumer Zeit so sehr in

Misskredit geraten, dass kein Indianer mehr großen Wert darauf legt. Doch sind diese mitunter so origineller und zuweilen auch so poetischer Natur, dass wir uns erlauben, einige Worte darüber mitzuteilen.

Ungefähr im Jahre 1800 kam ein solcher Medizinmann zu den Irokesen, der gab vor, großartige Offenbarungen vom Großen Geist zu haben und auch von ihm mit der Aufgabe beehrt zu sein, seinen Willen zu predigen. Er hieß Gäneodigo oder Schöner See und gehörte zum Schildkrötentotem der Senecas. Seine Jugend hatte er, wie er selbst erzählte, verfaulenzt, verbummelt und verliederlicht und dabei seinen Körper so ruiniert, dass er stündlich seinen Tod erwartete. Stattdessen erschien aber ein Abgesandter des Großen Geistes bei ihm und brachte ihm einen Strauch mit Stachelbeeren, die er essen musste, worauf er wieder genas. Dann erteilte ihm der Bote die priesterliche Weihe und zeigte ihm den Schreckensort der Missetäter und das Paradies der Guten, damit er späterhin genaue Auskunft darüber geben könne. Darauf trat Gäneodigo sein neues Amt an und predigte über dreißig Jahre lang.

Er und Sosehawä, sein Neffe und Nachfolger, wüteten hauptsächlich gegen das Feuerwasser, das kein anderer als der Teufel den Bleichgesichtern in die Hände gegeben habe. Der Weiße gebe es auch nur deshalb den Indianern, um bequem Zank und Streit unter ihnen zu stiften und sie in ihre Zuchthäuser bringen zu können. Keiner, der auch nur Feuerwasser trüge, komme in den Himmel. Wenn die Trinker am großen Scheideweg anlangen, wo Gott und Teufel über sie zu Gericht sitzen und über ihre Zukunft entscheiden, wird sie der Teufel gleich beim Namen nennen und ihnen eine dickleibige Schnapsflasche kredenzen, deren Inhalt ihnen wie ein feuriger Strom aus dem Mund fließen wird, wobei sie vergeblich um Hilfe schreien. Frauen, die den Rothäuten Schnaps verkauft haben, verlieren in der Ewigkeit Fleisch und Blut und müssen als schreckliche Knochengestalten umherlaufen.

Ähnlich wütete auch Tecumseh, der Prophet, der die Sonne unter seine Füße bringen konnte, gegen das Feuerwasser und teilte mit, dass er bei seinen häufigen Reisen in die Wolken jedes Mal zuerst die Wohnung des Teufels erblickte, die von Säufern angefüllt sei, denen ewig brennende Flammen aus den Mäulern leuchteten.

Schlechten Weibern und zanksüchtigen Männern wachsen nach dem Tod die Zungen und die Augen so weit heraus, dass sie weder sprechen noch sehen können; faule Frauen müssen ewig Korn schneiden, das gleich wieder nachwächst. Weiberprügler müssen ständig auf weißglühende Frauen schlagen, dass ihnen die Funken Arme und Beine verbrennen. Die Hexen werden in einen Kessel mit kochendem Wasser geworfen, und ihr teuflischer Freund wird ihnen trotz inbrünstigster Bitten keinen kalten Platz anweisen. Die Landverkäufer müssen große Sandberge abtragen, die aber nächtlich immer wieder nachwachsen, usw.

So wie allmählich das Ansehen der Medizinmänner schwand und der Bogen mit der Flinte vertauscht wurde, so schwanden auch die alten »medizinenen« Sitten und Bräuche und die Heilighaltung und Verehrung der Götter. Sogar der Medizinsack, das Heiligste, was die Rothaut des Nordwestens je besessen hat und das kein Bleichgesicht anrühren durfte, ohne mit dem Leben dafür zu büßen, haben die meisten als nutzloses Anhängsel abgeworfen und, wo es ging, mit der lieben Whiskyflasche vertauscht. Die indianischen Götter müssen sich nun kümmerlich von stinkendem Tabaksrauch nähren, und wenn ihnen zuweilen noch ein Pfeil, ein Stück Fleisch oder wohl gar ein Hund geopfert wird, so sind diese Dinge sicherlich für jeden anderen Gebrauch total wertlos. Höchstens wird vielleicht dann eine Ausnahme gemacht, wenn irgendein großes Unglück über einen Stamm gekommen ist und sich dieser wieder mit seinen Göttern versöhnen will – also aus Gründen der Spekulation.

Der Indianer verehrt wie der Perser, der Araber, der Mexikaner und der Peruaner hauptsächlich die Elemente, bringt diesen aber nicht wie Letzere Menschenopfer dar*, wenigstens geschah dies früher äußerst selten. So erschoss einst ein Dakota, als es furchtbar donnerte und blitzte, seinen Sohn, um den Donnergott zu bewegen aufzuhören. Auch stellten einst die Indianer am Missouri, um sich einer gesegneten Ernte zu vergewissern, eine nackte Jungfrau auf einen brennenden Holzhaufen und rissen ihr, als sie halb verbrannt war, das Fleisch von den Knochen und streuten es über die Kornfelder.

---

* Montezuma ließ ja bekanntlich deshalb die Unabhängigkeit der Republik Tlascala bestehen, damit er immer einen Feind hatte, der ihm Gefangene zum Opfern lieferte.

Die Hauptverehrung der Götter geschieht durch Tänze, deren der Indianer beinahe so viele zählt, als er Haare in der Skalplocke hat. Der Tanz bildet einen Teil seiner nationalen Existenz, und viele behaupten, dass, sowie sie ihre Tänze aufgeben, ihre ganze Rasse dem Untergang nahe sei. Da haben sie denn in erster Reihe den religiösen Federtanz und den patriotischen Kriegstanz, bei welch Letzterem die hochzeitlichsten Mokassins, Giseha und Gägetä angezogen werden und Tomahawk und Skalpiermesser so blank geputzt sind, dass sie strahlen wie die Mittagssonne, und bei dem die Mäuler in jenem grauenhaften Kriegsruf noch einmal so weit wie gewöhnlich aufgerissen werden. Dann haben sie den Fischtanz und den Büffeltanz, der jene Tiere herbeilocken soll; dann den Rasseltanz, den Ententaz, den Skalptanz, den Bärentanz, den Schildkrötentanz, den Hundetanz, den Donnertanz, den Totentanz usw.

Außerdem haben auch noch einige Stämme ein jährliches Fest zur Erinnerung an die verheerende Sintflut, mit der sie einst der Große Geist infolge ihrer Schlechtigkeit heimsuchte. Eine solche Sintflut scheint jedoch den Winnebagos unbegreiflich, denn sie sagen, Gitschi Manitu müsse ein großer Narr gewesen sein, wenn er seine mühsam fabrizierte Welt mit allem, was darauf kroch und flog, wieder so leichtsinnig zerstört habe.

Als nach einer mexikanischen Erzählung die Erde durch den Wassergott Tlalok unterging – eine Episode, die das sogenannte »vierte Weltalter« bildet –, entging nur der alte Fischgott Coxox mit seiner besseren oder schlechteren Hälfte den Fluten, und ein Kolibri zeigte ihnen später durch einige mitgebrachte Zweige an, dass sich die Erde wieder reorganisiere. Das bei den Karaiben gerettete Menschenpaar bevölkerte die Erde wieder dadurch, dass es Steine hinter sich warf, die sich augenblicklich in Menschen verwandelten (s. Deukalion und Pyrrha).

Bei den Muyscas, die die Terra firma bewohnen, wurde die Sintflut durch ein böses Weib verschuldet, und wenn ihr dreihäuptiger Mann nicht schnell den Wasserfall von Tequendana geschaffen hätte, sodass das Wasser abfließen konnte, so wären sicherlich alle Menschen ertrunken. Die Komantschen in Texas glauben, sie seien deshalb dem Ertrinken entronnen, weil sie der Große Geist noch zur rechten Zeit in weiße Vögel verwandelt habe.

Bei einigen Indianerstämmen herrscht der Glaube, dass die Welt das nächste Mal durch Feuer untergehen werde, ein Malheur, das die Brasilianer und die Mexikaner bereits glücklich überstanden haben.

Große Aufregung herrscht jedes Mal bei einer Sonnen oder einer Mondfinsternis, denn einige glauben, der betreffende Körper sei krank und wolle sterben. Einige glauben auch wie die Chinesen, ein böser Geist wolle ihn verschlingen, weshalb sie einen fürchterlichen Lärm machen, um diesen zu verscheuchen. Hunde werden losgebunden und geprügelt und alle Donnerbüchsen abgeschossen. Plutarch erzählt, dass auch die Römer bei ähnlichen Gelegenheiten zu demselben Zweck eherne Gefäße gegeneinanderschlugen.

Kurios sind die Ansichten einiger Indianerstämme hinsichtlich ihres Lebens nach dem Tod. Sie stimmen nur in dem Punkt überein, dass die Hauptseele des Guten ein prächtiges, sonniges Land voll des fettesten Wildes erwartet; der Weg dahin führt teils über die Milchstraße, teils über die große »medizinene« Prärie. Wir sagten eben die Hauptseele, und das mit Absicht, denn manche Indianerstämme schreiben sich mehrere Seelen zu. Die Dakotas glauben deren vier zu haben, wovon die erste ins Reich der Geister oder ins Paradies gehe und die zweite die Luft bewohne; die dritte müsse den Kadaver bewachen und die vierte ständig ihr heimatliches Dorf umschweben.

Bei den Stämmen der Algonkin-Familie begnügt sich jeder Indianer mit zwei Seelen: Einer körperlichen und einer geistigen; sie nageln deshalb auch nie ihre Särge zu, sodass die eine immer bequem aus und ein gehen und der anderen Nahrung bringen kann. Dass überhaupt jeder Mensch zwei Seelen habe, suchte ein alter Indianer einst am Träumen zu beweisen; während nämlich die eine Seele durch Feld und Wald streife, bleibe die andere ruhig beim Körper zurück, denn sonst würde der ja während dieser Zeit sterben.

Der meisten Seelen rühmen sich die Karaiben: Jeder Pulsschlag ist nämlich eine. Sie haben Seelen der Augen, der Nase, der Füße, der Hände usw., von denen aber nicht alle selig werden.

In der alten Tragödie »Pontiac«, wahrscheinlich von William Rogers verfasst, gibt es zwei Trapper, von denen der eine dem Indianer gar keine Seele zuspricht:

ORSBOURN:
I fear their ghosts will haunt us in the dark.

HONNYMAN:
It's no more murder than to crack a louse,
That is, if you 've the wit to keep it private.
And as to haunting Indians have no ghosts,
But as they live like beasts, like beasts they die.
I've killed a dozen in this selfsame way,
And never yet was troubled with their ghosts.

ORSBOURN:
Then I'm content, my scroupels ae removed.

Für die Seelen sorgen einige Indianer recht ängstlich.
Die Dakotas hängen rings um den Leichnam Speise auf
und lassen mehrere Tage lang ein Feuer dabei brennen,
damit jene weder frieren noch Hunger leiden. Kindern
wird ihr Spielzeug beigegeben, und die Verwandten
kommen häufig zum Totengerüst, um sich mit der dabei zurückgebliebenen Seele zu unterhalten.

Die Algonkins fangen, wenn einer von ihnen gestorben ist, einen Vogel, der dessen Seele in den Himmel
tragen muss.

An die sogenannte »Seelenwanderung« glauben nicht
alle Stämme. Die Algonkins behaupten, vor ihrer Geburt Tiere bewohnt zu haben, weshalb sie diese auch
für vernünftig und verständig halten. Einige Odjibwas
geben vor, einem Hundefell entsprungen zu sein, und
die Bucros hoffen nach dem Tod in Affen verwandelt

zu werden. Gewisse Stämme in Kalifornien essen nie Fleisch von großen Tieren, da sie befürchten, es enthielte den Geist irgendeines Menschen. Viele essen von Tieren, die sie aus dem genannten Grund in Ehrfurcht halten, nicht von der rechten Seite oder nicht vom Kopf oder nicht die Leber usw.

Zum weiteren Seelenleben der Indianer gehören auch noch die »Ahnungen«. Der Aberglaube eines jeden Volkes und eines jeden Landes denkt überall jedes bedeutende soziale wie politische Ereignis in irgendeiner Weise vorausgesehen zu haben. Hat ein altes Weib einen außergewöhnlichen Traum gehabt; hat ein grimmiger Köter eine ganze Nacht hindurch ohne bekannte Ursache gebellt; ist ein Nordlicht erschienen oder hat sich sonst ein gerade nicht alltägliches physikalisches Phänomen blicken lassen, und das philiströse Stillleben wird plötzlich mit Krieg, Hungersnot oder Pestilenz heimgesucht, so unterliegt es natürlich keinem Zweifel, dass die vorhergegangenen Zufälligkeiten die untrüglichsten Vorboten jener Kalamitäten waren. So haben die Indianer geradeso gut ihre schlimmen Omina vom Untergang ihrer Nation wie zu ihrer Zeit die Etrusker, die Römer und die Türken.

Im Oktober 1762 – also kurz vor Beginn des blutigen Pontiacschen Krieges – will man über Detroit mehrere kohlschwarze Wolken gesehen haben, deren Regen nach Schwefel roch und eine tintenartige Farbe hatte, sodass die Leute damit schreiben konnten. Ehe der sogenannte »König-Philipps-Krieg« (King Philipp's war) anfing, hörte man in der Plymouth-Kolonie häufig schweres Kanonengerassel in der Luft, hörte Flinten abfeuern und den Lärm der Trommeln, ohne jedoch etwas zu sehen. Bei den Indianern zu Columbus' Zeiten deuteten alle derartigen Vorzeichen auf die Ankunft der Spanier hin.

Das Sterben soll bei einigen Indianerstämmen wie bei den Griechen durch die Ungehorsamkeit der Weiber eingeführt worden sein, wie denn überhaupt diese als die Quelle allen Elends gelten müssen, das die Rothaut das Leben hindurch verfolgt. Kein Wunder also, dass die Vergrößerung einer Familie durch ein Mädchen quasi als ein Unglück gilt, wenn der Indianer auch nicht so inhuman damit verfährt wie der Hindu, der es auf den Markt trägt und mit der einen Hand feilbietet und in der anderen ein Messer hält, um es für den Fall, dass sich kein Liebhaber dafür findet, gleich erstechen zu können.

Viele Kinder zu besitzen ist der indianischen Squaw unangenehm, und das aus sehr triftigen Gründen: Bei ihrem ständigen Wanderleben ist sie der alleinige Packesel, der sie mühsam mitschleppen muss, da es der Mann ebenso sehr unter seiner Würde hält, Kinder zu tragen wie Mais zu pflanzen. Doch da wissen sich einige Squaws genauso gut zu helfen wie die amerikanischen Ladies seit der Zeit, wo bei ihnen der nationale Grundsatz, unter keinen Umständen mehr als höchstens zwei Kinder zu besitzen, zur allgemein befolgten Regel geworden ist. Aber weder die Faulheit noch die Furcht vor Mutterpflichten treibt sie zu jenem teuflischen Verbrechen; auch nicht die Bequemlichkeit oder die allmächtige Mode mit ihren mannigfachen Ansprüchen; auch nicht gesellschaftliche Rücksichten wie Bälle, Teevisiten usw., die doch unter keinen Umständen vernachlässigt werden dürfen – nein, was die rote Frau dazu treibt, sind die Not, die pure Not, und ihr gesamtes nationales Unglück, das ihr Kind der genügenden Kleidung, Nahrung, Pflege und Ruhe beraubt.

Wer hilflos ist, ist überflüssig in der Welt, und in diese Kategorie gehören bei den Indianern außerdem auch noch die Greise. Einem bejahrten Dakota gaben einst seine Kinder eine Flinte in die Hand, damit er sich gegen sie verteidigen könne, damit sie, wie sie sagten, ihn in ehrenhafter Weise loswürden – dieselbe Methode also, die jetzt die Zivilisation gegen die ganze Rasse anwendet und wobei jene auch ihren sicheren Untergang finden wird. Es wird wahrhaftig kein Jahrhundert mehr dauern, so wird der mächtige amerikanische Adler die Seele der letzten Rothaut zwar nicht in die Höhe zum Großen Geist, wohl aber ins Reich der gänzlichen Vergessenheit getragen haben.

Das weisse Steinkanu

Vor vielen, vielen Jahren lebte am Michigansee ein wunderschönes Mädchen, das mit einem tapferen, jagdtüchtigen jungen Mann verlobt war. Der Tag ihrer Hochzeit war auch bereits festgesetzt worden; als aber dieser endlich herankam, starb die hübsche Braut plötzlich. Das raubte denn dem Bräutigam alle Ruhe und alle Lebenslust. Stundenlang saß er unter dem Totengerüst, auf das die alten Frauen ihren Leichnam zur Verwesung hingelegt hatten, und nahm weder Speise noch Trank zu sich. Seine Kameraden kamen häufig zu ihm und sagten, er sollte doch klüger sein und seine Gedanken lieber auf die Jagd oder den Krieg lenken, als seine jungen Tage so mit unnützem Trauern zu vergeuden. Aber sein Herz war tot für solche Beschäftigungen, und unwillig schleuderte er Keule, Pfeil und Bogen von sich, da sie ihm keinen Ersatz für das Verlorene zu gewähren vermochten.

Nun hatte er einst von alten Leuten gehört, dass es einen geheimen Pfad gäbe, der zum Land der Seelen führe. Diesen gedachte er nun zu verfolgen. Er bereitete sich also vor und marschierte südwärts, was der Tradition nach die rechte Richtung war. Für eine Weile begegnete ihm weiter nichts Außergewöhnliches; Berge, Täler und Bäume sahen geradeso aus wie bei ihm und die Tiere und die Vögel ebenfalls.

Als er seinen Wigwam verlassen hatte, lag rundum alles in Schnee und Eis, welch winterliche Zeichen sich jedoch allmählich verloren; der Schnee schmolz durch die Strahlen der erstarkenden Sonne, die Bäume bekamen nach und nach grüne Blätter, und ohne dass er wusste, wie es eigentlich zuging, stand rings um ihn her die ganze Natur in der anmutigsten Frühlingspracht. Die Blumen erglänzten in ungeahntem Farbenschmuck, und die Vögel erfüllten die Luft mit den herrlichsten Liedern. Unser Wanderer war also auf dem rechten Weg.

Bald entdeckte er auch einen geebneten Fußpfad, der ihn durch ein allerliebstes Wäldchen auf eine Anhöhe führte, auf der er eine sorgfältig gebaute Hütte wahrnahm. Ein alter Mann mit schneeweißem Haar und eingesunkenen Augen, aus denen aber doch noch das Feuer der Jugend zu lodern schien, kam ihm freundlich entgegen und hieß ihn willkommen. Um seine Schultern hing ein weiter Mantel aus den feinsten Tierfellen, und in seiner Hand führte er einen silberglänzenden Stab.

Der junge Mann nahte sich dem Alten ehrfurchtsvoll und brachte in ehrerbietigster Weise sein Anliegen vor.

»Oh«, sagte der Greis, »ich kenne deinen Wunsch bereits; ich habe dich schon lange erwartet und war eben ausgegangen, um nach dir zu sehen. Diejenige, die du suchst, hat sich vorgestern bei mir ausgeruht und neue Kräfte zu ihrer Reise ins Land der Seelen gesammelt, und das musst du denn auch tun.«

Darauf setzten sie sich zusammen vor die Tür des Wigwams, und der Alte fuhr fort: »Sieh – dort, wo sich die große blaue Ebene bis ins Unendliche ausdehnt, dort ist das Paradies, ihre Heimat. Hier stehst du an der Grenze; mein Haus bildet die Eingangspforte. Deinen Körper aber kannst du nicht mit hinnehmen, auch deinen Hund und deine Waffen nicht; ich werde dir daher dies alles bis zu deiner Rückkehr treulich aufbewahren.«

Darauf zog sich der Greis in seine Wohnung zurück, und der junge Mann marschierte rüstig weiter. Sein Gang war so leicht, als ob er plötzlich Flügel bekommen hätte, und je weiter er ging, desto heller glänzte alles um ihn. Die Tiere gingen so traulich an ihm vorbei, und die Vögel flogen so nahe an ihn heran, dass es ihm vorkam, als sähen sie ihn gar nicht. Weder Berg noch Baum nötigte ihn zu einem Umweg; er ging gerade mittendurch, denn es waren ja auch nur die Geister der Bäume und der Berge, die sich ihm entgegenstellten.

Als er so eine halbe Tagesreise hinter sich hatte, kam er an das Ufer eines breiten Sees, in dessen Mitte ein wunderschönes Eiland lag. Er setzte sich in ein weißes Steinkanu, von dem ihm der Alte vorher beim Abschied einige Worte nachgerufen hatte, und ergriff die Ruder, um hinüberzufahren. Beim Herumdrehen sah er jedoch auf einmal seine Geliebte in einem anderen Kanu neben sich. Die Wogen des Sees gingen immer höher und höher, vermochten aber nicht über den weißen Rand der Schifflein zu schlagen. Viele andere Seelen begegneten ihnen auch noch, und einige davon wurden von den schäumenden Wellen verschlungen. Nur die Kanus der kleinen Kinder blieben von Stürmen vollständig verschont.

Auch unser Paar überstand glücklich alle diese Gefahren und betrat freudig das himmlische Eiland, wo es keine Stürme und keinen Regen mehr gab; wo keiner fror, keiner Hunger litt und keiner über einen Todesfall zu klagen brauchte. Dort sah man keine Gräber; auch hörte man von keinem Krieg. Auf die wurde nicht Jagd gemacht, denn die nahrhafte des Paradieses sättigte alle vollkommen.

Gern wäre der junge Krieger hiergeblieben, aber Meister des Lebens rief ihm plötzlich zu: »Geh zurück in das Land, aus dem du gekommen bist, da Du deine Pflichten dort noch nicht erfüllt hast. Höre dann auf die Lehren, die dir mein Türhüter geben wird, wenn er dir deinen Körper zurückerstattet; und wenn du danach handelst, dann wirst du auch späterhin den Geist wiedersehen, den du jetzt zurücklassen musst; er wird dann noch so jung, schön und glücklich sein wie an dem Tag, als ich ihn zu mir rief!«

Als diese Rede des Großen Geistes verhallt war – erwachte der rote Jüngling. Seine schöne Reise in das Land der Seelen war nur ein glücklicher Traum gewesen, während er in Wirklichkeit mit Hunger, Kälte und bitteren Tränen zu kämpfen hatte.

Onawutakuto

Es ist schon sehr lange her, als am Ufer des Huronsees ein alter, zum Totem der Biber gehöriger Odjibwa lebte, der einen einzigen Sohn besaß, dem er den
Namen Onawutakuto – d. h. einer, der die Wolken
fängt – gegeben hatte. Dieser Knabe war sein einziger
Stolz, und er gedachte ihn daher auch zu einem berühmten Medizinmann zu erziehen. Doch als er das
bestimmte Alter erreicht hatte, wo er fasten sollte, wollte
er sich unter keiner Bedingung dazu bequemen. Die
Kohlen, die ihm sein Vater vorlegte, um sein Gesicht
damit zu schwärzen, berührte er nicht, und als ihm
darauf alle Speise verweigert wurde, suchte er sich Vo-
geleier oder abgeschnittene Fischköpfe, die zahlreich
am Seeufer umherlagen. Als ihn aber sein Vater auch
dieser Nahrungsmittel beraubte, verließ er traurig den
elterlichen Wigwam, und zwar, um nie wieder zurückzukehren.

Die erste Nacht brachte er in einem hohlen Baum zu.
Dort erschien ihm eine wunderschöne Frau im Traum
und sprach zu ihm: »Onawutakuto, ich habe deinetwe-
gen eine weite und beschwerliche Reise unternommen;
steh auf und folge mir!«

Der junge Mann erhob sich und folgte ihr, und bald
sah er sich hoch über den Bäumen und den Wolken.
Eine Öffnung am Firmament führte ihn auf eine un-

ermessliche Ebene, auf der er ein niedliches Häuschen erblickte. Dieses bestand aus zwei geräumigen Zimmern; in dem einen hingen allerlei feine Jagd- und Kriegswerkzeuge, und in dem anderen lagen kostbare Frauensachen.

Onawutakuto ließ sich in dem Letzeren nieder, und seine schöne Führerin breitete eine glänzende, schön bestickte Decke über ihm aus und sagte: »Ich muss dich, mein lieber Knabe, eine Zeit lang verbergen, denn mein Bruder wird bald hier sein; er darf dich nicht sehen.«

Kaum hatte sie diese Worte gesprochen, so trat auch schon ein munterer Jüngling herein, dessen Kleider so hell strahlten, als ob sie aus Sonnenstrahlen geflochten seien. Er nahm den Beutel mit Apakosekun oder Tabaksblättern von der Wand, stopfte dann seine kunstvoll verzierte Steinpfeife und sprach: »Nemissa, hast du schon wieder vergessen, dass dir der Größte der Geister streng verboten hat, Kinder der Erde heraufzuholen? Oder denkst du etwa, dass ich nicht weiß, wen du dort unter deiner Decke verborgen hältst? Wenn du mich also nicht beleidigen willst, dann bringe Onawutakuto schnell wieder in seine Heimat!«

Aber die Schwester kümmerte sich wenig um diese Worte und wollte um keinen Preis ihren liebenswürdigen Gefangenen wieder freilassen. Als der Bruder nun einsah, dass sie einmal mit aller Gewalt ihren Willen haben wollte, rief er den jungen Mann aus seinem Versteck hervor und überreichte ihm eine prächtige Pfeife. Dies war das Zeichen, dass er ihn als Schwager anerkannte.

Onawutakuto blieb also, war es ja doch in jeder Beziehung so wunderschön und angenehm hier, und er hatte weder Sorgen noch Hunger, noch Kälte auszustehen. Etwas war ihm jedoch unerklärlich: Sein Schwager verließ jeden Morgen in aller Frühe die Hütte und kam erst spät am Abend wieder zurück, und dann ging seine Frau weg und kam erst am anderen Morgen wieder. Da er nun gar zu gerne hinter dieses Geheimnis zu kommen wünschte, so erlaubte ihm einst sein Schwager, ihn zu begleiten.

Als sie einen halben Tag über eine grenzenlose Ebene gegangen waren, verspürte Onawutakuto Hunger und wollte wieder zurückkehren.

»Noch einen Augenblick Geduld, mein Lieber«, sagte sein Schwager, »denn wir werden bald eine Stelle erreichen, an der ich gewöhnlich mein Mittagsmahl verzehre.«

Bald darauf kamen sie an einen mit den feinsten Matten belegten Platz, auf dem sie sich niederließen. Onawutakuto bemerkte hier ein Loch, durch das er auf die Erde hinabsehen konnte. Da sah er die fünf Großen Seen mit den vielen Dörfern an den Ufern vor sich, sah auch mehrere Haufen wilder Krieger und eine Menge junger Knaben, die sich am Ballspiel ergötzten. Auf den schönsten dieser Knaben ließ sein Schwager plötzlich ein Sandkörnchen fallen, worauf jener gleich hinfiel und leblos in die Hütte getragen wurde.

Nun gab es ein allgemeines Durcheinander auf der Erde; eine Masse alter Weiber sammelte sich vor dem Wigwam, und die Medizinmänner schrien und rasselten aus Leibeskräften, um den Knaben wieder ins Leben zurückzurufen. Darauf schrie Onawutakutos Begleiter zu ihnen hinab: »Opfert mir schnell einen weißen Hund!«

Augenblicklich arrangierten die Eltern des toten Kindes ein großartiges Fest; alle Medizinmänner der Umgebung wurden zusammengerufen, der weiße Opferhund wurde getötet und sein Fleisch gebraten.

»Siehe«, sagte Onawutakutos Schwager darauf, »dort unten sind viele Medizinmänner, die wegen ihrer Kunst in großem Ansehen stehen; aber das kommt nur daher, dass sie ihre Ohrlappen stets nach oben richten und hören, was ich ihnen zuflüstere. Habe ich einen der Erdenbewohner mit Krankheit geschlagen, so befehlen sie den Leuten, mir ein köstliches Brandopfer zu schicken, und ich nehme darauf meine strafende Hand wieder von ihm weg.«

Darauf nahm der Meister des Festes den Hundebraten, sah in die Höhe und rief: »Das opfern wir dir, Meister des Lebens, damit du uns deinen Beistand nicht versagst!« Sogleich flog das gebratene Tier hinauf, und beide hatten oben ein köstliches Mittagsmahl.

Auf diese Art lebten sie lange Zeit fort. Aber endlich schien Onawutakuto dieses Leben doch unerträglich und langweilig zu werden; er sehnte sich innigst zu seinen Freunden und Eltern zurück und bat seine Gemahlin eines Tages um seinen Abschied.

Nach langem Bitten sagte diese: »Wenn dir einmal die Sorgen und die Krankheiten der Erde besser behagen als die Freuden des Himmels, dann geh zurück. Da ich dich hierher gebracht habe, so werde ich dich auch auf deinem Heimweg begleiten. Aber bedenke, dass du stets mein Ehemann bist und dass ich dich ständig an einem geheimen Faden halte, an dem ich dich zu jeder Zeit wieder heraufziehen kann. Hüte dich aber hauptsächlich, eine Tochter der Erde zu heiraten, wenn du meine Macht nicht fühlen willst!«

Darauf leuchteten ihre Augen so hell wie die Sonne, sie wurde immer größer und größer, bis Onawutakuto zuletzt von seinem Traum erwachte. Seine Mutter stand neben ihm und erzählte ihm, er sei ein ganzes Jahr lang weg gewesen. Aber Onawutakuto glaubte ihr nicht, vergaß auch, was ihm seine himmlische Gemahlin befohlen hatte, und ging hin und heiratete ein junges Mädchen aus seinem Stamm. Doch schon nach vier Tagen war jene Frau eine Leiche.

Tief betrübt verließ Onawutakuto seinen Wigwam und kehrte nie wieder zurück. Man sagt, dass ihn seine Traumgemahlin zu sich hinaufgezogen habe.

SCHINSCHIBISS

Der Wigwam von Schinschibiss stand am Ufer des Eriesees. Es war ein grimmig kalter Winter, doch da sich Schinschibiss vier große Baumstämme herbeigeschleppt hatte, von denen jeder wenigstens einen Monat brannte, so war er immer guten Mutes und unbesorgt und pfiff und sang den ganzen lieben Tag. Wenn er Hunger hatte, hackte er das Eis des Sees auf, tauchte unter und fing sich Fische, so viele er nur brauchte. Ob das Wasser kalt oder warm war, kümmerte ihn wenig.

Dies ärgerte nun Kabibonocca, den Nordwind, ganz gewaltig, und er sprach: »Dieser Schinschibiss ist doch ein Teufelskerl; das kälteste Wetter, das ich auf ihn herabschicke, geniert ihn nicht im Geringsten, und er ist immer so vergnügt und zufrieden dabei, als ob es ewig Sommer bei ihm wäre. Versuchen will ich's aber doch noch einmal, ob ich nicht Herr über ihn werden kann.« Und damit schickte er den kältesten Sturmwind zu ihm, den er je über die Erde sausen ließ.

Doch das Feuer von Schinschibiss erlosch nicht, und obwohl seine ganze Kleidung nur aus einem einzigen dünnen Fell bestand, das ihm notdürftig die Lenden bedeckte, ging er nach wie vor aus und fing sich seine Fische.

Da beschloss denn Kabibonocca, ihm einen Besuch abzustatten, und er kam am Abend zum ihm. Schinschibiss lag neben einem brennenden Baumstamm und sang:

> »Blase, Windgott, immerzu,
> Bist ja doch nur meinesgleichen!
> Dass du mich erfrieren machst,
> Wirst du nimmermehr erreichen;
> Vor Hunger, Wind und Schlangenbiss
> Da fürchtet sich kein Schinschibiss.«

Schinschibiss wusste, dass Kabibonocca an seiner Tür war, denn er merkte es an seinem kalten Atem; aber er sang ruhig weiter. Nun trat Kabibonocca herein in die Hütte und setzte sich ihm gegenüber; Schinschibiss tat, als sähe er ihn nicht, schürte lustig sein Feuer und sang: »Bist ja doch nur meinesgleichen!«

Da wurde es Kabibonocca zuletzt doch ein wenig zu langweilig; grimmig verließ er die Hütte wieder und schickte darauf eine solche Kälte, dass das Eis auf dem See noch dreimal so dick gefror. Schinschibiss wusste sich aber immer wieder zu helfen, sodass Kabibonocca zuletzt den Kampf aufgab und sagte: »Schinschibiss ist ein seltsamer Mensch; ich kann ihn weder erfrieren machen noch ihn aushungern; er muss von einem gewaltigen Manitu beschützt sein, und es ist wohl das Beste, ich lasse ihn in Ruhe!«

Unätsi

Unätsi war das schönste Mädchen unter den Wyandot-Indianerinnen. Alle jungen Männer dieses Stammes machten ihr daher auch fleißig den Hof, doch keiner davon konnte sich einer besonderen Begünstigung rühmen. Die heiratslustigen Jünglinge beriefen daher eine heimliche Versammlung ein, um über die Art und Weise zu konferieren, wie Unätsi zu einer bestimmten Erklärung zu zwingen sei. Nach langem Debattieren wurde dann beschlossen: Erstens, dass jeder von ihnen seine Bewerbungen einzustellen habe, und zweitens, dass ihr alter Chief beredet werden sollte, die schöne Jungfrau zu freien.

Der letzte Beschluss gefiel dem alten Häuptling außerordentlich; gleich bemalte er sich mit den schönsten Farben und nahm seine besten Waffen zur Hand, als ob er in einen gefährlichen Krieg zöge. Aber er marschierte sichtlich doch nur halb so freudig, als wenn er der Kriegstrommel folgte oder dem fliehenden Feind nachjagte. Der Gang kam ihn offenbar recht hart an; aber der erste Tag des Liebäugelns und Scharmierens noch härter. Am zweiten wurde es ihm schon bedeutend leichter ums Herz, und am dritten schwor er sogar bei Homendisu und Dairschuuruno, der liebenswürdigen Unätsi jeden Wunsch zu erfüllen, den sie an ihn richten würde.

Das war denn gerade, was die Schöne wollte; sie nahm ihn daher auch gleich beim Wort und befahl ihm, ihr in Bälde den Skalp eines bestimmten Seneca-Chiefs zu bringen, den sie bitter hasste.

Nun bereute der verliebte Wyandothäuptling seine Voreiligkeit zu spät und suchte sie mit dem ganzen Aufwand seines Rednertalents und der untertänigsten Liebenswürdigkeit, deren er fähig war, zu bewegen, doch um alles in der Welt davon abzustehen, denn jener Chief sei sein bester und intimster Freund, sie seien zusammen aufgewachsen, hätten zusammen gegessen, getrunken und sich in ihrem Leben noch nie beleidigt; einen solchen Freund könne er unmöglich umbringen.

Aber er predigte tauben Ohren; das Einzige, was Unätsi erwiderte, war, dass, wenn er nicht bei allen Leuten seines Stammes als unverschämter Lügenhund ausgeschrien werden wolle, er schleunigst sein Versprechen erfüllen müsse.

Und er erfüllte es auch. Gegen Abend schlich er sich ungesehen in die Hütte seines Freundes und skalpierte ihn. Doch als er den erschütternden Skalpruf ertönen ließ, wurde er von einigen schnellfüßigen Senecas ergriffen und ebenfalls skalpiert. Darauf entspann sich zwischen beiden Stämmen ein dreißigjähriger Krieg, der damit endete, dass die Wyandots fliehen und ihre Weiber und Kinder größtenteils zurücklassen mussten, die dem unbarmherzigen Tomahawk und dem Skalpiermesser der Senecas zum Opfer fielen.

Auch Unätsi teilte dieses Schicksal.

DIE OSAGEN
oder der Stamm, der einer Schnecke entsprang

Nahe am Ufer des Missouri lebte einst eine junge Schnecke sorgenfrei und mühelos. Sie amüsierte sich köstlich nach Schneckenart, streckte ihre Fühlhörner so weit aus, wie sie konnte, und labte sich reichlich an stärkender Nahrung, die ringsum im Überfluss vorhanden war. Plötzlich aber kam über Nacht eine starke Überschwemmung, und das arme Tierlein musste schnell, um nicht zu ersaufen, auf einen nahe liegenden Baumstamm klettern, mit dem es nun weit fortgetrieben wurde.

Als sich nach drei Tagen das Wasser so ziemlich wieder verlaufen hatte, blieb die Unglückliche in Schlamm und Dreck stecken, und zwar so tief, dass sie sich gar nicht bewegen konnte. Dann kam auch noch die Sonne und trocknete sie mit ihren brennenden Strahlen so fest ein, dass sie alle Hoffnung aufgab und sich in großer Resignation mit dem Gedanken an den Hungertod vertraut machte.

Als sie so eine Weile besinnungslos dagelegen hatte, öffnete sich auf einmal auf geheimnisvolle Art ihr Häuschen; sie fühlte ihre Lebenskräfte wieder erwachen, ihr Kopf wuchs merkwürdig schnell in die Höhe, und unten bildeten sich zwei Beine daran. An beiden Seiten erschienen Arme mit vollständigen Gelenken und Fingern, und so war in wenigen Augenblicken ein schöner Jüngling fix und fertig.

Anfangs war er etwas unbeholfener Natur und hatte sehr unklare Gedanken; doch entwickelte er sich bald unter dem Einfluss der Sonne so weit, dass er sich zur Reise in seine Heimat vorbereiten konnte. Aber er war nackt und in vielen Dingen unwissend, auch fühlte er unbeschreiblichen Hunger in seinem Magen. Er sah eine Masse fetter Tiere und Vögel an sich vorüberziehen, wusste aber nicht, wie er sie töten sollte. Da wurde er denn abermals sterbenstraurig und legte sich, von Anstrengungen und Entbehrungen zu Tode ermattet, nieder und wünschte sich wieder in seinen ehemaligen Schneckenzustand zurück, in dem er doch wenigstens die Kunst verstand, sich ernähren zu können.

Als er sich nun wieder mit dem Gedanken an den baldigen Tod zu befreunden suchte, kam es ihm vor, als höre er jemand neben sich rufen. Er wandte sich um und sah den Großen Geist vor sich auf einem ganz weißen Pferd sitzen. Seine Augen leuchteten wie blendende Sterne, und sein langes Haar bestand aus lauter Sonnenstrahlen. Der Schneckenmann zitterte am ganzen Leib und wagte kaum seine Augen aufzuschlagen.

»Wascha*«, sagte der Große Geist in freundlichem Ton, »mein Sohn, warum fürchtest du dich so sehr?«

»Ach«, erwiderte er, »es wird mir schwer, meinen Schöpfer anzusehen; auch bin ich elend und hungrig, denn seitdem mich die Wasserflut forttrieb, habe ich noch keinen Bissen zu mir genommen.«

* Ein anderer Ausdruck für Osage

Da hob der Große Geist seine Hand, zeigte ihm Pfeil und Bogen und winkte ihm, auf ihn zu sehen. In kurzer Entfernung saß ein großer Vogel auf einem Baum, den schoss er herunter, und dann erschien ein fetter Hirsch, den er mit einem zweiten Pfeil erlegte. »Das sei in Zukunft deine Nahrung«, sagte er darauf und gab ihm jene Waffen. Auch lehrte er ihn, wie man den Tieren das Fell abzieht und sich Kleider daraus macht, und er gab ihm Feuer, damit er sich das Fleisch braten konnte. Zum Abschied hing er ihm eine glänzende Wampumschnur um den Hals, wodurch er ihn zum König über alle Tiere machte. Darauf verschwand der Große Geist.

Nachdem sich Wascha wieder gründlich restauriert hatte, setzte er seine Reise fort und kam an das Ufer eines großen Flusses. Als er sich dort eine Weile hinsetzte, um ein wenig auszuruhen, kam ein großer Biber aus dem Wasser und sagte: »Wer bist du, der sich erfrecht, hierherzukommen, um mein Königreich zu zerstören?«

»Ich bin ein Mensch und war ehemals eine unglückliche Schnecke«, antwortete Wascha. »Aber wer bist du denn eigentlich?«

»Ich bin der König aller Biber und führe mein Volk stromaufwärts und stromabwärts, und dieser Fluss hier bildet mein Königreich.«

»Dieses Reich muss ich mit dir teilen«, erwiderte Wascha, »denn der Große Geist hat mich zum Beherrscher aller Tiere, Vögel und Fische gemacht und mir auch Mittel und Kraft verliehen, meinen Rechten Geltung zu verschaffen.« Dabei deutete er auf Pfeil, Bogen und Wampum.

»O komm her!«, sagte darauf der Biber in äußerst mildem Ton. »Ich glaub' es ja gerne, dass wir Brüder sind; wir müssen uns daher näher kennenlernen. Komm mit mir in meine Wohnung, und erhole dich von deiner langen Reise.«

Wascha folgte der freundlichen Einladung des Biberchiefs und ging mit ihm in seine Hütte. Diese bestand in einem geräumigen, fein ausstaffierten Zimmer, dessen Boden mit fein geflochtenen Matten belegt war. Als sie sich niedergesetzt hatten, befahl der Chief seiner Frau und seiner Tochter, dem Gast ein recht nahrhaftes Mahl zu bereiten.

Während nun wacker gekocht und gebraten wurde, sann der alte Biber hin und her, wie er mit Wascha einen dauernden Freundschaftsbund schließen könne, und er erzählte ihm allerlei vom großen Fleiß seines Volkes, wie seine Untertanen mit ihren Zähnen die dicksten Bäume fällten, große Dämme bauten usw. Darauf erschienen Mutter und Tochter mit saftigem Weidenholz und köstlichem Sassafras, und alle setzten sich nieder und aßen.

Wascha aß jedoch sehr wenig, denn die Biberkost mundete ihm nicht recht. Desto mehr Gefallen fand er aber an der schönen, reinlichen und folgsamen Tochter, die ihm gerade gegenüber saß. Beide gewannen sich lieb, und zur größten Freude des alten Biberkönigs wünschten sie sich, zu heiraten. Darauf wurde das großartigste Fest, das je das Biberreich hatte, veranstaltet, und alle Biber der ganzen Welt wurden dazu eingeladen.

Als Wascha und die Bibertochter eine Zeit lang Mann und Weib gewesen waren, wurden sie, wie alte Medizinmänner erzählen, die Stammeltern der Osagen.

Von dem Knaben, der die Sonne in einer Schlinge fing

Zur Zeit, als noch die Tiere auf der Welt die Oberhand hatten, waren sie sehr grausam gegen die Menschen und töteten sie alle mit Ausnahme eines Mädchens und eines Knaben. Dieser Knabe war ein Zwerg und nahm wohl täglich zu an Alter, aber nie an Größe. Deshalb musste die Schwester alle Arbeiten allein verrichten; sie musste Holz holen, die Kleider anfertigen und den Wigwam rein halten. Wenn sie ausging, nahm sie ihren schwächlichen Bruder jedes Mal mit, damit ihn nicht etwa während ihrer Abwesenheit ein großer Vogel wegschleppe oder ihm ein sonstiges Unglück passiere.

Eines Tages machte sie ihm Pfeil und Bogen und sagte ihm, er solle damit die Guanadsch-Binessiwag oder die schönen großen Vögel schießen, die bald herbeikommen würden, um die Würmer aufzupicken, die sie aus dem dürren Holz gezogen habe. Er versuchte es, konnte aber am ersten Tag mit seinen Waffen nichts ausrichten. Die Schwester ermahnte ihn darauf, nicht gleich zu verzagen und den Mut zu verlieren, sondern am folgenden Tag sein Glück abermals zu probieren.

Da schoss er denn auch einen mächtigen Vogel und sagte zu seiner Schwester: »Höre, ich wünsche, dass du mir die Haut davon aufhebst, um mir, wenn ich deren mehrere habe, ein stolzes Kleid daraus zu machen.«

»Aber was sollen wir mit dem Fleisch tun?«, fragte sie darauf; denn die Menschen jener Zeit aßen noch kein Fleisch, sondern:

Schmausten lauter Pflanzenkost
Und tranken würz'gen Blütenmost.

»Vermische es mit unserer Suppe; ich denke, das wird sie nahrhafter und schmackhafter machen«, meinte der Zwerg, und sie folgte ihm auch.

Als er zwölf Vögel geschossen hatte, machte sie ihm auch ein stattliches Röcklein ganz nach seinem Geschmack.

»Schwester«, fragte eines Tages darauf der Kleine, »sind wir denn so ganz allein in der Welt, und lebt außer uns kein menschliches Wesen mehr?«

Die Schwester erzählte ihm von einigen bösen Verwandten, die sich in einer entfernten Gegend aufhielten, wohin er um keinen Preis gehen sollte. Aber er kümmerte sich wenig um die Entfernung, nahm Pfeil und Bogen und ging.

Als er eine Weile gegangen war, wurde er müde, legte sich nieder und schlief ein. Die Sonne schien aber so heiß auf ihn, dass sie ihm alle Federn seines Rocks versengte und außerdem noch ein großes Loch hineinbrannte. Als er nun darauf erwachte und seinen Schaden besah, wurde er sehr zornig und schwor bei allen Raubvögeln und Raubfischen, sich an der unverschämten

Sonne zu rächen, und wenn sie noch einmal so hoch am Himmel hinge. Grimmig eilte er darauf nach Hause, aß nicht und trank nicht und beantwortete die tröstenden Zusprüche seiner Schwester mit den racheschnaubendsten Blicken.

Zehn Tage lang legte er sich regungslos mit der linken Seite auf die Erde, und dann drehte er sich um und legte sich noch weitere zehn Tage auf die rechte Seite. Danach stand er auf und sagte seiner Schwester, sie möge ihm eine Schlinge machen, damit er die Sonne damit fangen könne. Sie verfertigte ihm auch, so gut sie konnte, eine aus starken Schlingpflanzen, aber der Kleine war damit nicht zufrieden. Da schnitt sie ihre langen Zöpfe ab und gab sie ihm.

Dies gefiel ihm schon besser; er nahm sie, zog sie, um sie etwas anzufeuchten, durch seine Lippen, wodurch sie ganz rot wurden und sich allmählich ein langes metallenes Seil daraus bildete, das er um seinen Körper wickelte. Um Mitternacht begab er sich auf die Reise, damit er die Sonne noch vor ihrem Aufgang erwische. Und richtig – er hatte Glück! Er fing sie und hielt sie so fest, dass sie sich weder regen noch bewegen und also auch nicht aufgehen konnte.

Nun war große Not im Tierreich. Die Vögel sahen die Bäume und die Felsen nicht vor sich und zerschlugen sich die Köpfe daran, und die übrigen Tiere liefen bei dieser Finsternis größtenteils in den nahen See und ertranken.

Es wurde also eine große Versammlung aller Vierfüßer abgehalten und beschlossen, das verhängnisvolle

Seil abzuschneiden. Aber das war keine Kleinigkeit, denn jeder, der sich in die Nähe der Sonne wagte, wurde von ihrer Glut beinahe völlig geröstet.

Zuletzt übernahm denn der Hamster diese lebensgefährliche Aufgabe. Er war zu jener Zeit das stärkste und größte Tier der Welt und sah, wenn er sich aufrichtete, wie ein hoher Berg aus. Er kam auch wirklich an die betreffende Stelle und befreite die Sonne, wurde aber dabei zu jener unbedeutenden Figur zusammengebrannt, in der wir ihn heute noch sehen.

OMAKAKI IKWE
oder die Krötenfrau

Eine schöne junge Frau lebte einsam und verlassen im Wald, und das einzige lebende Wesen, das sie um sich hatte, war ein treuer Hund. Doch sie konnte von großem Glück sagen, denn jeden Morgen, nachdem sie aufgestanden war, fand sie ein großes Stück Fleisch vor ihrem Wigwam liegen. Da sie nun die Neugier plagte, wer ihr dieses eigentlich bringe, so stand sie einst sehr früh auf und bemerkte einen schönen Jüngling, der sich langsam ihrer Hütte nahte. Sie begegneten sich, grüßten sich – und heirateten auch bald danach. Nach Verlauf eines Jahres waren sie auch im Besitz eines munteren Sohnes.

Nun begab es sich einst, dass der glückliche Gatte eines Abends nicht zur gewöhnlichen Zeit von der Jagd nach Hause kam. Da er auch am folgenden Tag noch nicht zurückkam, sang die ängstliche Frau ihr Söhnlein in den Schlaf und befahl ihrem Hund, auf es achtzugeben und es zu schaukeln, wenn es schreie. Dann verließ sie ihre Hütte.

Doch als sie ungefähr zehn Minuten lang weg war, hörte sie auf einmal ein heftiges Gebell ihres treuen Hundes, worauf sie augenblicklich zurückeilte, zu ihrem größten Schreck aber weder Hund noch Kind vorfand. Auf dem Boden lagen zahlreiche Stücke der reich bestickten Kinderdecke verstreut, die wahrscheinlich der Hund bei seinem Kampf mit der berüchtigten Omakaki Ikwe oder der Krötenfrau abgerissen hatte; denn jene allbekannte teuflische Hexe war es gewesen, die das Kind gestohlen hatte. Die Mutter lief nun eilends weiter und kam in eine Hütte, die von alten Weibern bewohnt war, die ihr mitteilten, dass die alte Diebin soeben hier vorbeigeeilt sei. Dann gaben sie ihr schnelle Mokassins, womit sie dreimal so schnell laufen konnte, und zeigten ihr auch den Weg zum Wigwam der nächsten Noko oder Großmutter.

Dort angekommen, fand sie neue Mokassins, die noch schneller waren. Ihre alten stellte sie mit den Zehen rückwärts zeigend vor die Tür, und sogleich traten diese ihren Heimweg allein an.

So reiste sie lange Zeit über Berge, Felder und Flüsse, bis ihr zuletzt eine dieser medizinenen Großmütter sagte, dass die von ihr verfolgte Hexe nicht weit von ihr wohne. Dabei gab sie ihr den Rat, sich ebenfalls ein kleines Häuschen zu bauen und eine hölzerne Schüssel vor die Tür zu stellen, die sie mit ihrer Milch füllen sollte. Ihr erstes Kind, nämlich der Hund, würde diese bald entdecken, sie selbst erkennen und ihr dann sicherlich zur Rettung seines Bruders behilflich sein.

So kam es denn auch. Sie setzte dem Hund die Milch vor und sagte: »Sieh, mein lieber Sohn, das ist von der Speise, wie sie dir deine rechte Mutter gab!«

Der Hund verstand sie und lief zu seinem jungen Herrn zurück, der eben mit schwerer Beute beladen von der Jagd nach Hause eilte. Er erzählte ihm nun seine ganze Familiengeschichte haarklein; dass er, als er noch in den Windeln gelegen habe, von der Krötenfrau geraubt worden und dass jetzt seine rechte Mutter gekommen sei, um ihn wieder zu holen.

Darauf warf der Jüngling seine Beute nieder und sagte seiner vermeintlichen Mutter, der alten Hexe, sie solle der armen Fremden, die dort in der Nähe wohne, auch etwas davon abgeben. Das wollte aber die Krötenfrau durchaus nicht; doch als ihr Sohn fest darauf bestand, warf sie ihr mürrisch ein Stück Fleisch vor die Tür und rief: »Hört da, fremde Frau, das schickt Euch mein Sohn!«

Jene ließ es jedoch ruhig liegen.

Nach einiger Zeit besuchte sie auch ihr wirklicher Sohn, dem sie ebenfalls von ihrer Milch zu trinken gab und ihm dabei die Geschichte seiner eigentlichen Herkunft erzählte, die ihm etwas unglaublich vorkam. »Stelle dich krank, mein Sohn, wenn du nach Hause kommst«, sagte sie; »und wenn dich die Hexe fragt, was dir fehlt, so antworte, du möchtest gern die Decke sehen, in die sie dich als Kind gewickelt habe. Dein Hundebruder hat einige Fetzen davon abgerissen, die ich dir jetzt zeigen will.«

Nachdem sie ihm diese gezeigt hatte, ging er nachdenklich heim und fragte die Krötenfrau: »Sag, warum bin ich denn so verschieden von deinen übrigen Kindern?«

»Oh, es war gerade schönes Wetter, als du geboren wurdest; das ist die Ursache. Aber, mein Sohn, dir scheint etwas zu fehlen?«

»Ja, Mutter, ich möchte gern mein Wiegenzeug einmal sehen.«

Sie ging fort und holte das ihrer anderen Kinder, und als er damit nicht zufrieden zu sein schien, holte sie auch die reich verzierte, an mehreren Stellen zerrissene Decke, deren Farben genau dieselben waren, die er an den Fetzen bei seiner echten Mutter bemerkt hatte.

Nun tat er, als sei ihm wieder wohl, ging fort auf die Jagd und tötete einen fetten Bären. Mithilfe seines Hundebruders hob er seine Jagdbeute auf einen dick beasteten Baum, schnitt dem Tier die Zunge heraus und nahm sie mit nach Hause. Dort erzählte er der Alten, dass er einen großen, mächtigen Bären erlegt habe, ihn aber sehr weit, beinahe am Ende der Welt, habe liegen lassen.

»Oh, es ist sicher nicht so weit, dass ich ihn heute nicht mehr holen könnte«, antwortete sie und lief eilends nach der angegebenen Richtung.

Als sie nun fort war, erschlugen der junge Mann und sein Hund die vier anderen Kinder der Hexe, stopften jedem einen Klumpen Fett in den Mund und stellten die toten Körper aufrecht gegen die Tür. Danach liefen sie zur rechten Mutter des jungen Mannes, die nun schnell mit ihnen entfloh.

Die Krötenfrau hatte viel Zeit und Mühe gebraucht, den toten Bären vom Baum herabzuholen und nach Hause zu schleppen. »Aber warum fresst ihr eurem Bruder sein Haarfett weg?«, rief sie fuchsteufelswild ihren Kindern entgegen; denn sie meinte, sie lebten noch und äßen den ganzen Fettvorrat auf. Bald bemerkte sie aber das Unheil, das die Entflohenen angerichtet hatten, und wutentbrannt rannte sie ihnen nach.

Da sie nun ungeheuer schnell laufen konnte, so holte sie sie auch bald ein. Der junge Mann warf ihr einen großen Stein in den Weg, sodass sie niederstürzte; doch da sie keinen erheblichen Schaden nahm, war sie ihnen bald wieder auf den Fersen. Nun warf er sein Messer hinter sich; sie fiel hinein und verwundete sich, kam ihnen aber doch wieder nach. Da versteckte sich denn der Hund ungesehen im Gesträuch am Weg und fiel sie, als sie an ihm vorbeilief, plötzlich im Rücken an und zerriss sie in tausend Fetzen. Aus jenen Fetzen entstanden später giftige Disteln und gefährliche Dornbüsche.

Die Fliehenden konnten nun gemächlich ausruhen, sich in Frieden eine wohnliche Hütte bauen und ungestört ein glückliches Leben führen.

BOSCHKWÄDOSCH

Einst lebte ein Mann ganz allein auf der Welt. Er wusste nicht, woher er kam, nicht, wer seine Eltern waren, und auch nicht, ob es außer ihm jemals andere Menschen gegeben hatte. Er irrte ständig im Wald umher, seine Augen drehten sich forschend nach allen Seiten; was er aber eigentlich suchte, wusste er selbst nicht zu sagen.

Als er sich einst müde und erschöpft neben eine dicke Eiche gelegt hatte, schlief er sanft ein und hatte einen merkwürdigen Traum. »Nokomis«, sprach eine Stimme zu ihm, »warum bist du so trübe und traurig? Steh auf; ich will dir helfen!«

Darauf erwachte er und sah ein winziges haarloses Tierlein vor sich, das war doch so klein, dass man es kaum mit den bloßen Augen sehen konnte. »Nokomis!«, schrie es mit lauter Stimme. »Hebe mich auf, und wickle mich in deine Bauchbinde, und solange du mich so bei dir tragen wirst, wird dir alles gelingen, was du anfängst.«

Das tat denn auch der gute Mann, und er wanderte darauf weiter.

Nach langem Hin-und-her-Irren entdeckte er ein großes Dorf dicht vor sich, das von einer breiten Straße durchschnitten war. Was ihm bei diesem hauptsächlich merkwürdig vorkam, war, dass die Häuser auf der einen

Seite ganz mit Menschen überfüllt waren, während die auf der anderen vollständig leer standen. Als ihn die Bewohner sahen, liefen sie alle auf die Straße und schrien: »Seht, das ist Anischinabo, der Mann, von dem uns unsere Propheten erzählt haben! Seht seine Augen, seht, wie seine Zähne im Halbkreis stehen und wie ihm die Gedärme in seinem Bauch zusammengerollt sind!« Es schien, als konnten jene Leute durch seinen ganzen Körper sehen.

Mudschikihwis, der Sohn des Königs, schien besonderen Gefallen an ihm zu finden; denn er nahm ihn mit in das Haus seines Vaters, setzte ihm allerlei nahrhafte Erfrischungen vor und gab ihm die schönste seiner Schwestern zur Frau.

Die ganze Beschäftigung jenes Volkes bestand in Jagen und Spielen, und als sich unser Held von den Strapazen seiner anstrengenden Reise vollständig erholt hatte, wünschte er ebenfalls daran teilzunehmen. Doch da sollte er zuerst eine merkwürdige Frostprobe bestehen. Er sollte nämlich mit einigen anderen jungen Leuten eine Nacht nackt auf einem zugefrorenen Teich vor dem Dorf zubringen. Zwei Jünglinge begleiteten ihn hin, zogen sich dann aus, legten sich nieder und befahlen ihm, dasselbe zu tun.

Er zog sich nun ebenfalls aus, behielt jedoch seine dünne Binde mit dem Boschkwädosch – seinem Schutzgeist – um den Leib, denn er wusste nur zu gut, dass darin seine ganze Kraft bestand. Seine Gesellschafter verlachten und verscherzten die erste Hälfte der Nacht und schienen dabei sehnlichst das Erstarren des Fremden zu erwarten. Aber eine angenehme Wärme verbreitete sich aus dem Amulett des Jünglings über seinen ganzen Körper, und als er seine Gefährten kurz nach Mitternacht anrief, waren ihnen die Zungen schon so steif gefroren, dass keiner ein Wort mehr lallen konnte. Doch er blieb ruhig liegen bis zum Tagesanbruch; dann stand er auf und rüttelte und schüttelte sie aus Leibeskräften. Aber diese waren so hart wie Eis; das Fleisch war ihnen unter den Nägeln hervorgequollen, und ihre Augen standen weit aus dem Kopf. Als er sich jedoch den Schlaf recht aus den Augen gerieben und sie etwas genauer betrachtet hatte, fand er zu seinem größten Erstaunen, dass sich beide in riesige Büffel verwandelt hatten.

Er band sie nun zusammen, lud sie auf seine Schultern und schleppte sie in das Dorf. Dort freute sich aber nur einer aufrichtig über seine Wiederankunft, nämlich sein Schwager Mudschikihwis, denn die anderen hatten alle mit seinem Tod gerechnet.

Unser Glückskind legte nun seine Bürde ruhig nieder; doch bald verschwand diese wieder vor seinen Augen auf unerklärliche Weise, und in einem gegenüberstehenden Haus, das vorher leer war, zeigten sich auf einmal zwei neue Bewohner. Weitere Frostproben, denen er sich unterziehen musste und die einen ähnlichen Verlauf nahmen, bevölkerten jene Straßenseite allmählich vollständig.

Nun hatte sich unser Held auch noch der Probe des Schnelllaufens zu unterwerfen. Er fand sich auf dem bestimmten Platz ein und begann den Wettlauf. Sein

Rivale verwandelte sich aber plötzlich in einen Schwarzen Bären und riss den Boden hinter sich auf, sodass er ihn natürlich in kurzer Zeit weit zurückließ. Nun gedachte der Jüngling seines Schutzgeistes und wünschte sich die Schnelligkeit Käkäks oder des Habichts. Augenblicklich hob er sich in Gestalt dieses Vogels in die Luft und erreichte das Ziel noch eine halbe Stunde vor dem Bären.

Mudschikihwis empfing ihn wieder freundschaftlich; den zu Tode erschöpften Bären aber, dem die Zunge ellenlang aus dem Hals hing, schlug er erbarmungslos mit seiner Keule nieder. Dann holte er seine dickste Kriegskeule herbei, hielt allen Leuten, die den Tod seines Freundes gewünscht hatten, eine donnernde Strafpredigt und zerschmetterte sie darauf alle ohne Gnade und Barmherzigkeit. In dem Augenblick, wo sie niederstürzten, waren sie jedoch keine Männer mehr, sondern Hunde, Füchse, Wölfe, Jaguare, Luchse, Mäuse, Ratten, Frösche usw.

Als die übrigen Bewohner des Dorfes das traurige Schicksal ihrer Brüder erfuhren, beriefen sie eine große Versammlung ein und unterzogen den Verlauf der Frostprobe und der Schnellläuferei einer eingehenden Untersuchung. Jeder strengte sein Redetalent nach Kräften an, und nach langem Debattieren wurde denn beschlossen, dass, da es bei der ersten Probe nicht mit richtigen Dingen zugegangen zu sein schien, diese noch einmal zu wiederholen sei.

Der Fremde ging abermals darauf ein, vergaß aber an dem bestimmten Tag, seinen kleinen Schutzgeist mitzunehmen. Da wurden denn gegen Mitternacht seine Glieder steif wie Eisen, sein Blut hörte auf zu zirkulieren, und als man ihn am anderen Morgen aufhob, war er mausetot. Stolz trugen ihn nun seine Feinde in das Dorf, wo sie mit Jubel empfangen wurden. Der Körper wurde in ganz kleine Stücke zerschnitten, sodass jedermann einen Bissen davon kosten konnte. Mudschikihwis war zu Tode betrübt; seine Schwester aß und trank nicht mehr und war wie von Sinnen. Als sie nun einst weinend und schluchzend in der Nacht ihres ermordeten Gatten gedachte, kam es ihr vor, als höre sie etwas in ihrer Nähe wispern. Sie horchte aufmerksam und fand, dass jene Stimme aus der zurückgelassenen Bauchbinde kam. Sie wickelte sie auf, und das kleine haarlose Tierlein kroch hervor. Boschkwädosch war so klein und unbeholfen wie ein neugeborenes Mäuslein, und wenn er drei Zoll weit ging, war er so müde, dass er ausruhen musste. Dabei wiegte er sich aber immer hin und her und wurde darauf allmählich immer größer, und als er auf diese Art zuletzt die Größe eines gewöhnlichen Hundes erreicht hatte, lief er eilends fort.

Boschkwädosch besuchte nun in seiner Hundegestalt alle Häuser des Dorfes, sammelte alle Knochen seines geliebten Herrn und legte diese nach ihrer natürlichen Ordnung wieder zusammen. Bald hatte er sie auch alle beisammen; nur ein Fuß fehlte noch, der einer außerhalb des Dorfes wohnenden Frau geschenkt worden war. Boschkwädosch eilte nun zu ihr und fand sie gerade an dem bewussten Knochen nagend. Schnell sprang er auf sie zu, entriss ihr diesen samt ihren Backen, wonach er das Skelett komplettieren konnte. Dann stellte er sich vor dieses und begann so laut zu bellen, wie er nur vermochte. Da wuchsen die Knochen allmählich fest zusammen, und Muskeln und Fleisch bildeten sich ebenfalls daran.

Nun sah Boschkwädosch eine Zeit lang wehmütig den Himmel an, und bald bekam unser Held wieder Atem, konnte aufstehen und sich bewegen. »Du lieber Himmel, ich habe mich verschlafen!«, sagte er. »Wer weiß, wie es jetzt um die Probe steht!«

»Probe?«, erwiderte der Hund. »Die ist schon längst vorbei; da denkt kein Mensch mehr dran. Du hast sie nicht bestanden; dein erfrorener Körper ist zerschnitten und gegessen worden, und nur meiner Kunst hast du es zu verdanken, dass du jetzt wieder lebst. Nun will ich dir auch zeigen, wer ich bin!«

Darauf schüttelte sich Boschkwädosch gehörig, und sein Körper wuchs zu einem kleinen Berg; seine Beine wurden so dick wie ein Baumstamm, sein Kopf verlängerte sich zu einem gewaltigen Rüssel, und aus seinem Maul kamen zwei große glänzende Zähne hervor. Seine Haut blieb haarlos.

»Ich würde«, sagte er, »die ganze Erde füllen, wenn ich meine ganze Kraft anwendete; aber das wäre unklug, denn nichts vermöchte dann meinen Hunger zu stillen. Darum will ich dir meine übrige Kraft und meinen übrigen Einfluss über die Schöpfung verleihen, und Vögel und Tiere sollen hinfort deine Nahrung sein – aber meine Art musst du verschonen!«

MISKWANDIB
oder Rotkopf und seine beiden Söhne

Miskwandib war ein tüchtiger Jäger und liebte auch die Jagd über alles. Nun klagten ihm seine Söhne einst, dass sie ihre Mutter immer allein ließe, wenn er im Wald umherstreife, und dass sie ihn lieber begleiten möchten, als sich zu Hause zu langweilen. Der Jäger wusste dies recht gut, wollte jedoch seine Kinder nicht wissen lassen, dass ihre Mutter den Weg der schlechten Frauen wandle. Doch stand er am anderen Morgen recht früh auf und verbarg sich unbemerkt in einem nahe stehenden dichten Gebüsch.

Es dauerte nicht lange, so erschienen der Störer seines häuslichen Glücks und seine Frau dicht in seiner Nähe. Beide begrüßten sich auf die liebevollste Weise, und als sie sich in der süßesten Umarmung befanden, sprang Miskwandib aus seinem Versteck hervor und tötete beide mit einem einzigen Keulenschlag. Dann band er sie zusammen, schleppte sie in seine Hütte und vergrub sie neben dem Feuerplatz.

»Jetzt, meine lieben Kinder«, sagte er darauf, »ist es Zeit, dass ich fliehe; meine Sicherheit hängt nur davon ab, dass ihr den ganzen Vorgang geheim haltet. Ich werde mich in den Himmel flüchten. Wenn jemand kommt und nach mir fragt, so sagt ihm, dass ich auf die Jagd gegangen sei und gegen Abend wieder zurückkehre. Dies werden die Leute glauben und, ohne Verdacht zu schöpfen, wieder weggehen. Auch ihr müsst später fliehen; ich werde euch jeden Tag aus den Wolken den rechten Weg zeigen. Wenn ihr Feuer braucht, so legt nur einfach ein Stückchen Holz auf die Erde, und mein Manitu wird es sogleich anzünden.«

Darauf stieg er durch einen hohlen Baum hinauf in den Himmel. Kurz danach erschienen zehn Männer in seinem Wigwam und fragten die Knaben nach ihren Eltern. »Mein Vater ist ausgegangen«, sagte der älteste, »und meine Mutter sammelt Holz.«

Darauf entfernten sich die Männer wieder, um, wie sie sagten, nach ihnen zu suchen. Als sie jedoch nirgends Spuren von ihnen entdecken konnten, kamen sie wieder zurück und bemerkten zu ihrem größten Erstaunen, dass nun auch die beiden Knaben weg waren, was ihnen sehr verdächtig vorkam. Auch hatte einer der Besucher bemerkt, dass der jüngste ständig zum Feuerplatz geblickt habe, was sicherlich etwas zu bedeuten hatte.

Sie beschlossen nun, jene Stelle augenblicklich einer genauen Untersuchung zu unterwerfen. Zu ihrem größten Schrecken zogen sie auch das verbrecherische und ermordete Paar hervor. Sie schworen nun, jene Schandtat Miskwandibs blutig zu rächen. Auch bemerkten sie bald die bewusste Baumhöhle, durch die sie ebenfalls in den Himmel kletterten, während der Geist der getöteten Mutter die Kinder verfolgte, die nach Süden geflohen waren. Der Vater sprach ständig mit ihnen und ermahnte sie, sich ja nicht aufzuhalten, damit sie ihrer Verfolgerin nicht in die Hände fielen. Doch die Knaben waren von dem ständigen Laufen zuletzt so müde und lahm geworden, dass sie sich fast nicht mehr bewegen konnten, und ihre Mutter war ihnen bereits so nahe, dass sie sie eben an den Haaren fassen wollte. Da warf der älteste schnell sein kleines Steinmesser hinter sich, das sich augenblicklich in eine undurchdringliche Dornenhecke verwandelte, an der sie sich so zerriss, dass nur noch der Kopf von ihr übrig blieb.

Am Abend warf der Vater einen brennenden Baumstamm vom Himmel herab, damit sich die beiden Kleinen einen Vogel braten konnten, den sie geschossen hatten. Dabei hörten sie ständig ein grauenhaftes donnerartiges Getöse in der Luft, das von ihrem Vater und seinen Verfolgern herrührte.

Am folgenden Morgen, als sie aufgestanden waren und ihre Reise fortsetzten, eilte auch der Kopf ihrer Mutter wieder hinter ihnen her und versuchte alle Überredungskünste, sie zum Stehen zu bringen; aber sie horchten lieber auf die Ratschläge, die ihnen Miskwandib von oben gab.

Am dritten Tag, als ihre Mutter sie abermals eingeholt hatte, warf der älteste Knabe schnell einen medizinenen oder magischen Stein weg, den ihm sein Vater zu diesem Zweck gegeben hatte, und es bildete sich jener hohe Felsgrat daraus, den man noch heute in der Nähe von Sault-Ste-Marie sieht. Dieser hinderte nun den Kopf an der Verfolgung der Knaben, sodass diese sicher die Stromschnellen von Bawating* erreichten. Hier erschien ihr Vater in Gestalt eines Mama oder Spechtes und machte ihnen die traurige Mitteilung, dass seine Feinde ihn eingeholt und getötet hätten und dass sie von nun an Oschuckä, der mächtige Schutzgeist, in seine Obhut nehmen werde. Darauf sahen sie eine kolossale Gestalt inmitten der Stromschnellen, die sich allmählich zu ihnen herüberneigte und sie einlud, sich auf ihren Rücken zu setzen. Das taten sie denn auch, und Oschuckä trug sie hinüber und setzte sie sanft am anderen Ufer wieder ab.

Kurz danach kam auch die wütende Kopffrau wieder angeflogen und verlangte von Oschuckä, ebenfalls hinübergetragen zu werden. Aber jener Manitu kannte ihren sauberen Charakter bereits und hielt ihr wegen ihres unmoralischen Lebenswandels eine recht derbe Strafpredigt, in der er sie als die alleinige Ursache des geschehenen Unglücks hinstellte. Trotzdem aber bestand sie hartnäckig auf ihrer Bitte, bot all ihre Liebenswürdigkeit auf und sagte Oschuckä die süßesten Schmeicheleien; aber der tat, als habe er ein Herz aus Stein und Eisen, und hob sie nur unter der Bedingung, dass sie sich von nun an nach seinen Lehren richten wolle, auf seine Achsel, um sie so – gegen eine scharfe Felskante zu schleudern, dass Blut, Gehirn und Knochen nach allen vier Winden spritzten. Die kleinen Fische des Sees fraßen diese Stückchen gierig auf, worauf

* die Stromschnellen bei Sault-Ste-Marie am Lake Superior oder Oberen See

sie zu dicken Weißfischen wurden, die sich heute noch zahlreich in jenem Wasser finden.

Nachdem darauf Oschuckä mit einem Manitu höheren Ranges konferiert hatte, ließ er zwei blühende Mädchen aus dem Stamm der Wässissiks kommen und gab sie seinen beiden Schützlingen zu Frauen. Bald erfreuten sich diese einer großen Menge hoffnungsvoller Sprösslinge, die in verhältnismäßig kurzer Zeit einen mächtigen Stamm bildeten, der die Ufer des Huron- und des Ontariosees bewohnte.

Nun kam einst eine merkwürdige weiß gekleidete Gestalt in einem an einem unsichtbaren Faden hängenden Korb vom Himmel zu ihnen herab und machte sie in mildem Ton auf das große Unglück aufmerksam, das der böse Schlafgeist über sie bringen würde, wenn sie sich seiner nicht beizeiten entledigten. Sie lud auch mehrere ein, sie hinauf in den Himmel zu begleiten und die dortige Herrlichkeit in Augenschein zu nehmen, was jedoch allen wegen des dünnen Fadens eine viel zu gefährliche Luftfahrt zu sein schien.

Darauf nahm nun der himmlische Abgesandte Pfeil und Bogen zur Hand und verwundete einige Rothäute damit, zog dann aus den Wunden lange dünne Würmer und sagte: »Seht, das ist das teuflische Gewürm, das der Schlafgott in euer Fleisch gehext hat, um euch zu verderben!«

Ehe die Frau nun wieder abzog, gab sie ihnen noch folgende Lehren: »Seid wohltätig und friedfertig gegeneinander; keiner nehme des anderen Eigentum, sondern erwerbe sich alles in redlicher Weise!«

Das gefiel den Leuten; sie versprachen, gehorsam zu sein und zu Ehren des großen Lehrers jährlich einen Medizintanz zu veranstalten – ein Versprechen, das sie auch bis heute gehalten haben.

Aber der Schlafgott war auch nicht untätig gewesen und hatte sich unter den jungen Leuten zweifelhaften Charakters einige Anhänger zu verschaffen gewusst, die ihm auch einen jährlichen Tanz, den sogenannten Wabanotanz, gelobten, der eigentlich dem Teufel gilt.

Als sich später im Lauf der Zeiten die Teilnahme an diesem letzteren Tanz mehr und mehr verallgemeinerte und der Einfluss der besser denkenden Männer tagtäglich schwand, erschien jener himmlische Bote abermals auf der Erde und verkündete folgendes: »Hört, ihr gottlosen, sündhaften Menschen, was der Große Geist beschlossen hat! Zuerst werden fünf Jahre des grässlichsten Winters kommen; Tag und Nacht wird es schneien, und zwar so dicht, dass keiner mehr einen Atemzug tun kann! Dann werden fünf Jahre unaufhörlichen Regens kommen, und das Wasser wird die ganze Erde zerstören mit allen Bäumen, Menschen und Tieren. Dann soll die Sonne zehn Jahre lang ihre trocknenden Strahlen aussenden und eine neue Erde bilden, die den aus ihren Gräbern wieder hervorgehenden guten Indianern ergiebige Jagdgründe bieten soll. Die Bösewichter aber werden teuflischen Geistern überantwortet werden, und dazu gehören hauptsächlich diejenigen, die dem Wabanotanz huldigen!«

WÄWÄBISOWIN[*]
oder die Schaukel am Seeufer

Hoch oben am nördlichen Ufer des Huronsees lebte ein altes Weib mit ihrem Sohn und dessen Frau nebst einem kleinen Waisenknaben, den sie aus Mitleid angenommen hatte. Ihr Sohn ging tagtäglich auf die Jagd und brachte seiner Gemahlin stets fette Hirschlippen, wohlschmeckende Bärennieren und sonstige Leckerbissen mit, die sie sich dann braun und hart röstete. Diese zärtliche Aufmerksamkeit war aber der Alten ein Dorn im Auge, und sie beschloss daher, ihre Schwiegertochter umzubringen.

Nahe am Seeufer stand ein großer Baum, an dem sie mit langen Lederriemen eine Schaukel befestigte. Dort setzte sie sich nun hinein und befahl der jungen Frau, sie hin und her zu stoßen, was diese auch, nachdem sie ihren Säugling dem Waisenknaben zur Aufsicht übergeben hatte, bereitwilligst tat. Danach musste sie sich ebenfalls hineinsetzen, und als die Schaukel recht weit über den See hin und her flog, schnitt die heimtückische Schwiegermutter plötzlich die Riemen ab, und das Opfer ihrer List stürzte hinab in die brausenden Wellen.

Nun ging sie vergnügt nach Hause, zog dort die zurückgelassenen Kleider der Unglücklichen an, ahmte

---

[*] Wäwäbisowin heißt eigentlich »schaukelnd«

ihren Gang und ihre Manieren so gut sie konnte nach und suchte das Geschrei des Säuglings mit ihrer milchlosen Brust zu stillen. Als der Waisenknabe darauf nach der Mutter des Kindes fragte, sagte sie ihm, dass diese noch schaukele; sie verbot ihm aber gleichzeitig, hinzugehen und nachzusehen.

Am Abend kam der Jäger nach Hause, und da er bei der schlechten Beleuchtung seines Wigwams die Alte für seine Frau hielt, übergab er ihr seiner Gewohnheit nach die mitgebrachten Leckerbissen. Was ihm jedoch etwas auffiel, war, dass seine Frau ihr Gesicht so viel wie möglich zu verbergen suchte und dass das Kleine nicht ruhig war, obwohl sie es ständig an die Brust hielt.

Der Waisenknabe war inzwischen zum Seeufer gelaufen, hatte aber niemanden dort gesehen, und da bei seiner Rückkehr die Alte ausgegangen war, um Holz zu sammeln, erzählte er dem Jäger die ganze Geschichte. Dieser schwärzte sein Gesicht, steckte seinen Jagdspieß in die Erde und flehte den Großen Geist an, Donner, Blitz und Regen zu schicken und den Wellen zu befehlen, seine arme Frau wieder an Land zu spülen. Dann legte er sich stumm zum Fasten nieder.

Als seine Frau ins Wasser gefallen war, hatte sie der große Wasserjaguar in Empfang genommen, sie mit seinem langen Schwanz in die Tiefe seiner Wohnung hinabgezogen und dort geheiratet.

Nun begab es sich einst, dass der Waisenknabe das kleine Kind ans Ufer setzte und zu seiner Belustigung flache, runde Steine ins Wasser warf, als plötzlich ein großer Wasservogel aus den Wellen tauchte, dann dem

Land zuflog und dabei immer mehr und mehr die Gestalt einer Frau annahm, in der er zuletzt die Mutter des Kleinen erkannte. Um ihre Lenden hatte sie einen großen metallenen Gürtel; dies war nämlich der Schwanz ihres Jaguargemahls, an dem er sie festhielt, damit sie nicht etwa auf der Erde zurückbliebe. Die Frau nahm ihr Söhnchen auf den Arm, säugte es und sagte dem Knaben, er solle es jedes Mal, wenn es schreie, ans Ufer bringen, dann würde sie kommen und es stillen.

Dies erzählte der Knabe seinem Pflegevater, und als das Kind wieder schrie, ging er heimlich mit und verbarg sich hinter einem dicken Baumstamm. Nachdem seine Frau herausgekommen war, sprang er schnell aus seinem Versteck hervor, zerschnitt den Gürtel, an dem sie der Wasserjaguar festhielt, und nahm sie mit nach Hause.

Als dies die Alte, die ihrem Sohn immer auf Weg und Steg nachschlich, sah, machte sie sich so schnell wie möglich über alle Berge, und es hat seit jener Zeit niemand mehr eine Spur von ihr gesehen.

Matschi Manitu
oder der Böse Geist

Metowäk oder, wie die weißen Leute sagen, die Lange Insel (Long Island) war ursprünglich eine unwirtliche Sandwüste, in die sich gewöhnlich Gitschi Manitu, der Meister des Lebens, flüchtete, wenn er den Plan zur Erschaffung einer neuen Kreatur aushecken wollte. Die Insel war geräumig und durch das sie umgebende Wasser vor jedem störenden Besuch gesichert.

Es ist allgemein bekannt, dass die ersten Tiere der Schöpfung ganz kolossal waren und ungeheuren Schaden an den Pflanzen anrichteten, denn sie fraßen, um ihren Hunger zu stillen, ganze Gegenden kahl. Da es natürlich sehr beschwerlich war, solche Riesentiere stets in der gehörigen Zucht und Ordnung zu halten, so war Gitschi Manitu auf die Idee gekommen, jedes frisch gebaute Geschöpf zuerst auf der Insel zu probieren; wenn es ihm dann nicht gefiel, so konnte er ja leicht das Leben wieder herausnehmen und es anderweitig benützen. Long Island bildete also seinen Arbeitstisch, und in den zahlreichen Hügeln darauf glaubt man noch heute Spuren verworfener Mammutmodelle zu finden.

Hatte er ein Tier fertig, so trocknete er es gehörig an der Sonne, öffnete es darauf wieder an der Seite und setzte sich mehrere Tage lang hinein, damit er dessen Bewegungen beobachten und regulieren konnte. War er dann mit der ganzen Konstruktion zufrieden, so ließ er das Tier zu den jenseitigen Wäldern schwimmen, wo es sich selber weiterhelfen konnte.

Einst baute Gitschi Manitu ein furchtbar riesiges Tier, das sich von Weitem wie ein hoher Berg ansah und alle neugierigen Manitus der ganzen Umgebung anlockte. Die Pakwadschinnis oder Elfen schlichen sich ebenfalls ganz nahe herbei, und einige davon krabbelten sogar dem Monstrum hinter die Ohren oder setzten sich in sein Maul zwischen die Zähne oder in die Augenwinkel und glaubten, der Große Geist, der auf der anderen Seite beschäftigt war, sähe sie nicht. Doch da irrten sie sich sehr, denn er kann durch alles, was er machte, geradeso gut wie durch die Luft sehen. Aber er ließ die kleinen Geisterchen ruhig gewähren, freute sich sogar über ihre Lustigkeit und Lebendigkeit und überdachte nebenbei noch weitere Pläne zu neuen Gestalten.

Als er nun seine Arbeit mit viel Mühe vollendet hatte, fürchtete er sich doch ein wenig, dem Tier Leben einzuhauchen, und er ließ es daher vorderhand eine Zeit lang als leblosen Koloss ruhig stehen. Bald aber brach es unter seinem eigenen Gewicht zusammen, und nur ein Hinterviertel, in dem sich ein geräumiges Loch befand, blieb ganz und wurde später als Ronkomkomon benützt, wo der Schöpfer seine missratenen und überflüssigen Geschöpfe hineinwarf. Er amüsierte sich nämlich zuweilen, wenn er gerade nichts Besseres zu tun wusste, mit dem Schaffen schnellfüßiger Kleinigkeiten, die er, solange es ihm gefiel, auf der Insel herumlaufen ließ, dann aber wieder einfing und in jene Höhle schmiss.

Eines Tages nahm er einmal zwei große Tonklumpen und formierte zwei Füße daraus, die denen der Jaguare ähnelten. Da sich mit diesen, wie er bei der Probe herausfand, sehr schnell marschieren ließ, ohne dass sie Lärm verursachten, so baute er noch zwei weitere Beine dazu, die gerade so lang waren wie die seinigen, und ließ sie eine Zeit lang auf und ab spazieren. Diese Bewegung stellte ihn vollkommen zufrieden, und er fügte darauf auch noch den Rumpf daran. Eine Schlange, die gerade vorbeikroch, hängte er der neuen Schöpfung als Schwanz an, und weil diese ziemlich schwer war, so hielt sie den Körper ständig in schöner, stattlicher Stellung. Die behaarten Schultern waren so breit und dick wie die des Büffels, der Hals war kurz und dick.

So weit war die Arbeit ohne besondere Anstrengung recht gut gediehen; doch als der Kopf aufgesetzt werden sollte, musste erst wieder nachgedacht werden. Aber Gitschi Manitu war auch damit bald im Reinen; er nahm einen Stierkopf dazu und klebte diesem die Augen von außen an, damit er bequem nach allen Seiten sehen konnte. Die Stirn machte er breit und voll, aber auffallend niedrig; die Kinnbacken machte er außerordentlich stark; die Nase nahm er vom Schnabel des Adlers, und das Stachelschwein lieferte die Skalplocke.

Inzwischen war es Nacht geworden. Zahlreiche Fledermäuse flogen auf und ab, und das ferne Gebrüll blutgieriger Raubtiere war vernehmbar. Den Mond hielt eine schwarze Wolke umschlossen, und ein brausender Wind wirbelte den leichten Sand der Insel hoch in die Luft. Ein Jaguar ging vorbei und betrachtete neugierig das neue Produkt des Schöpfers, das seine Füße hatte; Schlangen krochen massenhaft herbei und wunderten sich über den ihnen ähnlichen Schwanz; Stachelschweine und Adler erkannten ebenfalls ihre Körperteile und wussten sich nicht zu erklären, warum Gitschi Manitu für diese Gestalt Fragmente so vieler Tiere genommen habe.

Doch das Geschöpf war noch nicht fertig. Eine große Fledermaus setzte sich aus Versehen auf den Kopf des Großen Geistes; der Schöpfer ergriff sie, riss ihr unbarmherzig die Flügel aus und setzte sie dem Tier als Ohren an. Dann machte er ihm noch ein feines, rundes Kinn, gab ihm Lippen, die den Mund verschließen und lachen konnten, und Arme und Hände wie die seinigen.

Nun wurde Gitschi Manitu recht traurig. Arme und Hände hatte er nämlich noch keinem seiner Geschöpfe gegeben, weil es zu gefährlich gewesen wäre; denn wie leicht konnte ein solches durch seine bessere Organisation alle anderen beherrschen oder wohl gar, wenn er nicht ständig auf der Hut war, sie umzubringen versuchen. Deshalb gab er auch das Leben nicht gleich hinein, sondern vorerst nur ein starkes Feuer, das die Gestalt trocknete und ihr ein rötliches Aussehen verlieh. Dann erst gab er ein ganz klein wenig Leben hinein und ließ sie einige Minuten auf der Insel auf und ab laufen.

Das neue Werk sah so vollkommen aus, dass es im höchsten Grad bedenklich gewesen wäre, ihm die vollständige Freiheit zu lassen oder wohl gar das rechte Quantum Leben zu geben; deshalb warf er es, so schnell er konnte, in die Ronkomkomon, vergaß jedoch in der

Eile, den Lebensfunken wieder herauszunehmen. Da lag denn nun das arme Geschöpf, das kaum ein paar Atemzüge getan hatte, einsam unter leblosen Bruchstücken und konnte für die erste Zeit kein Glied rühren, denn es war abscheulich hart gefallen und hatte die schrecklichsten Schmerzen auszustehen. Doch es erholte sich wieder und fing einen gräulichen Skandal an, worauf die Manitus haufenweise herbeiflogen, um zu sehen, was eigentlich in der Rumpelkammer los sei.

Da erst fiel Gitschi Manitu seine Vergesslichkeit ein, und er gedachte nun in aller Eile die Öffnung der Ronkomkomon mit einem Sandhaufen zu verstopfen – aber das half nichts mehr. Die Erde zitterte und bebte; der Himmel wurde so schwarz wie ein Rabe, und plötzlich brach ein zischendes Feuer aus der Höhle hervor, und jene Gestalt trat heraus und verheerte und verwüstete alles in der Nähe.

Gitschi Manitu trat tief betrübt zur Seite; die Manitus aber flohen in wilder Hast und riefen: »Matschi Manitu der Teufel, kommt!«

DER KLEINE GEIST

In einer einsamen Hütte, die weit im Norden am Ufer eines von hohen Felsen umgebenen Sees stand, lebten zwei arme Waisenkinder, ein Mädchen und ein Knabe, der nicht höher als ein Grashalm war. Eines prächtigen Wintertages sagte er zu seiner Schwester: »Mach mir einen kleinen Ball, damit ich mir auf dem glatten, hellen Eis die Zeit verkürzen kann!«

Die Schwester tat es auch, bat ihn aber, ja nicht weit von ihrer Wohnung zu gehen, damit ihm nicht ein Unglück zustoße. Der Zwerg hörte nicht darauf, stieß in kindischer Freude den Ball rasch vor sich her und eilte ihm ebenso schnell wieder nach.

Als er so ungefähr eine halbe Stunde lang immer nach einer Richtung hin gelaufen war, sah er auf einmal vier große Männer vor sich, die auf dem Eis lagen und Fische speerten. Der eine davon drehte sich spöttisch um und rief: »Seht doch, was da für ein winziger Knirps herumhüpft!« Doch die anderen kümmerten sich nicht darum und fischten ruhig weiter.

Diese Nichtbeachtung ärgerte aber den Kleinen so fürchterlich, dass er, um sich zu rächen, dem einen einen seiner größten Fische stahl und eilends damit nach Hause lief. Seine Schwester kochte den Fisch, und beide hatten nun ein treffliches Essen für den ganzen Tag.

Am folgenden Morgen ließ der Kleine seinen Ball wieder auf dem Eis tanzen und sah auch wieder die vier Fischer. Da er nun das Unglück hatte, dass sein Spielzeug in eins dieser Fischlöcher flog, so bat er den einen freundlichst, ihm den Ball doch wieder zuzuwerfen; der stieß ihn aber erst recht unter das Eis. Als dies der Zwerg sah, hüpfte er flink herbei und brach dem Fischer den linken Arm. Nun erhielt er seinen Ball wieder und lief damit eilends nach Hause.

Die Fischer konnten ihn trotz der größten Anstrengungen nicht einholen und beschlossen daher, das Unglück ihres Bruders am nächsten Morgen blutig zu rächen. Ihre Mutter riet ihnen aber, von ihrem Vorhaben abzustehen, denn der kleine Kerl sei sicherlich ein verkappter Manitu, der sie noch alle vernichten würde. Doch die Fischer hörten nicht auf ihre Warnung und gingen am anderen Tag mit ihrem verwundeten Bruder vor die Hütte des Zwergs.

Als dessen Schwester die Männer kommen sah, lief sie in Todesangst zu ihrem Bruder und fragte ihn um Rat; er antwortete ihr aber kaltblütig: »Was kümmert dich das? Geh hin und hol mir etwas Gutes zum Essen!«

»Aber wie kann man in einem solchen Augenblick noch Appetit haben?«, erwiderte sie verwundert.

»Tu, wie ich dir sage, und lass mich für das Übrige sorgen!«

Nun gab sie ihm eine riesige Muschel mit mannshoher Schale, und als er eben anfangen wollte, sich's recht gut schmecken zu lassen, hoben die vier Fischer gerade die Türdecke auf, um hereinzukommen. Als er das sah, warf er schnell seine große Muschel in die Türöffnung, und da seine Hütte eigentlich aus einer Felsenhöhle bestand, so war diese nun uneinnehmbar.

Die vier zerbrachen alle ihre Werkzeuge und mühten sich zum Sterben ab; aber alles, was sie fertigbrachten, war ein winzig kleines Loch, an dem sie einen halben Tag gemeißelt hatten. Der Erste, der nun seinen Kopf hindurchzustecken suchte, wurde so mit einem Pfeil begrüßt, dass sein Gehirn im ganzen Zimmer herumspritzte. Den anderen dreien ging es ebenso.

Da die Schwester des Kleinen sie nicht für ganz tot hielt, so getraute sie sich nicht eher hinauszugehen, als bis sie ihr Bruder in kleine Stücke zerhauen hatte, die die großen Raubvögel gierig aufpickten.

Im nächsten Frühjahr machte sich der Zwerg einen großen Bogen und mehrere Pfeile, welch Letztere er zum größten Ärger seiner Schwester alle in den See schoss. Dann schwamm er ihnen nach und tat dabei, als ob er am Ertrinken wäre, damit seine am Ufer stehende Schwester recht um ihn weine und klage. Auch rief er noch ständig: »Mämis kwonschegonä benowäkonschischin!« Das heißt: »Großer Fischkönig, komm und verschlucke mich!«

Der große Fischkönig ließ auch nicht lange auf sich warten; er schwamm herbei und verschluckte ihn. Ehe er nun im Maul jenes Fisches verschwand, glaubte seine Schwester noch das Wort »Mesuschkisinens« zu hören, das sie aber nicht sofort zu deuten wusste. Nach längerem Nachdenken meinte sie, er wünsche vielleicht einen alten Mokassin. Sie suchte also einen hervor, band ihn an ein Seil, warf ihn ins Wasser und befestigte das Seil an einem nahe stehenden Baum.

Der Fischkönig war ungeheuer neugierig, was das für ein kurioser Gegenstand sei, der dort herumschwimme, und er bat den Knaben in seinem Bauch deshalb um Auskunft.

»Schwimm schnell hin und friss es!«, raunte ihm dieser in die Ohren, und der alte Fisch, der als König mehr Klugheit hätte besitzen sollen, schluckte den alten Schuh auch wirklich hinunter. Da lächelte denn der Kleine recht schalkhaft, ergriff mit beiden Händen das Seil und zog sich so mitsamt seinem Fresser an Land.

Die Schwester erstaunte ob der ungeheuren Größe dieses Fisches, nahm aber beherzt ihr Messer und stach ihn tot. Darauf kroch ihr Bruder wohlbehalten aus dem Bauch und befahl seiner Schwester, das Fleisch zu trocknen und fortan nie mehr an seinen außerordentlichen Fähigkeiten zu zweifeln.

Das hat sie denn auch nicht mehr getan, und damit endet die Geschichte.

ÄNGODON UND NÄWADAHA

Sechs Brüder, zum Stamm der kräftigen, Oberkanada bewohnenden Natowas gehörig, gingen einst an einem Morgen in aller Früh auf die Jagd, von der jedoch am Abend nur fünf zurückkehrten. Als am anderen Tag deshalb Nachforschungen gehalten wurden, fand man den Vermissten entseelt unter einem Baum liegen. Sein Körper zeigte Spuren grausamer Gewalttätigkeiten, was große Trauer in die Familie, besonders aber über seine jüngste Schwester brachte, die den Erschlagenen am meisten geliebt hatte.

Im folgenden Jahr und gerade am selben Tag wurde wieder einer dieser Brüder auf so geheimnisvolle Weise getötet, und so ging es in den nächsten Jahren fort, bis zuletzt nur noch einer übrig blieb. Das Mädchen war infolge dieser Unglücksfälle vollständig zum Skelett geworden, und als nun einst auch der letzte eines Abends nicht mehr zurückkam, wurde es beinahe wahnsinnig, wanderte Tag und Nacht im Wald herum, und verschwand zuletzt ebenfalls.

Die Tante des Mädchens, die in der Nachbarschaft wohnte, suchte täglich nach ihm, konnte aber nicht die geringste Spur von ihm entdecken. Am zehnten Tag danach, als sie sich ganz erschöpft unter einen Baum gelegt hatte, kam es ihr vor, als höre sie ein kleines Geflüster, und als sie sich umdrehte, sah sie ihre Nichte neben sich auf der Erde liegen, das Gesicht dem Boden zugekehrt. Sie rüttelte sie auf und suchte sie zu bereden, mit ihr nach Hause zu gehen, aber das wollte diese um keinen Preis, und der besorgten Tante blieb zuletzt nichts anderes übrig, als ihr hier eine kleine Hütte zu bauen und sie täglich mit Speise und Trank zu versorgen.

Als einst die Tante weggegangen war, um ihren eigenen häuslichen Pflichten nachzukommen, erschien plötzlich eine weiß gekleidete Gestalt vor der Hütte des Mädchens. Sie berührte die Erde nicht, sondern schwebte leicht in der Luft und sagte zu ihm: »Meine liebe Tochter, warum grämst du dich so sehr? Siehe, ich bin zu deinem Trost gekommen. Alles, was auf der Erde kriecht und fliegt, gehört mir; ich schaffe und zerstöre, je nachdem ich es für gut befinde. Wenn du nach meinem Willen handelst, werde ich dir deine Feinde übergeben. Nun steh auf und nimm die Speise, die ich dir vorlege, zu dir; geh dann in dein Dorf zurück und erzähle all deinen Bekannten, was du gehört und gesehen hast!« Darauf verschwand die Gestalt, und das Mädchen erblickte plötzlich einen fetten toten Bären vor sich.

Nun ging die Jungfrau freudig in ihr Dorf zurück und lud alle Bewohner zu einem großen Festessen ein. Das Bärenfleisch mundete ihnen vortrefflich; keiner hatte je etwas von solchem Wohlgeschmack gekostet, und mit Freuden versprachen sie alle, ihr in Frieden und Krieg treu beizustehen. Gleich wurden Botschafter an die benachbarten Stämme, an die Natowas des Hirschtotems und die Odjibwas geschickt, die ebenfalls zu ihrer Hilfe herbeieilten. Das Mädchen führte sie selbst an. Alle Bären, die sie unterwegs töteten, wurden der Göttin geopfert.

So marschierten sie guten Mutes den Feinden entgegen, und bald hatten sie die Wigwams von Ängodon und Näwadaha, der zwei grausamen Häuptlinge vom Bärentotem, erreicht. Jene himmlische Gestalt erschien auch wieder, reichte der Anführerin die Hand und sagte: »Höre, meine Tochter: Schicke Spione in das Dorf vor dir, und lass den Kriegern vom Hirschtotem sagen, sie sollen ihre Zeichen vor die Tür hängen, damit sie der Vernichtung entgehen!«

Dieser Rat wurde pünktlich befolgt, und als Ängodon und Näwadaha am anderen Morgen erwachten, meinten sie, ihre Nachbarn müssten böse Träume gehabt haben, weil jeder ein Tierfell vor dem Wigwam flattern hatte. Gleich darauf aber erschienen die Krieger und zündeten das Dorf an allen Seiten an. Den Leuten vom Hirschtotem geschah kein Leid, aber die anderen verfielen zum größten Teil dem unbarmherzigen Tomahawk und dem Skalpiermesser.

Jene beiden Haupthalunken entkamen jedoch. Der ihnen nachgesandte Hagel von Pfeilen traf sie zwar, verwundete sie jedoch nicht im Geringsten. Da eilte ihnen denn das Mädchen mit nie noch gesehener Schnellfüßigkeit nach und nahm sie beide lebendig gefangen.

Die Odjibwas banden ihnen Hände und Füße zusammen und schnitten ihnen bei lebendigem Leibe das Fleisch von den Rippen, wobei sie die Entdeckung machten, dass Ängodon keine Leber hatte und das Herz

Näwadahas winzig klein, kaum bohnengroß war und aus Feuerstein bestand.

Darauf zogen die glücklichen Streiter mit zahlreichen Skalpen wieder in ihre friedlichen Dörfer zurück, und das Mädchen verschwand mit der Lichtgöttin in unermesslicher Höhe.

Muwis
oder der Dreck- und Lumpenmann

In einem dicht bevölkerten Dorf am Huronsee lebte einst eine berühmte Indianerschönheit, die sich der Anbetung aller jungen Krieger und Jäger brüstete, aber auch jedem, der sich ihr mit redlichen Absichten genaht, unbarmherzig die Tür gewiesen hatte. Am stärksten hatte sich ein schmucker Jüngling namens Mämondädschinin in sie verliebt; doch als er sie einst mit einem Vertrauten besuchte und ihr seine glühende Liebe zu ihr in den heitersten Farben malte, hielt sie ihm einfach als Antwort ihre geballte Hand ins Gesicht und öffnete sie plötzlich – die beleidigendste und schimpflichste Art, wie man auf indianische Weise einem einen Korb gibt.

Diese Schmach, die ihm in Gegenwart seines liebsten Freundes angetan wurde, warf den armen Jüngling kurz danach aufs Krankenbett. Wochenlang lag er stumm in seinem Wigwam und nahm nur äußerst wenig Speise zu sich. Kein Mittel auf der Welt konnte ihn bewegen aufzustehen, und auch selbst als der Frühling und damit die Zeit des Wegziehens kam – denn sein Stamm befand sich auf den jährlichen Winterjagdzügen –, blieb er regungslos liegen und kümmerte sich nicht um die Bitten seiner Freunde.

Als sich der ganze Stamm auf den Marsch zu seinen Sommerwohnungen begeben hatte, trat Mämondädschinins Schutzgeist vor sein Krankenlager und versprach ihm, die hartherzige Jungfrau gründlich zu bestrafen; denn Mämondägokwä – so hieß sie nämlich – war ihm schon seit langer Zeit ein Ärgernis gewesen.

Er hatte sich dazu einen eigenen Plan geschmiedet, der, wenn er gelang, sie sicherlich dem allgemeinen Gelächter und der Verachtung preisgab. In diesen weihte er nun seinen Schutzbefohlenen ein und versicherte ihn auch seiner stetigen ferneren Hilfe.

Danach erhob sich Mämondädschinin von seinem Pelzlager, ging zurück in die leeren, öden Wohnungen, suchte alle zurückgelassenen und verlorenen Lappen zusammen, machte dann, so gut es ging, Beinkleider und Röcke daraus und verzierte sie reichlich mit gefundenen Perlen und sonstigen Schmucksachen. Dann sammelte er noch eine Menge abgeschabter Knochen und Fetzen getrockneten Fleisches, klebte sie mit Schnee zusammen und füllte damit die Kleider aus, wodurch er eine Figur schuf, die wahrhaftig einem schön gewachsenen Jüngling nicht unähnlich sah. Sein Manitu hauchte darauf Leben hinein und gab ihm den Namen Muwis, d. h. Dreck- und Lumpenmann.

Dann gingen beide, Mämondädschinin und Muwis, ins Sommerlager ihres Stammes, wo Letzterer wegen seiner blühenden Farbe und seines glänzenden Anzugs die allgemeine Aufmerksamkeit auf sich zog. Der Chief lud ihn in sein Haus ein und setzte ihm das delikateste Fleisch vor; auch die schnöde Mämondägokwä, die sich im ersten Augenblick sterblich in ihn verliebte, hatte das Glück, ihn am ersten Abend als Gast im Zelt ihrer

Mutter zu sehen. Mämondädschinin war auch mitgegangen; er hatte seine Liebe zu ihr noch nicht vergessen und seine Hoffnung auf irgendeinen günstigen Zufall gesetzt. Aber Muwis war der Anfang und das Ende ihrer liebenswürdigsten Aufmerksamkeit; freundlichst wies sie ihm den Ehrenplatz dicht neben dem Feuer an, den er jedoch höflich einem ihrer Brüder überließ, da er dort sicherlich aufgetaut und auseinandergefallen wäre. Mämondädschinin, der längst gemerkt hatte, dass er hier höchst überflüssig war, entfernte sich unbeachtet, sah aber noch beim Hinausgehen, dass beide miteinander einig waren und sich bereits vollständig wie Braut und Bräutigam benahmen.

Noch am selben Abend verheiratete sich das verliebte Pärchen.

Am anderen Morgen stand Muwis früh auf, nahm Pfeil und Bogen und sagte seiner jungen Frau, dass er einen weiten Weg zu gehen habe, der über viele Berge und Ströme führe.

»Lass mich mit dir gehen!«, sagte sie.

»Aber es ist zu weit für dich!«

»Deine Gesellschaft verkürzt mir den Weg und hilft mir, allen Gefahren freudig zu begegnen.«

»Mag sie in ihr Verderben gehen«, sagte Muwis zu sich; »es geschieht ihr ganz recht, warum hat sie auch der Stimme der Klugheit taube Ohren entgegengehalten!«

Darauf ging er fort, und sein Weib folgte ihm in einiger Entfernung, wie es einer braven indianischen Ehefrau geziemt. Der Weg war rau und so voll Strauchwerk, dass sie unmöglich seinen Flügelschritten folgen konnte.

Als die Sonne aufging, war ihr Muwis schon vollständig aus den Augen, und das war gut, denn die Strahlen der Sonne brannten so heiß auf ihn herab, dass die Schneenähte allmählich auftauten und ein Stück nach dem anderen von ihm abfiel. Sowie ein Stück abfiel, nahm es seine ursprüngliche schmutzige Farbe wieder an, und dann wurde es vom Sturm fortgetrieben, sodass Mämondägokwä seine Spur allmählich gänzlich verlor. Doch immer eilte sie vorwärts und gönnte sich Tag und Nacht keine Ruhe; als sie aber zuletzt einsah, dass sie ihm am Abend nicht näher als am Morgen war, legte sie sich weinend nieder und starb vor Kummer und Gram.

Als man später im Dorf diese traurige Geschichte erfuhr, dichtete ein Medizinmann ein Lied darauf und gab es den jungen Mädchen zum Singen. Es hieß:

> Muwis, Muwis, sag, wo bist du?
> Sag, wo bist du, liebster Schatz?
> Muwis, Muwis, komm und fliege
> Zu mir an mein treues Herz!
> Muwis, Muwis, in der Irre
> Muss ich einsam nun verschmachten!
> Muwis, Muwis, sieh, wie oben
> Mich die Raben wild umkreisen!
> Muwis, Muwis, sieh, ich falle,
> Und die gier'gen Raben kommen,
> Sich an meinem Leib zu nähren!

Das Nordlicht

Ein kleiner, hilfloser Waisenknabe hatte, da er keine liebenden Geschwister hatte, nach langem Hin-und-her-Irren endlich bei einem lieblosen Onkel Obdach gefunden, der ihn aber so rau und grausam behandelte und ihm dabei so äußerst wenig zu essen gab, dass er zuletzt so dünn und schwächlich wurde, dass ihn beinahe die Sonne umschien. Der böse Onkel hatte nämlich vor, sich seiner auf diese billige Art zu entledigen; aber der Knabe schien doch eine starke und zähe Natur zu besitzen, denn sein Tod ließ so lange auf sich warten, dass sein Peiniger beschloss, das entgegengesetzte Mittel anzuwenden, und seiner Frau befahl, ihm stets das fetteste Fleisch vorzusetzen und es ihm, wenn er satt sei, mit Gewalt hineinzustopfen.

Sobald aber der Knabe dies merkte, nahm er die erstbeste Gelegenheit wahr und entfloh. Traurig wanderte er nun den ganzen Tag herum, und als der Abend kam, suchte er sich einen Schlafplatz auf einer hohen Fichte, damit ihn nicht die wilden Tiere während der Nacht zerrissen.

Da hatte er denn einen sonderbaren Traum, in dem ihm eine göttliche Gestalt erschien und zu ihm sagte: »Ich bedaure dich, kleiner Knabe; doch steh auf und folge mir; ich will dir helfen!«

Darauf erwachte der Knabe, kletterte vom Baum herab und überließ sich der Führung eines vor ihm stehenden Manitus.

Als er eine Weile fortgewandert war, kam er hoch hinauf in den Himmel, wo er einen Bogen mit zwölf Pfeilen bekam und ihm befohlen wurde, sofort zum nördlichen Horizont zu ziehen, um die dort hausenden wilden Geister zu töten.

Das tat er denn auch, und er verschoss elf Pfeile, die wie leuchtende Blitze dahinflogen, ohne jedoch einen dieser Manitus zu treffen, viel weniger zu töten; denn diese konnten sich im Nu in irgendeinen unverwundbaren Gegenstand verwandeln. Auch wussten sie, dass die Pfeile des Knaben »medizinen« waren und die Kraft besaßen, sie alle zu vernichten.

Seinen letzten Pfeil, den zwölften, richtete er auf das Herz des Manituchiefs, doch dieser transformierte sich schnell in einen großen Felsen, und das Geschoss wurde ebenfalls vergebens abgefeuert.

»Jetzt sind deine Gaben vergeudet«, schrie jener Chief darauf, »und du bist nun in meiner Macht und sollst zur Strafe für deine Vermessenheit für alle Zeiten am nördlichen Himmel festgebannt sein und nur zeitweilig als Nordlicht ein Lebenszeichen von dir geben!«

Memoiren der Tschigeunegon-Prophetin Odschi Wein Akwot Okwä

oder der Frau der blau gekleideten Wolke

Von ihr selbst erzählt

Als ich ein Mädchen von zwölf oder fünfzehn Jahren war, befahl mir meine Mutter, recht auf mich achtzugeben und ihr gleich zu sagen, wenn mir etwas Ungewohntes vorkäme. Kurz danach musste meine Mutter ausgehen und Holz sammeln, um eine kleine Hütte für mich zu bauen, die ich allein bewohnen musste, da sich inzwischen die erwarteten Zeichen richtig eingestellt hatten. Während zweier Tage durfte ich keinen Bissen zu mir nehmen, ja sogar keinen Schnee anrühren, um den brennenden Durst zu stillen.

Am Ende des zweiten Tages kam meine Mutter; nicht, um mir vielleicht Speise zu bringen, sondern, um sich zu vergewissern, dass ich auch während jener Zeit ihr Gebot treu befolgt hatte. »Sieh«, sagte sie, »liebes Kind, du bist das jüngste von vier Geschwistern, die dich bei ihrer Reise nach dem Land der Seelen allein zurückgelassen haben. Ich habe also nur noch dich, auf die ich meine Hoffnung setzen kann, darum höre auf meinen Rat: Schwärze dein Gesicht, und faste noch einige Tage länger, damit der Meister des Lebens über uns Erbarmen habe. Wenn die Sonne zweimal untergegangen ist, werde ich wiederkommen und hören, ob deine Träume Gutes bedeuten und ob du beim Großen Geist angesehen bist.«

Darauf ging sie fort, und ich nahm mein kleines Beil, hieb einige Bäume um, schälte die Rinde ab und machte mir eine warme Decke davon. Mein Hunger nahm inzwischen mehr und mehr ab, doch nicht mein Durst; aber ich rührte nicht die kleinste Schneeflocke an, denn meine Mutter hatte mir auch früher einmal mitgeteilt, dass dies die kleinen Manitus sehen und den Meister des Lebens davon benachrichtigen würden.

Am Ende des vierten Tages kam meine Mutter wieder und brachte eine Kanne mit, in der sie Schnee für mich schmolz. Ich trank die Kanne bis auf den letzten Tropfen aus und verlangte mehr, bekam es jedoch nicht. »Jetzt, liebes Kind«, sagte sie dann, »folgst du deinen Eingebungen und Träumen, und du wirst sehen, dass du dadurch mich, dich und die ganze Menschheit glücklich machen wirst!« Darauf ließ sie mich wieder allein.

In der sechsten Nacht hörte ich eine Stimme, die aus einer entfernten Hütte zu kommen schien und zu mir sagte: »Armes Kind, du tust mir leid! Steh auf und folge mir!«

Ich tat, wie mir geheißen wurde, und fand einen silberglänzenden Weg vor mir, der mich weit hinauf in die Höhe führte. Zu meiner Rechten verbreitete der Neumond seinen blendenden Flammenschein, und zu meiner Linken stand die Sonne. Als ich eine Strecke weitergegangen war, sah ich auch das Bild der Kodschigabekwä oder der Ewigen Frau vor mir, und jemand sprach zu mir: »Ich gebe dir meinen Namen, und du kannst ihn später einem anderen geben; auch verleihe ich dir langes Leben auf der Erde und die Kunst, das Leben anderer zu verlängern. Jetzt geh; man ruft dich weiter oben!«

Ich ging weiter und sah einen kugelrunden Mann vor mir, dessen Kopf mit Hörnern bewachsen war. »Fürchte dich nicht vor mir«, redete er mich an; »mein Name ist Manitu Wininis oder der kleine Menschengeist, und so sollst du deinen ersten Sohn benennen. Geh weiter!«

Als ich wieder eine kleine Strecke hinter mir hatte, kam ich an die Öffnung des Himmels, vor der eine Gestalt stand, deren Kopf mit Sonnenstrahlen umgeben und deren Brust mit dem merkwürdigsten Schmuck behängt war. »Sieh mich an«, sagte sie zu mir, »mein Name ist Oschowoedschigick oder der hellblaue Himmel; ich bin der Schleier, der den Eingang zum Paradies verhüllt, und bin geneigt, dich mit allerlei heiligen Gaben zu beschenken, wenn du die Prüfung bestehst, der du dich jetzt unterwerfen musst!«

Gleich darauf fielen Tausende von leuchtenden, nadelähnlichen Punkten auf mich, prallten aber wirkungslos an mir ab. Dies wiederholte sich mehrmals mit demselben Resultat. Danach drangen von allen Seiten scharfe nägelartige Körper in mein Fleisch, aber ich verspürte nicht den geringsten Schmerz, und die Stacheln fielen zuletzt unschädlich zu meinen Füßen nieder.

»Gut, gut!«, rief da eine heilige Stimme. »Du wirst lange Tage sehen und den Meister des Lebens zum ewi-

gen Freund haben. Jetzt aber geh wieder zurück in deine
Hütte, und nimm nahrhafte, stärkende Speisen zu dir.
Ich habe einem meiner Geister befohlen, dich nach
Hause zu tragen; darum setze dich getrost auf seinen
Rücken!«

Darauf wurde ich von einem großen, in der Luft
schwimmenden Fisch zu meinem Wigwam zurückgebracht.

Am anderen Morgen kam meine Mutter und brachte
mir eine getrocknete Forelle; aber ich konnte weder
ihren Anblick noch den Geruch des Fisches ertragen.
»Liebe Mutter«, sagte ich, »vergib mir, dass ich nichts
zu mir nehme, denn es ekelt mich vor jeder Speise.«

Sie ermunterte mich, recht standhaft auszuhalten,
damit ich vom Himmel die volle Kraft bekäme, der
Trost ihres Alters sein zu können. Dann verließ sie mich
wieder.

Ich versuchte nun, einige dünne Bäume zu fällen, fiel
jedoch dabei ohnmächtig in den Schnee, und es dauerte
eine geraume Zeit, bis ich mich wieder so weit erholt
hatte, dass ich mich zurück in meine Hütte schleppen
konnte. Da hatte ich dann mit allen Einzelheiten dieselbe Vision wieder wie am Tag vorher, und als meine
Mutter mich wieder besuchte, erzählte ich sie ihr. Sie
war sehr zufrieden damit und befahl mir, noch drei
weitere Tage zu fasten. Ihr mitgebrachtes Korn widerstand mir ebenso wie zuvor der Fischgeruch; auch das
Schneewasser ließ ich unangerührt stehen.

Als ich wieder allein war, kam eine runde Gestalt mit
äußerst kleinen Händen und Füßen vom Himmel in

meine Hütte geflogen und sprach zu mir: »Ich gebe dir die Kraft, in die Zukunft zu sehen, damit du deinem Stamm nützlich sein kannst!« Darauf verschwand sie wieder in der Luft, und es schien mir, als habe sie sich in einen rotköpfigen Specht verwandelt.

Ich war also eine Prophetin oder Medizinfrau geworden. Meine Mutter führte mich am Schluss meiner Fastenzeit wieder nach Hause und veranstaltete ein großes Fest, wozu sie alle Bekannten und Verwandten einlud, denen sie dann die Geschichte ihrer Glückstochter in den freudigsten Worten mitteilte.

Das erste Mal, dass ich von meiner Sehergabe Gebrauch machte, war, als wir am Oberen See lagen und beinahe verhungert waren, da sich nirgends Wild zeigte. Meine Freunde bedrängten mich täglich, doch Rat zu schaffen, und auch der Chief kam in dieser Angelegenheit mehrmals in die Wohnung meiner Mutter. Ich verordnete also, zuerst eine große Medizinhütte oder Dschischoka zu bauen und sie rundum mit den kostbarsten Fellen zu behängen.

Darauf versammelte sich das ganze Volk; ich schlug meine Trommel, sang meine Medizingesänge und legte den Kopf auf die Erde. Da hörte ich denn bald, wie die Luftgeister herbeigeeilt kamen und die Hütte von oben bis unten schüttelten – das sicherste Zeichen, dass sie bereit waren, meine Fragen zu beantworten. Die erste, die ich nun stellte, war natürlich, wo Wild zu finden sei.

»Ziehe westlich!«, hieß die kurze Antwort, und gleich wurde das ganze Lager abgebrochen, und der Zug, mit den Jägern und den Kriegern an der Spitze, setzte sich in Bewegung.

Bald fand es sich, dass die Geister wahr gesprochen hatten, was mein Ansehen ungemein erhöhte und allen meinen zukünftigen Ratschlägen blinden Gehorsam sicherte.

Der Magier vom Huronsee

Zur Zeit, als die Ottowas noch die größeren Inseln des Huronsees bewohnten, lebte ein einflussreicher Magier dort, der Mäßwäweinini oder die lebende Statue hieß. Jene Inseln waren von jeher der Lieblingsaufenthalt aller Indianer von medizinenen Eigenschaften, weshalb auch später, als die Irokesen die Ottowas von dort verdrängt und hinauf an die Ufer des Oberen Sees gejagt hatten, Mäßwäweinini heimlich zurückblieb und die Bewegungen der Feinde ständig beobachtete.

Er hatte noch zwei Knaben bei sich, die ihm bei seinem Spionieren treffliche Dienste leisteten. Nun stand er eines Tages etwas früher als gewöhnlich auf, ließ seine Knaben ruhig liegen und ging fort auf die Jagd. Nachdem er sich eine Zeit lang seinen Weg durch dorniges Gebüsch gebahnt hatte, sah er sich plötzlich an der Grenze einer weiten Ebene, die noch nie von menschlichen Füßen betreten worden war.

Getrosten Mutes ging Mäßwäweinini auf die andere Seite der Ebene, von woher ihm ein Mann von auffallend kleiner Gestalt entgegenkam. Dieser trug eine rote Feder auf dem Kopf, tat recht freundlich und nannte auch Mäßwäweinini bei seinem Namen und lud ihn ein, eine Pfeife mit ihm zu rauchen, was Letzterer denn auch bereitwillig annahm.

»Bitte«, sagte Rotfeder nach einer Weile, »worin liegt eigentlich deine Stärke?«

»Meine Stärke«, erwiderte Mäßwäweinini, »ist keine außergewöhnliche; sie ist nur die eines jeden Menschen.«

»Oh, dann müssen wir unsere Kräfte versuchen!«, rief der Kleine hastig. »Und wenn du mich niederwirfst, so kannst du sagen, du habest Wädschemenä besiegt!« Als sie mit ihrem Rauchen fertig waren, begann der Ringkampf, der lange Zeit unentschieden blieb, denn Rotfeder zeigte sich als äußerst gewandter Ringer; aber zuletzt unterlag er doch. Auf der Stelle, wo er verschied, fand Mäßwäweinini eine zerknickte Maisähre, und eine Stimme rief aus der Erde: »Entferne die Hülle von mir und zerteile meinen Körper, damit du die ganze Ebene damit besäen kannst. Dann geh fort und komm nach einem Monat wieder!«

Mäßwäweinini tat, wie ihm gesagt wurde, und als er damit fertig war, machte er sich auf den Heimweg, auf dem er auch einen recht fetten Hirsch erlegte. Da er seine Knaben noch schlafend fand, weckte er sie auf, gab ihnen zu essen und erzählte ihnen sein merkwürdiges Abenteuer.

Nach einem Monat ging er wieder hinauf zu jener Ebene und fand dort zu seinem größten Erstaunen alles grünend und blühend. Dann besuchte er sie nicht mehr bis zum Ende des Sommers, wo er sie vollständig mit dem schönsten Mais bewachsen sah. An der Stelle, wo er Rotfeder getötet hatte, erblickte er die schönsten Kürbisse, und als er einen davon abschnitt, rief jemand aus der Tiefe: »Mäßwäweinini, hättest du mich nicht besiegt, so lägen jetzt deine abgenagten Knochen hier herum. Doch mein Körper soll dir und deiner Rasse zum Segen werden und euch in Gestalt des Maises stets ein willkommenes Nahrungsmittel bieten!«

Darauf rief Mäßwäweinini seine beiden Knaben herbei und zeigte ihnen das kostbare Gewächs, das seit jener Zeit von allen Indianern in großer Ehre gehalten wird.

Nach jener Zeit passierten wundervolle Dinge auf der Insel des Magiers. Als er sich einst zum Schlafen niedergelegt hatte, kam es ihm vor, als höre er jemand sagen: »Sieh, das ist der Mäßwäweinini, dessen Herz wir haben müssen!«

Dann fragte ein anderer: »Aber wie können wir es bekommen?«

Mäßwäweinini verhielt sich ganz still und atmete so ruhig, als läge er im tiefsten Schlaf.

»Du musst ihm mit dem Arm durch Mund und Hals fahren, es dann fest packen und herausreißen!«, sagte der Erste wieder.

Das tat denn auch der andere, doch als er seine Hand weit genug darin hatte, biss Mäßwäweinini plötzlich kräftig zu und zermalmte ihm alle Finger. So entrann er also glücklich der Todesgefahr und blieb bis zum Morgen unbelästigt. Als er dann die abgebissenen Finger recht betrachtete, sah er, dass sie aus den feinsten Wampumperlen bestanden – der untrüglichste Beweis, dass sie von mächtigen Geistern stammten.

Kurz danach, als er eben gefrühstückt hatte, sah er ein Kanu von außergewöhnlicher Schönheit dem Ufer zusteuern, und als es etwas näher kam, sah er zwei Männer darin sitzen, wovon einer eine fingerlose Hand hatte. Mäßwäweinini merkte nun gleich, welche Gesellen das waren, und ging ihnen, als sie landeten, keck entgegen, um sie wegen ihres nächtlichen Mordanschlags zur Rede zu stellen und dann exemplarisch zu züchtigen; doch als er eben kräftig mit dem Tomahawk ausholen wollte, um ihnen die Schädel einzuschlagen, verwandelten sie sich plötzlich in steinerne Statuen, mit denen er nun nichts anderes machen konnte, als sie in das nahe Dorngebüsch zu postieren. Dann holte er auch das Kanu und verbarg es ebenfalls im Gehölz. Es war das schönste, das er je gesehen hatte, und zu seiner größten Freude mit den kostbarsten Schätzen gefüllt.

»Mit solchen Schätzen«, rief darauf einer der steinernen Manitus, »werden die Kähne der Ottowas beladen sein, wenn sie diese Küste, von der die Irokesen sie verdrängt haben, wieder passieren werden!« Danach ging Mäßwäweinini nach Hause, weckte seine Knaben und bereitete ihnen ein vortreffliches Fischmahl.

Unser Magier führte im Allgemeinen ein recht gemütliches Leben; seine Feinde ahnten seine Nähe nicht, und Wild und Fische gab's im Überfluss. Aber, dachte er eines Tages bei sich selbst, werden denn auch meine armen Eltern wissen, wo sie Fleisch hernehmen, wenn sie Hunger haben, und wo sie einen warmen Pelz hernehmen, wenn der raue Nordwind durch die Bäume pfeift? Und während diese Gedanken sein Gehirn durchkreuzten, zog er seine schnell laufenden Mokassins an und machte sich auf den Weg zu ihnen.

Ein anderer Mann hätte wenigstens dreißig Tage zu jener Reise gebraucht, denn das alte Ehepaar lebte weit weg auf einer Insel im Oberen See; doch Mäßwäweinini war schon am Abend des ersten Tages in ihrem Wigwam, wo er beide geräuschlos und sanft – sie schliefen nämlich schon – aufhob und mit derselben Geschwindigkeit zurück in seiner eigene Hütte trug. Als jene nun am anderen Tag erwachten, waren sie beinahe vor Freude außer sich, dass sie sich so auf einmal wieder bei ihrem geliebten Sohn sahen, der ihnen nun zur Unterhaltung seine vielen merkwürdigen Abenteuer erzählte und danach für sie ein regendichtes Häuschen neben sein fruchtbares Maisfeld baute.

Inzwischen wurde es Winter und das Wetter so unfreundlich, dass sich niemand vor die Tür getraute. Als nun der alte Vater so den ganzen Tag lang an den glimmenden Baumstamm gebannt war, ging ihm mit der Zeit das Kraut aus, mit dem er seine Pfeife stopfte, und die Zeit fing an ihm langweilig zu werden. »Warte nur noch zwei Tage«, tröstete ihn darauf sein Sohn, »und du sollst einen haushohen Haufen Tabak bekommen; und zwar müssen ihn dir meine Feinde liefern!«

Darauf ging Mäßwäweinini zu den Nadowas vom Bärentotem. Diese erkannten ihn gleich an seinem Schnelllauf und luden ihn freundlich in ihre Hütten ein. Als sie ihn darauf nach dem Grund seiner Reise fragten, antwortete er, dass er für seinen alten Vater Tabak holen wolle, und augenblicklich wurden die dicksten Bündel bereitwilligst herbeigebracht.

Doch in der Nacht schmiedeten einige von ihnen ein Komplott, ihn heimlich zu überfallen und sich seiner dann für immer zu entledigen, und zwei alte Kerle drangen auch wirklich in sein Zelt und schrien: »Mäßwäweinini, du bist ein Kind des Todes!«

»Nein, ihr seid es!«, schrie er ihnen entgegen, griff zu seinem scharfen Tomahawk und schlug sie alle zu Fetzen. Dann packte er sich so viel Tabak zusammen, als er nur tragen konnte – das wollte etwas heißen! –, und brachte ihn seinem Vater, der nun im Kreise seiner Familie seine letzten Tage heiter und sorgenfrei verlebte.

Kosmogonische Traditionen
der Wyandot-Indianer

I

Wie unsere Medizinmänner erzählen, soll die Erde in früheren Zeiten ganz anders gewesen sein. Wir glauben das gerne, denn es ist vernünftig und wahrscheinlich; ebenso gerne glauben wir auch, dass der Große Geist alle roten Menschen geschaffen hat, und zwar hier in diesem Land, und dass die Behauptung einiger eine unverschämte Lüge ist, dass sie über ein großes Wasser gekommen seien.

Als nämlich der Meister des Lebens die Erde fertig hatte, bedeckte er sie mit seiner großen Hand, sodass sämtliche Indianerstämme im Dunkeln sitzen mussten. Ein junger kräftiger Mann hatte sich aber doch seinen Weg auf die Oberfläche zu bahnen gewusst, wo ihn die malerische Schönheit der ganzen Natur und das blendende Licht eines kolossalen Sterns über alle Maßen entzückten. Auch lief ein großer Büffel langsam an ihm vorbei, der war über und über mit Blut bespritzt, denn ein mächtiger Pfeil stak in seinem Körper. Kurz danach erschien auch der Jäger, der das Tier geschossen hatte; es war nämlich der Schöpfer selbst, der dem Indianer zeigen wollte, wie er und die anderen sich ernähren müssten, wenn er seine Hand von ihnen abzöge. Dann lehrte er ihn auch noch, wie man den Tieren das Fell abzieht und Kleider daraus macht; ebenso auch die Kunst, wie man das Fleisch am Feuer röstet und wie man es drehen muss, damit es auf der einen Seite nicht anbrennt und auf der anderen nicht roh bleibt.

Danach kamen die übrigen Indianer unter der Hand hervor; jeder Stamm erhielt seinen besonderen Häuptling, und über alle wurde dann noch ein gewaltiger Hauptchief gesetzt, der eine glänzende Perlenschnur um seinen Hals hatte. Dieser hielt eine lange Rede und gab viele Gesetze, die noch bis heute gültig sind. Dann wurden einige große Tiere getötet und ein allgemeines Freudenfest gefeiert.

II

Der Große Geist schuf das Gute und das Böse – in Gestalt zweier Brüder nämlich. Der erste pflanzte allerlei nützliche Gewächse und angenehm duftende Blumen, während der andere seine Lebensaufgabe darin suchte, die Werke seines Bruders nächtlicherweile zu zerstören und dafür kahle Felsen, mageres Wild und allerlei Krankheiten zu schaffen. Der Gute suchte zwar den Schaden, den sein unglückseliger Bruder ständig anrichtete, so schnell wie möglich wiedergutzumachen, aber er kam dadurch mit der Durchführung seiner beglückenden Ideen nicht so recht vorwärts, wie er eigentlich im Sinn hatte, und er beschloss daher, seinen Bruder zu vernichten. Er wollte mit ihm zusammen

Wettlaufen, und wer besiegt würde, müsste sich nach dem Willen des Siegers richten. Das war dem Bösen recht, und er willigte ein.

»Nun sage mir, mein Bruder«, sprach der Gute, »was fürchtest du am meisten?«

»Stierhörner«, erwiderte der; »und wovor ist dir bange?«

»Vor Schlingen, die aus Gras geflochten sind.«

Das freute denn den Bösen recht, und augenblicklich lief er hin zu seiner Großmutter, die ihre Zeit mit derartigen Flechtereien vertrödelte, holte eine große Menge davon und bestreute den Weg damit, den sein Bruder zu laufen hatte.

Am folgenden Morgen begann der Gute den Wettlauf. Gegen Mittag fühlte er sich etwas schwach und matt, und da er keine andere Speise in der Nähe und auch nicht viel Zeit zu versäumen hatte, so aß er alle Grasflechtereien auf, die vor ihm lagen, und erreichte das Ziel doch noch vor seinem Bruder.

Tags darauf hatte der Böse zu laufen. Seine Bahn war mit großen Haufen Stierhörnern beworfen, die ihn so sehr ermüdeten, dass er bald kraftlos niedersank und verschied. Nun lief der Gute triumphierend zu seiner Großmutter und erzählte es ihr. Aber diese machte ein bitterböses Gesicht dazu, denn der Böse war ihr Liebling gewesen.

In der folgenden Nacht erschien plötzlich der Geist des Bösen vor der Hütte des Guten und begehrte Einlass. Aber der versagte ihm diesen.

»Nun«, rief ihm der Böse darauf zu, »wenn auch meine Seele bei dir kein Obdach findet, so findet sie es doch sicher im fernen Nordwesten, wo ich allen denen eine Heimat bereiten werde, die hier in meine Fußstapfen treten!« Dann flog er weg und ließ sich nie mehr in der Nähe guter Menschen blicken.

Als der Gute diesen Störenfried endlich für immer losgeworden war, ging er wieder einmal hinaus in die freie Natur, um hier und da nachzusehen, ob nichts seiner Hilfe bedürftig sei. Plötzlich bemerkte er eine Gestalt vor sich hergehen, die sah beinahe geradeso aus wie er, doch war sie nackt. Er beeilte sich, dass er zu ihr kam, und fing dann ein Gespräch an.

»Wer bist du?«, fragte der unbekleidete Mann.

»Ich bin der Herr der ganzen Schöpfung, und alles, was du vor dir siehst, ist von meiner Hand«, erwiderte der Gute.

»Was?«, schrie der andere laut auf. »Ich bin so stark wie du, und ich bin es, der alles Lebendige geschaffen hat!«

»Nackter Mann, du bist im Unrecht! Die ganze Welt und alles, was darauf atmet, ist die Arbeit meiner Kraft, und ich entsinne mich nicht, solch ein freches Geschöpf, wie du bist, geschaffen zu haben!«

»Gut, so sollst du meine Macht sehen. Lass uns versuchen, wer von uns beiden der Stärkste ist!«

Damit war denn der Gute einverstanden, und der Nackte sagte: »Sieh, dort vor uns steht ein hoher Berg; rufe ihn, zu dir zu kommen, und ich werde danach dasselbe tun.«

Der Gute fiel auf seine Knie und fing an, inbrünstig zu beten, aber das half nichts, denn der Berg rührte sich nicht von der Stelle. Nun band ihm sein Gegner eine Binde vor die Augen, nahm seine magische Rassel und fing damit schrecklich an zu spektakeln, und als er ihm darauf die Binde wieder abnahm, sah der Gute, wie der große Berg auf ihn zukam und sich hoch in die Wolken erhob. Dann rasselte der Nackte abermals, und der Berg nahm seinen alten Platz wieder ein.

Der Gute war also besiegt. Da er in der einen Hand ein Schwert und in der anderen ein »medizinenes« Päckchen hielt, in dem seine Kraft bestand, so wollte er dem Sieger auch seine Kunststücke zeigen und hieb einen dicken Baum mit einem Schlag entzwei; aber der Nackte fügte als Antwort darauf beide Teile wieder so fein zusammen, dass kein Mensch die geringste Marke daran sehen konnte. Dann nahm er seine dicke Kriegskeule schlug damit den stärksten Eichenbaum in Fetzen und flickte alle Stücke wieder ebenso fest aneinander, wie sie vorher waren.

Da ihm dies der Gute nicht nachmachen konnte, so drückte er dem Nackten mit erzwungener Freundlichkeit die Hand und ging tief betrübt nach Hause. Seine Großmutter hatte seit langer Zeit kein so freundliches Gesicht gemacht wie diesmal bei der Rückkehr ihres Enkels, der sich darüber so sehr ärgerte, dass er sie zuerst gehörig durchbleute und dann hinauf in den Mond warf, wo sie, wie die alten Medizinmänner sagen, noch heute zu sehen ist.

Kosmogonie der Algonkins

Als der Meister des Lebens durch die Kraft seines Willens die Erde geschaffen und sie mit lieblichen Gewächsen allerlei Art bepflanzt hatte, setzte er auch ein Paar von jedem Tier darauf, die sich ungeheuer schnell vermehrten. Ja sie vermehrten sich in kurzer Zeit so sehr, dass sich zuletzt beinahe keins mehr satt essen konnte; Bäume und Pflanzen waren bereits kahl, und die größten Flüsse so weit ausgetrunken, dass ein Rabe durchwaten konnte, ohne seine Flügel zu benässen.

Da sah denn der Große Geist ein, dass es anders werden müsse, und verwandelte kraft seiner Schwarzkunst mehrere große Säugetiere in Menschen, die, sobald sie sich auf ihren zwei Beinen sicher fühlten, gleich auf alle anderen lebenden Geschöpfe Jagd machten.

Von diesem Umstand kommt auch der Glaube der Algonkins, dass jedes getötete Wild, ob Vogel oder Insekt, kurz nach seinem Tod als Mensch erwacht.

Eine »medizinene« Insel

Die Adikininis- oder Caribou-Insel, ein kleines Eiland im nordwestlichen Teil vom Oberen See, besucht kein Indianer, trotzdem diese großartige Schätze bergen und ihre Küste sogar mit Goldsand eingefasst sein soll. Denn die alten Medizinmänner wissen ganz genau, wie viele böse Manitus jene Kostbarkeiten bewachen, und auch, dass sie das Schifflein eines jeden Wagehalses zerschmettern, der sich mit diebischen Absichten den Wellen anvertraute. Auch gibt es ungeheure Schlangen dort, deren Blicke tödlich sind.

Und doch wurde einst, wie der Reisende Carver erzählt, ein Versuch gemacht, den Geistern ihre Schätze zu entreißen; es hatten sich nämlich die geschicktesten Schiffer zu diesem Plan vereinigt und waren trotz der himmelhohen Wellen schon ziemlich nahe gekommen, als auf einmal ein furchtbar kolossaler Geist aus dem Wasser tauchte und sie zu vernichten drohte. Sie konnten von großem Glück reden, dass sie wieder mit heiler Haut davonkamen. Nachher hütete sich aber jeder vor einem solchen Unternehmen.

WIE DER ONTONAGON-FLUSS
SEINEN NAMEN BEKAM

Der Ontonagon ist eines der vielen kleinen Flüsschen, die in den Oberen See münden; früher war er hauptsächlich dadurch bekannt, dass an seinen Ufern viel Kupfer gefunden wurde. Nahe seiner Mündung befand sich ehemals ein kleiner See, den nur eine schmale Sandbank vom Fluss trennte, die so niedrig war, dass das Wasser häufig bei heftigem Wind darüber wegging.

Auf dieser Sandbank hatte einst eine indianische Squaw ihre hölzerne Schüssel oder Onagon stehen lassen, und als sie diese wieder holen wollte, sah sie, dass sie die Wellen bereits aus ihrem Bereich getrieben hatten. »Ontonagon*!«, schrie sie ihr nun ständig nach, und die benachbarten Leute, die das hörten, gaben seitdem dem Fluss den Namen Ontonagon, den er heute noch trägt.

---

* »Da ist meine Schüssel!«

Ein Grossschnabel

Ein stolzer Falke brüstete sich einst, dass er von allen Vögeln am höchsten fliegen könne; dabei bemerkte er aber nicht den Adler, der dicht bei ihm auf einem Baum saß.

»Wer fliegt mit mir in den Himmel hinein?«, rief darauf der Adler so laut, dass es alle Vögel ringsum verstanden.

»Oh, das wird der Falke tun!«, schnatterten sie ihm zu. »Der kann's schon mit dir aufnehmen!«

»Der Falke?«, bemerkte der Adler höhnisch. »Mit dem zu fliegen finde ich unter meiner Würde.« Darauf flog er allein auf und war in kurzer Zeit den Blicken der Zuschauer entschwunden.

»Und ich kann doch am höchsten fliegen!«, schrie darauf triumphierend der Falke, als er sah, dass ihn nur noch einige kurzflügelige und schwerfällige Vögel umstanden.

Der Rabe und der Specht

Eine junge, erst sechs Monate verheiratete Frau war ausgegangen, um sich einige dürre Zweige zum Feueranmachen abzubrechen.

Als dies ein vorbeifliegender Rabe sah, schrie er: »Indoschkesikomon! Indoschkesikomon!« Das heißt: »O meine Augen! O meine Augen!« Damit wollte er nämlich den Wunsch ausdrücken, dass das künftige Kind der Indianerin ein Knäblein sein sollte, das später ein tüchtiger Jäger würde, sodass er sich vor dessen Tür recht zahlreiche Augen des geschossenen Wildes – bekanntlich die Leckerbissen der Raben – auflesen könne.

Auch ein hungriger Specht hatte die Frau von einem Baum aus beobachtet und dabei vor sich hin ständig »Nemossämudschi« gewispert. Damit meinte er: »Meine Würmer«, denn das erwartete Kind sollte ein Mädchen sein, später eine tüchtige Hausfrau werden, fleißig ausgehen und dürre Äste abreißen, damit er sich die Würmer daraus picken könne.

Der Häuptling Eschkwägonäbei

erzählte einst:

Zu der Zeit, als der Große Geist den Bau der Erde beendet hatte, diese aber noch wenig bewachsen und bewohnt war, setzte er ein junges Menschenpaar darauf, das sich in kurzer Zeit so sehr vermehrte, dass der Geist des Todes erwachte und die allgemeine Sterblichkeit einführte. Da weinten denn die armen Menschen bitterlich, liefen trostlos umher und klagten, warum sie der Meister des Lebens denn eigentlich geschaffen habe, da er sie doch so bald wieder der Macht des Todes überlieferte.

Als dem Schöpfer im Himmel diese Jammertöne in die Ohren klangen, rief er alle seine Engel und sonstigen verständigen Wesen zusammen, um sich mit ihnen zu beraten, was in dieser Angelegenheit zu tun sei. Die Beratung dauerte sieben Tage, während welcher Zeit weder der leiseste Wind wehte noch das kleinste Wölkchen den Himmel bedeckte.

Am letzten Tag wurde nun ein Bote auf die Erde geschickt, der trug auf der rechten Seite seines Busens ein Büschel weißen Hasenhaars und auf der linken einen weißen Adlerkopf. Diese Sache, die mit einigen blauen Streifen geschmückt waren, gab er dem zuerst geschaffenen Menschen und sagte: »Deine Klagen sind gehört worden, und der Große Geist schickt dir hiermit einen köstlichen Trost. Nimm das weiße Hasenhaar und den weißen Adlerkopf und gebrauche beides bei deinen Medäwäs oder religiösen Festen; dann werden alle deine Wünsche erfüllt werden; deine Kranken werden wieder genesen und sich eines langen Lebens erfreuen!«

Darauf verschwand der Gesandte. Die roten Kinder nahmen sich sein Gebot zu Herzen und hatten großen Segen davon.

EINE GESCHICHTE, DIE MIT EINER MORAL ENDET

Menabuscho hatte einst einen Hirsch geschossen und wusste nicht, von welcher Seite er ihn eigentlich essen sollte. »Fange ich beim Kopf an«, sprach er zu sich selbst, »so sagen die Leute, ich habe ihn kopfwärts gegessen; fange ich an der Seite an, so sagen sie, ich habe ihn seitwärts gegessen, und fange ich beim Schwanz an, so lachen sie mich alle aus und rufen: ›Menabuscho hat seinen Hirsch schwanzwärts gegessen.‹«

Während er sich so mit diesen unnützen Gedanken beschäftigte, erhob sich ein stürmischer Wind, und die Zweige eines nahen Baumes rieben sich so geräuschvoll aneinander, dass Menabuscho ärgerlich wurde und beschloss, die beiden lärmenden Äste abzuhauen. Er kletterte also auf den hohen Baum; doch kaum war er oben, so lief eine Herde hungriger Wölfe herbei, und diese fraßen ihm den fetten Hirsch vor seinen Augen auf, ohne dass er es hätte verhindern können.

Daher sagen die alten Medizinmänner: »Wenn du ein leckeres Stück Fleisch besitzt, so kümmere dich nicht um Nebensachen!«

Nebäkwäms Traum

Nebäkwäm erschien einst ein weißer Mann im Traum, der zeigte ihm einen breiten, südwestlich führenden Weg, an dessen Ende er gerufen werde. Um dieser Weisung Folge zu leisten, bekleidete sich Nebäkwäm schnell mit seinem besten Gewand und betrat den angegebenen Pfad. Zu dessen beiden Seiten lag eine Menge umgehauener Bäume, und die nahe stehenden Häuschen zeigten, dass sie mit anderen Werkzeugen und Händen gebaut waren, als die Wigwams seines Volkes. Bald kam er in eine große Stadt, die ihm so sehr gefiel, dass er gerne dort geblieben wäre, wenn ihm die Leute nicht befohlen hätten, weiterzugehen.

Nachdem er noch einige Meilen zurückgelegt hatte, sah er sich auf einer unermesslich großen Ebene, auf der eine hohe Leiter stand, die er besteigen musste. Diese führte ihn hinauf bis in den Himmel, wo ihn ein weißer Mann erwartete, der ihm vier prächtige Häuser zeigte.

Als er in deren Nähe kam, öffnete sich die Tür des ersten, und vier alte Männer, wovon zwei schneeweiße Köpfe hatten, luden ihn ein, hereinzukommen. »Hier ist der Platz«, sagten sie zu ihm, »an den du gerufen bist; kein Indianer vor dir ist würdig gewesen, diese Stelle zu betreten; die Knochen derjenigen, die aus eigenem Willen emporklettern wollten, siehst du unten am Fuß der Leiter bleichen.«

Darauf gaben ihm die zwei ältesten Männer einen roten Tierschwanz und eine Adlerfeder und sagten ihm, er solle Letztere ständig auf dem Kopf tragen, denn sie würde ihn vor Hunger und Krankheit schützen und ihn auch der Gunst des Großen Geistes versichern. »Alle Menschen«, sagten sie weiter, »weiße wie rote, können hierherkommen, wenn sie nur auf die Lehren hören, die ihnen ihre heiligen Männer predigen.« Darauf zeigten sie ihm noch eine Menge großer Vögel und fetter Tiere, die vorzugsweise nur für den roten Mann geschaffen seien.

Ein teuflischer Tanzmeister

Es war gerade nicht der Teufel selbst, aber mindestens ein ebenso gesinnter und verschmitzter Geist, der sich zur Lebensaufgabe gesetzt hatte, andere Leute stets zu schikanieren und allenthalben Unglück anzurichten.

Er ging einst am freundlichen Ufer des Huronsees spazieren und sah eine Menge lustiger Enten vor sich auf dem Wasser herumsegeln und sich köstlich nach Entenart amüsieren. »Ach«, rief er ihnen zu, »das freut mich doch übermenschlich, dass ihr lieben Enten so schön vergnügt und heiter seid; kommt doch auch einmal mit mir in meine Hütte, damit ich euch einen neuen schönen Tanz lehren kann, den jetzt die Seelen im Himmel tanzen.«

Einige bejahrtere Schnatterer schüttelten bedenklich die Köpfe dazu und wisperten: »Lasst uns nicht hingehen; denn das ist Menabuscho, der Übeltäter.«

Doch die jüngeren waren anderer Meinung; der schöne Mann sprach ja so freundlich und liebevoll, dass es eine wahre Ungezogenheit gewesen wäre, wenn sie sich so kalt gegen ihn benommen hätten. Sie steuerten also dem Land zu, und die anderen folgten dann auch.

Als sie sich nun alle in der Hütte befanden, nahm Menabuscho einen großen Sack, hängte ihn sich um und ließ die Enten einen Kreis um sich bilden. »Jetzt«, rief er, »müsst ihr alle eure Augen schließen und sie ja nicht eher öffnen, als bis ich's sage, denn sonst könnte euch leicht etwas Schreckliches passieren. Ich nehme jetzt also meine Flöte und spiele; sobald ich euch das betreffende Kommando gebe, macht ihr die Augen auf und tanzt mir nach!«

Die Enten gehorchten auch recht schön und verhielten sich ganz ruhig, doch hob jede schon ungeduldig das linke Bein auf, um gleich losstürzen zu können. Aber das erwartete Zeichen kam nicht und kam nicht; nur hörte man dann und wann ein geheimnisvolles Quaken das Flötenspiel übertönen, das war alles. Da ging denn endlich der kleinsten Ente die Geduld aus, und sie schielte unbemerkt zu Menabuscho hinüber, der in der linken Hand seine Flöte hielt und in der rechten einen dicken Knüppel, womit er jedes Mal die nächste Ente niederschlug und in seinen Sack steckte. Langsam schlich sie sich darauf zur halb offenen Tür und schrie: »Macht die Augen auf, denn Menabuscho bringt euch um und steckt euch in seinen Sack!« Dann flog sie fort.

Menabuscho eilte ihr schnell nach und schlug nach ihr, traf sie aber nicht tödlich; doch ihr Körper erhielt dadurch jene breite, flache Gestalt, die wir heute noch beim ganzen Entengeschlecht wahrnehmen.

DIE GESCHICHTE DES ROTFUCHSES

Der Rotfuchs ist ein Tier, an dem die böse Nachrede kein gutes Wort gelassen hat. Er soll wie die Hyäne die Toten ausgraben und sie verzehren; aus seinem nächtlichen Geheul weiß man allerlei Sterbefälle und sonstige traurige Geschichten zu weissagen. Sein Körper war früher ganz rot; seine schwarzen Beine hat er erst später, und zwar auf folgende Art bekommen:

Einst hatte ein mächtiger Chief, der eine allerliebste Tochter besaß, ein großes Gastmahl bereitet und alle Tiere der Erde dazu eingeladen. Als dem Rotfuchs seine Einladung überbracht wurde, fragte er den betreffenden Boten: »Sagt mir doch, lieber Freund, was wird uns denn zum Abendessen serviert?«

»Fein gekochtes Korn«, erwiderte der Bote.

»O wenn's weiter nichts ist«, entgegnete naserümpfend der Rotfuchs, »dann ist's ja nicht der Mühe wert, dass ich vor die Tür gehe; denn solch ein Gericht kann ich mir geradeso gut in meiner eigenen Hütte zubereiten lassen!« Darauf drehte er ihm höhnisch lachend den Rücken zu.

Der Bote ging zurück zum Chief und erzählte ihm, wie ihn der Rotfuchs behandelt habe.

»Geh so schnell wie möglich wieder zurück«, sagte der Chief, »bitte ihn so höflich, wie du kannst, um Entschuldigung, und sage, dass ihm die delikatesten

Fleischspeisen, durch die erprobteste Köchin bereitet, vorgesetzt würden.«

Diese Nachricht gefiel dem alten Rotfuchs schon bedeutend besser, und schmunzelnd versprach er, zur rechten Zeit zu kommen. Gleich darauf reinigte er sich das Fell ganz gründlich und ging zur Hütte des Chiefs.

Die Gesellschaft empfing ihn dort äußerst höflich; ein jeder stand ehrerbietig auf und offerierte ihm bereitwilligst seinen Sitz, ja der Chief wies ihm sogar den Ehrenplatz neben dem Feuer an, der Meister Reineke auch am besten zusagte, nämlich deshalb, weil er von dort prächtig in den Fleischkessel sehen konnte. Doch nach und nach kamen noch so viele Tiere in den Wigwam, dass sie kaum alle Platz hatten, und unser Rotfuchs wurde dadurch so nahe ans Feuer gedrückt, dass er es bald vor Hitze nicht länger mehr aushalten konnte. Als er nun deshalb aufstehen wollte, bekam er auf einmal einen so kräftigen Stoß, dass er mit allen vieren in den Kessel fiel und sich jämmerlich verbrannte.

Heulend und klagend lief er nun nach Hause zu seiner Großmutter, die ihm, wie das so bei den Tieren Sitte war, den Haushalt besorgte. »Du hast dir«, sagte sie zu ihm, »zwei große Fehler zuschulden kommen lassen: Zuerst warst du zu unhöflich gegen den Boten, und dann warst du zu unbescheiden gegen die ganze Gesellschaft, indem du gleich den Ehrensitz einnahmst. Hättest du dich ruhig mit dem ersten Sitz neben der Tür begnügt, so wäre dir sicherlich ein solches Unglück nicht zugestoßen.«

Das klang allerdings wenig tröstlich für den Patienten, und er hätte sicherlich mit der Alten einen Streit angefangen, wenn sie ihm nicht schnell die wunden Beine verbunden und den herkömmlichen Medizintanz getanzt hätte. Diesen Tanz tanzte sie die liebe lange Nacht hindurch, denn ihr Enkel jammerte und schrie unaufhörlich. Als sie am folgenden Morgen den Verband abnahm, sah sie, dass die Beine überall ganz kohlschwarz geworden waren.

Jetzt war der Jammer des Rotfuchses erst recht groß: »Ach, meine Beine, meine schönen roten Beine!«, schrie er. »Wie werden mich jetzt die jungen Mädchen auslachen, wenn sie mich sehen! Ach, jetzt kann ich mich nirgends mehr sehen lassen!«

Da die alte Großmutter während der Nacht ihre steifen Glieder tüchtig angestrengt hatte, so fiel sie während dieses Gejammers in tiefen Schlaf. Als dies der Rotfuchs merkte, stand er leise auf, schlich sich geräuschlos vor die Hütte des Chiefs und ließ sein unheilbedeutendes Geheul ertönen, und zwar so laut, wie er nur konnte.

Kurze Zeit danach wurde die Tochter des Häuptlings bedenklich krank und starb, trotzdem die berühmtesten Mediziner des ganzen Landes lange Zeit ihr Lager umstanden hatten.

Doch so schlimm hatte es der Rotfuchs mit seinem Bellen nicht gemeint, denn er liebte das schöne Mädchen über alle Maßen und ging mit dem Gedanken um, sie später zu seiner Frau zu machen. Traurig saß er nun in seiner Hütte und sagte kein Wort. Währenddem wurden die Vorbereitungen zu ihrem Begräbnis getroffen, und alle Freunde und Freundinnen der Verewigten versammelten sich, um sich wegen der geratensten Bestattung zu besprechen.

»Legen wir die Tote in die Erde«, sagten einige davon, »so kommt der Rotfuchs und frisst sie, denn er hat sie auch totgebellt; verbergen wir sie daher besser in den Ästen eines hohen Baumes, denn in der Luft wird er sie wohl nicht suchen.«

Das geschah denn auch; aber da die alte Großmutter als entfernte Verwandte ebenfalls zugegen war, so erfuhr Reineke die Stelle sehr bald, lief am nächsten Abend hin und sah die ganze liebe lange Nacht zum Leichnam hinauf. Ach, die Tote war so wunderschön, und ihr Gesicht leuchtete so freundlich zu ihm herunter, als sei sie noch am Leben. Mit Anbruch des Tages verschwand jedoch ihre Schönheit, und sie bekam die allgemeine Totenfarbe wieder.

Da ging der Rotfuchs wieder langsam nach Hause und setzte sich trübselig in eine Ecke, und als ihn die Großmutter fragte, ob er vielleicht den Körper des toten Mädchens verstümmelt habe, sagte er kein Wort, sondern blieb regungslos sitzen, bis es wieder Abend wurde und die Alte einschlief, wonach er abermals unbemerkt seinen Schatz besuchen konnte. Am Morgen stellte er sich natürlich wieder zeitig ein, um nicht den ihm auflauernden Feinden in die Hände zu fallen.

Im Laufe der Zeit machte nun der Rotfuchs die freudige Entdeckung, dass sein totes Schätzchen immer mehr und mehr ein frischeres Aussehen bekam, ja dass sie zuletzt so blühend aussah wie damals, als er sie zuerst sah und sich in sie verliebte.

»Großmutter«, sagte er eines Tages, »reiche mir meine Pfeife, und stopfe sie recht voll, damit ich wieder einmal große Wolken blasen kann.«

»Ach«, rief da die Alte freudig, »wie bin ich doch so froh, dass du dich wieder wohl fühlst; denn seit dem Tod der schönen Häuptlingstochter hast du weder an mich noch an deine Pfeife gedacht.«

Nun legte er sich behaglich in die wärmste Stubenecke und qualmte wigwamgroße Wolken.

Als er seine Pfeife ausgeraucht und die Asche ausgeklopft hatte, stand er auf und befahl der alten Frau, die Hütte schnell so schön wie nur möglich zu putzen, da er ihr heute noch eine Schwiegertochter zuführen würde. Das tat sie denn auch; sie nahm ihren neuesten Besen, kehrte alles so rein und sauber wie geleckt und stellte alle Geräte auf die passenden Plätze.

Nach einer Weile klopfte es.

»Tintitschinn danis! – Komm herein, meine Tochter!«, rief die Großmutter.

Eine Schattengestalt trat herein, die in ihren Umrissen jedoch deutlich das auferstandene Mädchen erblicken ließ. Bald nahm sie auch Fleisch und Blut an, fing an zu sprechen und erklärte sich als das Weib des Rotfuchses, in dessen Hütte sie nun für immer bleiben wollte.

Als dies nach einigen Wochen der alte Chief erfuhr, sagte er zu sich selbst: »Der schlaue Rotfuchs hat zwar meine Tochter lebendig gemacht, aber das gibt ihm noch lange kein Recht, sie auch als Frau zu behalten; besonders, da ich sie schon vor Jahren dem schönsten Tier der Welt, dem Hirsch, versprochen habe, der mich nun beim Wort nehmen wird.«

Darauf versammelte er alle seine Freunde und ging mit ihnen in die Hütte des Rotfuchses; nur der Hirsch blieb allein davor stehen, um sich im Fall der Not schnell aus dem Staub machen zu können. Der Rotfuchs wurde nach langen Kämpfen übermannt, und seine teure Ehehälfte wurde vor die Tür geführt, wo der Hirsch sie augenblicklich auf seinen Rücken packte und damit zu seiner Hütte lief. Als er sie aber dort abnehmen wollte, war sie nicht mehr da; sie war nämlich unterwegs unbemerkt abgesprungen und wieder zu ihrem alten Gatten zurückgekehrt.

Einige andere Versuche, sie wiederzubekommen, schlugen ebenfalls fehl. »Es ist wahr«, sagten darauf die Leute, »der Rotfuchs hat ihren Tod verursacht, aber er hat sie auch wieder ins Leben zurückgerufen, und darum hat er auch ein Recht auf sie. Möge daher das junge Ehepaar noch lange in Ruhe und Freude leben!«

Schischib

E s war einmal ein junger Mann namens Schischib
oder die kleine Ente, der ruderte eines Tages sein
Kanu langsam am Ufer des Michigansees entlang. Als
dies zwei schöne Schwestern sahen, sagte die eine zur
anderen: »Komm, lass uns ihn rufen und ihn fragen, ob
er uns nicht ein wenig fahren will!«

»Nein«, erwiderte die jüngere Schwester, »lass uns das
nicht tun, denn was wird er von uns denken?«

Aber das kümmerte die andere nicht; sie winkte dem
Schiffer, der auch gleich an Land fuhr und sie beide
einsteigen ließ.

»Sag, wer bist du?«, fragte ihn das ältere Mädchen.
»Ich bin Wädschinmakin, der große Chief.«

Dieser Name klang ihr wie Musik in den Ohren;
denn Wädschinmakin war ein Mann medizinener Natur, der, wenn er seinen Untergebenen oder Freunden
einmal eine große Freude machen wollte, aus seinem
Mund haufenweise silberne Schnallen und goldene
Ohrgehänge husten konnte. Deshalb bat sie ihn nun
gleich, ein bisschen zu husten, was er denn auch erfolgreich tat, da er sich vorher heimlicherweise einige
Schmucksachen in den Mund gesteckt hatte.

Kurze Zeit danach kam ein Elentier ans Ufer, um zu
trinken.

»Was ist das?«, fragte die geschwätzige Neugierige.

»Das ist mein Jagdhund.«

»So rufe ihn doch herein!«

Schischib rief, aber das Tier kam nicht, und zwar aus dem höchst einfachen Grund, weil es die Nähe der Mädchen nicht liebte, wie Schischib sagte.

Danach kam ein großer Bär ans Wasser.

»Was ist das?«

»Einer meiner Bedienten!«

Schischib musste wieder rufen, aber der Bär kam ebenfalls nicht.

Als sie endlich am Ziel ihrer Reise waren, kam den beiden Mädchen die ganze Angelegenheit doch ein wenig »medizinen« vor; denn sie saßen eigentlich gar nicht in einem Kanu und sahen überhaupt auch keins, sondern hatten sich's bis jetzt nur eingebildet. Sie fanden sich plötzlich vor der Hütte der Großmutter Schischibs, ohne dass sie recht wussten, wie es zugegangen war.

Schischib war vorausgegangen und hatte der Alten befohlen, die Hütte so schnell wie möglich aufzuputzen, was sie auch mit der größten Bereitwilligkeit getan hatte, da sie sich sehr freute, dass sich ihr Enkel gleich zwei Frauen gesucht hatte, die ihr sicherlich in Zukunft alle häuslichen Sorgen abnehmen würden. Nun geschah es im Laufe der Zeit, dass der große Wädschinmakin ein glänzendes Gastmahl gab und dazu die halbe Welt einlud. Auch zu Schischibs Wigwam kam ein Bote und sagte: »Schischib, Wädschinmakin lässt dir sagen, dass er dich an seinem großen Fest bei sich zu sehen wünscht.«

Schischib aber tat, als höre er es nicht, worauf der Bote seine Worte noch einmal wiederholte und dann fortging.

Nun sahen sich die beiden Mädchen mit großen Augen an, und das ältere fragte: »Was ist das? Der Fremde nannte dich Schischib und brachte eine Einladung vom großen Wädschinmakin?«

»O sei nur beruhigt, das ist so ein alter sonderbarer Kerl, dem es stets Vergnügen macht, die Namen zu verwechseln; ich habe ihn daher auch, wie du gesehen hast, sehr kalt und geringschätzig behandelt.«

Als der Bote darauf dem großen Chief von seinem Empfang beim Schischib erzählte, sagte dieser: »Der arme Schischib fühlt sich zu gering, um an meinem Fest teilzunehmen; geh gleich wieder zu ihm, und nenne ihn bei meinem Namen; das wird ihn freuen, und dann wird er auch mitkommen.«

Der Bote machte es so.

»Habe ich's euch nicht gesagt«, sprach darauf Schischib zu seinen beiden Frauen, »dass sich dieser Mann zuweilen solche Narrheiten erlaubt, um die Leute zu ärgern? Jetzt werde ich auch seinem Wunsch Folge leisten.«

Darauf zog er seine besten Kleider an und flüsterte der Großmutter ins Ohr, während seiner Abwesenheit auf die Mädchen achtzugeben und um alles in der Welt nicht am Abend einzuschlafen. Dann ging er fort.

Aber sosehr sich die Alte am Abend anstrengte, sich wach zu erhalten, so fielen ihr doch die Augen zu. Als dies die jungen Schwiegertöchter merkten, standen sie leise auf, legten zwei große Stücke Holz an ihre Schlafplätze, schnitten dann das Seil ab, mit dem die Tür zugebunden war, und liefen fort, um zu sehen, wo sich ihr Herr Gemahl herumtreibe.

Das weitschallende Getöse kriegerischer Musik zeigte ihnen den rechten Weg, und bald kamen sie in die mit Glanz und Herrlichkeit gefüllte Hütte des großen Chiefs, der auf einem feinen, von vielen Kriegern umstandenen Pelz saß. Wädschinmakin hustete in bestimmten Abständen, und jedes Mal entfielen seinem Mund Körbe voll goldener Kostbarkeiten, über die dann seine Gäste wie toll herfielen. Den armen Schischib, den die Mädchen anfangs gar nicht sahen, erspähten sie zuletzt in einer dunklen Ecke, wo man sich nur insofern um ihn kümmerte, dass man ihn zuweilen unsanft aus dem Weg stieß. Er sah jedoch seine Frauen nicht.

Als das Fest zu Ende war, ließ Wädschinmakin die beiden Mädchen zu sich kommen und fragte sie, ob sie nicht seine Weiber werden wollten. Diese erklärten sich damit einverstanden und blieben bei ihm. Schischib war inzwischen nach Hause gegangen und beinahe ohnmächtig geworden, als er dort die Tür offen fand. »Großmutter«, rief er wie rasend, »ist das die Art, wie du wachst?«

Die Alte schlug die Augen auf und bedeutete ihm, sich doch zu beruhigen, da seine beiden Weiber ja vor ihm im Bett lägen; dabei zeigte sie auf die beiden Holzstücke. Da es ziemlich dunkel im Wigwam war, so ließ sich Schischib auch täuschen und legte sich zwischen beide, fand jedoch bald heraus, dass sich die vermeintlichen Weiber doch ein bisschen zu hölzern anfühlten und dass sie auch weiter nichts als kalte Holzblöcke waren. Nun stand er wütend auf, bereitete unter grässlichen Verfluchungen und Verwünschungen Wädschinmakin – denn kein anderer konnte ihm diesen teuflischen Streich gespielt haben – ein starkes Gift, mit dem er hastig zur Hütte des Chiefs zurücklief.

Er fand Wädschinmakin sanft zwischen seinen beiden Frauen liegend, und da er den Mund weit offen hatte und niemand Schischib bemerkte, so war es denn eine Kleinigkeit, ihm eine gehörige Dosis Gift einzuschütten und sich danach wieder leise aus dem Staub zu machen.

Am anderen Morgen machte nun allenthalben die traurige Nachricht die Runde, dass der große Wädschinmakin tot in seinem Bett gefunden worden sei, was nach der Annahme der Medizinmänner dadurch gekommen sei, dass er sich beim gestrigen Fest allzu sehr mit seinem kostbaren Husten angestrengt habe. »Lasst es uns auch dem armen Schischib mitteilen, der ihn so lieb hatte«, sagten einige und eilten, ihm die Nachricht zu überbringen.

Schischib war beim Fischen, hatte schon mehrere große Fische gefangen und diesen die Schwimmblasen ausgenommen, die er, mit Blut gefüllt, auf seine Brust gebunden hatte. Als er nun von dem großen Unglück seines Freundes hörte, ergriff er wie wahnsinnig sein Messer und stieß es sich so tief in die Brust, dass ein dicker Blutstrom herausquoll und er wie tot niederfiel.

»Ach«, klagten nun die Überbringer der Trauerbotschaft, »warum haben wir's ihm auch so plötzlich gesagt! Wussten wir doch im Voraus, dass es ihn so angreifen würde!«

Am nächsten Tag stand Schischib wieder lebendig vor dem Wigwam Wädschinmakins und sang: »Wädschinmakin ist tot, und ich weiß, wer schuld daran ist: Ich glaube, ich war es selber!«

Augenblicklich liefen ihm nun alle, die dies gehört hatten, nach, konnten ihn aber nicht erhaschen, da er sich zu schnell in ein sicheres Versteck flüchtete. Bald kam er jedoch wieder und sang: »Wenn ihr mich fangen wollt, so müsst ihr mir Wädschinmakins junge Witwen nachschicken!«

Diese kamen denn auch; Schischib ließ sie recht nahe heran, flüsterte ihnen dann allerlei süße Redensarten in die Ohren, tanzte aber dabei immer lustig weiter, bis er den Zuschauern aus den Augen war. Als die jungen Frauen nun merkten, dass sie niemand mehr sah, baten sie Schischib, sie wieder zu sich in seine Hütte zu nehmen.

Das war's denn, was er gerade wünschte. Er führte beide heim und fühlte sich wieder recht glücklich. Aber lange dauerte sein Glück nicht, denn als dies die Freunde Wädschinmakins erfuhren, umzingelten sie plötzlich seine Hütte, und Schischib hatte kaum noch Zeit, mit seinen Frauen in sein Schifflein zu flüchten.

Die Großmutter verwandelte die Fliehenden in drei Wasserenten, woher es denn auch kommt, dass man unter jenen Wasservögeln so häufig ein Männchen bei zwei Weibchen sieht.

TSCHIBI
oder die zwei Fett essenden Geister

Hoch oben am Michigansee in einer waldigen, wilden Gegend stand einsam ein netter Wigwam, den ein biederer Jäger mit seiner braunen Gattin bewohnte. Da ihre kleine Hütte wenigstens sieben Sonnenuntergänge von der nächsten entfernt war, so blieb das glückliche Ehepaar stets von unlieben Nachbarn verschont und lebte recht zufrieden. Da es ringsum Wild jeder Art in Hülle und Fülle gab und er ein sicherer Schütze war, so hatten beide vollauf zu essen und Pelze genug, um sich schöne und warme Kleider zu machen.

Als einst an einem Abend der Jäger nicht zur gewöhnlichen Zeit nach Hause gekommen war, erschienen zwei fremde Frauen vor seinem Wigwam und begehrten Einlass. Trotzdem ihr ganzes Wesen einen unheimlichen Charakter trug, wurden sie doch eingelassen. Sie setzten sich scheu und zurückhaltend in eine dunkle Ecke, verhüllten ihre Gesichter und sprachen kein Wort.

Soweit die Frau bemerken konnte, waren sie hohläugig und fleischlos. Sie zitterte und bebte vor Furcht, und eine heisere Stimme raunte ihr zu: »Barmherziger Gott, das sind ja zwei Skelette, in Lumpen gehüllt!« Sie sah sich um, konnte aber niemand erblicken.

Endlich kam nun ihr Gemahl mit einem fetten Hirsch nach Hause. Augenblicklich fielen die beiden

Geister darüber her, rissen dem Tier alles Fett aus dem Leib und verschlangen es gierig. Der Jäger verhielt sich ganz ruhig, denn er glaubte, die beiden Fremden seien ausgehungert und könnten ihrem Drang nicht widerstehen.

Aber am folgenden Tag ging es ebenso und am dritten auch, sodass der Jäger gar nicht wusste, was er eigentlich von diesen seltsamen Gästen denken sollte. Sonst waren sie ganz still und benahmen sich auch sehr bescheiden; sie lachten und scherzten nicht, gaben überhaupt kein Sterbenswörtchen von sich. Am Abend gingen sie jedes Mal aus, suchten dürres Holz für den anderen Tag und legten sich dann wieder geräuschlos auf ihre bestimmten Schlafplätze nahe am Feuer.

Wieder einmal kam der Jäger mit einem fetten Hirsch nach Hause, dem ebenfalls wieder alles Fett herausgerissen wurde. In der Nacht darauf fingen aber die Fremden an zu wehklagen und jämmerlich zu stöhnen und zu seufzen, sodass der gutmütige Mann aufwachte und fragte: »Warum klagt ihr denn so? Haben wir euch vielleicht beleidigt oder euch nicht genug Speise gereicht?«

»O nein«, erwiderten sie, »wir sind mit seltener Höflichkeit behandelt worden und weinen nicht deshalb. Aber wir müssen fort, denn der Herr der Toten, aus dessen Land wir kommen, hat uns nur erlaubt, neunzig Tage auf der Erde zu wandeln, um die Menschen zu prüfen. Ihr habt eure Probe gut bestanden; denn ihr habt uns nicht gezürnt, als wir das viele Fett vor euren Augen verschlangen.«

Darauf schieden sie, und der Segen, den sie hinterließen, bestand in langem Leben, in Frieden, Gesundheit und zahlreicher Nachkommenschaft.

PAKWADSCHININIS

Einst waren alle Leute auf der Erde gestorben, mit Ausnahme zweier kleiner Kinder; jene Kinder waren ein Knabe und ein Mädchen, die während der allgemeinen Sterblichkeit geschlafen hatten. Das Mädchen erwachte zuerst, sah aber sonst niemand um sich als seinen Bruder, der wie ein Klotz dalag und sich nicht regte und bewegte. Nach zehn Tagen drehte er sich stillschweigend um und schlief zehn weitere Tage auf der anderen Seite; dann erst erwachte auch er.

Das Mädchen wuchs sehr schnell zu einer blühenden Jungfrau heran; aber der Knabe blieb ein kleiner Knirps, und es dauerte bei ihm ungemein lange, bis er den Gebrauch seiner kurzen Beine gelernt hatte. Danach machte ihm seine Schwester Pfeil und Bogen, hängte ihm eine Muschel um den Hals und gab ihm den Namen Wadäsäninid oder der kleine Mann mit der Muschel.

Nun ging er täglich aus und schoss auf alles, was ihm in den Weg lief oder in den Bereich seines Pfeils flog. Anfänglich hatte er es hauptsächlich auf kleine Vögel abgesehen, doch da er mit der Zeit Pfeil und Bogen besser zu führen lernte, wagte er sich auch an größere Tiere und entfernte sich mitunter tagelang von seinem heimatlichen Wigwam.

Als er einst wieder einmal auf die Jagd gegangen und an einen großen See gekommen war, sah er einen mächtigen Riesen vor sich, der Biber fing. Der Kleine setzte sich unbemerkt ans Ufer hin und beobachtete seine Bewegungen. Im Vergleich mit jenem Mann war er nicht größer als ein Insekt, und doch war er so frech, sich leise an ihn heranzuschleichen und ihm mithilfe seiner magischen Muschel einen Biberschwanz zu stehlen.

Der Riese war am Abend ganz erstaunt, als er bemerkte, dass einem Biber der Schwanz fehlte, da er doch niemanden in seiner Nähe gesehen hatte. Als es ihm am anderen Tag ebenso ging, sagte er zu sich selber: »Ich möchte doch wissen, was das für ein vermaledeiter Hund ist, der mir jedes Mal einen Biberschwanz abbeißt; wenn ich den erwische, soll er sich sicherlich auf meinem Spieß zu Tode zappeln.«

Er passte also auf, und unser Zwerg musste nun sehr auf seiner Hut sein, um abermals, ohne Schaden zu nehmen, einen Schwanz wegstibitzen zu können. Als der Riese darauf seine Ladung nach Hause brachte und sah, dass er trotz aller Wachsamkeit doch bestohlen worden war, fing er an, so fürchterlich zu fluchen und zu schimpfen, dass sein ganzes Haus wackelte und das Laub der umstehenden Bäume abfiel. Auch nicht einmal eine Spur war ringsum von einem Tier oder einem Menschen zu entdecken, denn Wadäsäninid war so federleicht, dass er über das Gras wie eine Mücke über den Schnee marschieren konnte.

Am folgenden Tag ging der Riese ein paar Stunden früher auf den Biberfang und war schon weg, als der Kleine ankam. Dieser eilte ihm nun nach und fand ihn vor seiner Hütte stehen, wo er den Bibern die Felle abzog.

»Wer bist du, kleiner Mann?«, fragte ihn der Riese. »Ich habe große Lust, dich an einen meiner Pfeile zu stecken!«

Da machte sich denn der Zwerg, so schnell er konnte, aus dem Staub, und der ihm nachgeschickte Pfeil flog über seinen Kopf hinweg, ohne dass er ihm den geringsten Schaden zufügte.

Zu Hause angekommen, sagte er zu seiner Schwester: »Liebe Schwester, es ist Zeit, dass wir uns trennen, denn ich werde verfolgt. Auch du musst fliehen, und das gleich. Sage mir, wohin du gehen willst.«

»Ich gehe dahin, Bruder, wo die Sonne aufgeht; dort ist der schönste Teil des Himmels, den ich von jeher geliebt habe; und wenn du zuweilen dort die schönen glänzenden Wolken erblickst, so denke, es ist deine Schwester, die sich bemalt hat.«

»Und ich, Schwester, ziehe hinauf auf die hohen Berge; dort ist das Wasser klar und die Luft rein, und ich kann dich von dort in aller Frühe ansehen. Dann wird man mich Pakwadschininis oder den wilden Mann der Berge nennen. Doch ehe wir scheiden, muss ich noch einmal ausziehen, um mächtige Manitus aufzusuchen.«

Darauf verließ er sie und bereiste die ganze Oberfläche der Erde. Überall, wo er sich nur blicken ließ, wurde er freundlich aufgenommen; doch als er in die Mitte der Erde kam, ging's ihm anders. Dort saß nämlich ein grässlicher Manitu vor einem ewig siedenden Wasserkessel, in den er ihn ohne weitere Umstände hineinwarf. Zum großen Glück war jedoch sein Schutzgeist gegenwärtig, der ihn schnell rettete und wieder zurück zu seiner Schwester führte, der er nun sein Unglück erzählte.

Darauf trennten sich beide. Er ging hinauf in die wilden Berge, und seine Schwester wurde vom Wind nach Osten geführt, wo man sie heute noch in Gestalt des Morgensterns erblickt.

BIBON UND SIGWAN
oder Winter und Frühling

Es war Winter. Überall war es tot und öde, und das Einzige, was man hörte, war der Nordwind, der die Bäume schüttelte und den Schnee vor sich hertrieb.

Am Ufer eines zugefrorenen Flusses stand ein halb zerfallener Wigwam, aus dem nur noch wenig Rauch aufstieg, denn der Greis, der ihn bewohnte, war so schwach und erschöpft, dass er sich die Schneeschuhe nicht mehr fest binden konnte, viel weniger, dass er imstande war, einen Baum umzuhauen und ihn heimzuschleppen.

Als seine letzten Kohlen am Verlöschen waren und er seiner baldigen Erstarrung entgegensah, ging plötzlich die Tür seiner Hütte auf, und ein junger Mann hüpfte leicht wie eine Feder herein. Seine Wangen strahlten von Jugendfülle und Jugendkraft; aus seinen Augen funkelte allbeglückende Liebe, und seine Lippen umspielte ein unschuldiges Lächeln. Seine Stirn umgab ein lieblicher Kranz von frischem Waldgras, und in jeder Hand hielt er einen duftenden Strauß frischer Frühlingsblumen. Alle seine Bewegungen waren tanzend.

»O du guter, schöner Fremdling«, sagte der Greis, »setze dich eine Weile zu mir, und erzähle mir von dem fernen Land, aus dem du kommst. Lass uns die

Nacht zusammenbleiben, und ich werde dich auch mit dem Geheimnis unterhalten, in dem meine Kraft besteht.«

Darauf stopfte er dem Jüngling seine beste Pfeife, und die Unterhaltung begann.

»Wenn ich atme«, sagte der Alte, »stehen Bäche und Flüsse still, und ihr Wasser wird so hart und rein wie Kristall.«

»Der Hauch meines Mundes macht Berge und Täler grün«, erwiderte der Jüngling.

»Wenn ich meine weißen Locken schüttle, so deckt Schnee das ganze Land, und alle Blätter fallen von den Bäumen. Mein Atem treibt die Vögel in ein fremdes Land, die wilden Raubtiere verbergen sich vor ihm, und die Erde wird so hart wie Feuerstein.«

»Doch wenn ich, Großvater, meine Locken schüttle, so ergießt sich ein belebender Regen auf die Erde; die Pflanzen strecken ihre zarten Köpflein heraus und sehen so munter drein wie unschuldige Kinderaugen. Mein Ruf bringt die Vögel wieder zurück; mein Atem taut Bäche und Ströme auf, und wohin du dann siehst, erblickst du die reinste Freude.«

Der Alte schwieg. Allmählich ging die Sonne auf und verbreitete eine angenehme Wärme. Rotkehlchen und Blaumeise sangen, die Flüsse erwachten aus ihrer winterlichen Erstarrung, und Blumen und Kräuter schossen lustig aus der weichen Erde empor.

Der Tag zeigte den wahren Charakter des Greises vollständig; denn als ihn der Jüngling aufmerksam betrachtete, hatte er nur das eisige Bild Bibons vor sich.

Seine Augen tropften; er wurde immer kleiner und kleiner, bis er sich zuletzt ganz und gar auflöste. Auf seinem Feuerplatz erblühte die weiße Miskodid*, eine kleine Blume, die man gewöhnlich an der Grenze der kalten Zone erblickt.

* Claytona virginica, die Lenzschönheit

Akukodschisch
oder die Familie der Ferkelkaninchen

Weit oben im Norden lebte ein weibliches Ferkelkaninchen mit seinen Jungen in einer Höhle. Es war Winter und sehr kalt. Da die Kleinen noch zu schwach waren, um sie in dieser rauen Jahreszeit vor die Tür zu lassen, suchte die Mutter tagtäglich allerlei Wurzeln und sonstige essbare Dinge, die sie eben finden konnte, damit sie nicht verhungerten.

Aber die Jungen waren sehr ungeduldiger Natur; das Leben in der eintönigen Höhle war ihnen zu langweilig, und sie wollten mit aller Gewalt hinaus in die freie Natur. »Verhaltet euch doch ruhig!«, rief ihnen die Mutter zu. »Was wollt ihr denn draußen tun? Es schneit und hagelt ja, als ob die Welt untergehen wollte. Wartet doch, bis der Frühling kommt.«

Da sie ihnen jedoch schon seit längerer Zeit dasselbe gesagt hatte, so argwöhnten die Kleinen irgendeine Betrügerei; und sie hatten auch recht, denn als ihre Mutter einst im Schlaf lag und ihr dabei der Mund offen stand, bemerkten sie in ihren Zähnen die Überreste zarter weißer Wurzeln, die man nur im Frühjahr findet. Augenblicklich wanderten sie alle hinaus in den grünen Wald, und als die Mutter erwachte, hatte sie niemanden mehr um sich.

OPITSCHI
oder die Entstehung des Rotkehlchens

Ein alter Mann hatte einen einzigen Sohn namens Opitschi, der war gerade in dem Alter, in dem der allgemeine Brauch verlangte, sich durch Fasten eines Schutzgeistes für das weitere Leben zu versichern.

Der Vater bildete sich viel auf seinen Knaben ein, und da er sehr ehrgeizig war, so hoffte er ihn durch außergewöhnlich langes Fasten dereinst zu einem berühmten Mann zu machen, der alle seine Vorfahren an Weisheit und Tapferkeit überträfe. Er baute ihm also für den betreffenden Zweck eine kleine Hütte, führte ihn hinein und sagte zu ihm: »Mein Sohn, sei standhaft in dieser heiligen Zeit, damit sich ein mächtiger Manitu deiner erbarme! Nach zwölf Tagen werde ich dir nahrhafte Speisen und meinen Segen bringen!«

Opitschi legte sich ruhig hin, kehrte sein Gesicht der Erde zu und wartete geduldig auf beglückende Träume. Sein Vater besuchte ihn regelmäßig jeden Tag und redete ihm von seinem künftigen Ruhm allerlei schmeichelhafte Dinge vor, damit er seine Leiden vergäße. Der Knabe sagte kein Wort dazu; doch am Morgen des neunten Tages, als ihn Hunger und Durst schon halb getötet hatten, seufzte er: »Ach Vater, meine Träume bedeuten nichts Gutes; lass mich aufhören zu fasten.«

Der Vater aber hatte ein Herz aus Stein und beschwor ihn, zu gehorchen und noch weitere drei Tage auszuhalten. Traurig nickte ihm Opitschi zu und verhüllte sein Gesicht.

Am Abend des elften Tages wiederholte er nochmals seine Bitte, und zwar so leise, dass sie der Vater kaum hören konnte; aber er musste gehorchen. Er lag da wie ein Toter, und nur ein schwaches Atmen zeigte, dass der Lebensfunke noch nicht ganz in ihm erloschen war.

Als am folgenden Morgen der Vater wiederkam, hörte er, wie sein Sohn laut mit sich selbst sprach. Er schlich sich daher leise vor die Tür und sah durch eine Ritze, wie er sich den Hals mit roter Farbe bemalte, wobei er seufzte: »Mein Vater hat mein Glück als Mensch zerstört; nur er allein ist der Verlierer und der Leidende, denn er setzte meinen Bitten taube Ohren und ein kaltes Herz entgegen. Aber ich bin ihm gehorsam gewesen, und dafür werde ich auch in meinem neuen Stand recht glücklich sein. Mein Schutzgeist ist mächtig und gerecht.« Darauf flog Opitschi wie ein Vogel auf die höchste Stange seines Wigwams, verwandelte sich in ein Rotkehlchen und rief seinem unglücklichen Vater zu: »Bedaure nicht, was du getan hast! Ich werde stets der Freund der Menschen sein, werde mich stets in ihrer Nähe aufhalten, sie mit meinem Gesang erfreuen und ihnen Frieden und Freude bringen!«

Darauf schwang es seine Flügel und flog lustig ins nächste Wäldchen.

Die himmlischen Geschwister

Wabi oder der weiße Falke war ein berühmter Jäger, der sich seine einsame Hütte tief in einem finsteren Wald aufgeschlagen hatte. Einst kam er auf der Jagd in eine große Prärie, auf der er schön geformte Fußstapfen erblickte, die er, von Neugier getrieben, weiterverfolgte. Sein Weg führte ihn über weiches Gras und reizende Blumen zu einem geheimnisvollen Kreis, der das Ende seiner Reise bildete, da dort die Fußstapfen aufhörten. Er setzte sich ruhig hinter einen dicken Baum und wartete geduldig der Dinge, die da kommen würden.

Bald hörte er eine süße Musik in der Luft, die klang so schön, wie er sie von Medizinmännern nie gehört hatte; dabei schwebte ein großer Körper langsam der Erde zu, und je näher dieser kam, desto lieblicher klang die Musik. Der betreffende Körper war ein geräumiger Korb, in dem zwölf wunderschöne Mädchen saßen, die, sobald sie auf der Erde waren, munter heraushüpften und unter den Klängen eines hell leuchtenden Feuerballs, der wie eine Trommel geschlagen wurde, allerlei lustige Tänze aufführten.

Obwohl sie alle in gleicher himmlischer Schönheit erglänzten, gefiel Wabi die jüngste doch am besten, weshalb er sich auch gleich wie toll auf sie stürzte, um sie zu erhaschen; aber die lieben Kinder waren viel schneller als er; wie der Blitz saßen sie alle wieder im Korb und segelten eilig dem Himmel zu.

Am nächsten Tag fand sich Wabi abermals in der Nähe des magischen Kreises ein, hatte sich aber, um die holden Mädchen zu täuschen, in ein Opossum verwandelt. Der Korb senkte sich auch wieder herunter, und die netten Geschwister tanzten noch anmutiger als am Tag vorher. Wabi kroch inzwischen langsam heran, aber sobald sie ihn bemerkten, hüpften sie wieder in ihren Korb, und fort ging's, hinauf in die Höhe. Das betrübte Wabi so sehr, dass er in der darauffolgenden Nacht kein Auge zutun konnte.

Als er sich am Morgen darauf wieder in aller Frühe an jenem Ort eingefunden hatte, bemerkte er einen alten halb verfaulten Baumstamm in der Nähe des Kreises liegen, der von einer Menge Mäuse bewohnt war. Er bewunderte die kleinen schnellfüßigen Tierlein und dachte bei sich: Eine solche Gestalt wird nicht so leicht auffallen und von den schönen Mädchen auch nicht weiter beachtet werden. Er schleppte also den Baumstumpf in die Mitte des Kreises und verwandelte sich in ein niedliches Mäuslein. Kurz danach ertönte die Musik, und die himmlischen Geschwister ließen sich wieder hernieder.

»Aber wo kommt denn dieser alte Baumstamm her?«, sagte die jüngste. »Der war doch gestern nicht da.«

Doch die anderen achteten nicht darauf, sondern setzten sich neben ihn und schlugen mit ihren Stöcken darauf, sodass die erschrockenen Mäuse eilig fortliefen. Die Mädchen eilten ihnen nun nach und töteten alle mit Ausnahme Wabis, der sich schnell seine eigentliche Gestalt wiedergab und die jüngste seiner Verfolgerinnen mit beiden Armen festhielt.

Als dies ihre Geschwister sahen, sprangen sie schnell in ihren himmlischen Korb, der sie bald in Sicherheit brachte.

Wabi war nun überglücklich und bot seine ganze Liebenswürdigkeit auf, seiner Frau die himmlische Heimat vergessen zu machen. Er wischte ihr in zärtlichster Weise die Tränen aus den Augen, erzählte ihr die interessantesten Jagdabenteuer, machte ihr aus den feinsten Fellen ein weiches Lager in seinem Wigwam und hatte auch mit der Zeit dafür die beseligende Genugtuung, dass es ihr in seiner Nähe gefiel und sie ihn ebenfalls liebte.

So verstrichen Sommer und Winter schnell, und als der Frühling seine Blumen erspriessen liess, blühte auch in Wabis Wigwam ein allerliebster Knabe, der Vater wie Mutter gleich viel Freude machte.

Aber am Herzen des Weibes nagte doch sichtlich ein geheimer Kummer; sie war eine Tochter der Sterne, und ihr alter Vater dort oben weinte täglich bittere Tränen zu ihr herunter. Doch sie sagte ihrem armen Mann nichts davon.

Als sich dieser nun einst auf der Jagd befand und sie ihren Vater wieder laut weinen und wehklagen hörte, konnte sie sich der Sehnsucht nicht enthalten, ihn wiederzusehen. Sie flocht also einen magischen Korb, tat allerlei Kuriositäten der Erde hinein, nahm ihren Sohn an der Hand, ging damit hin in den heiligen Kreis und ließ sich durch ihren wehmütigen Gesang hinauf in den Himmel tragen.

Wabi hörte diesen Gesang, und da er die Stimme sehr wohl kannte, eilte er mit Windesschnelle zurück – aber er kam zu spät; kaum dass er sah, wie sie von den Sterngeistern in Empfang genommen wurde. Einsam und verlassen stand er nun da; niemand hörte seine Klagetöne, und niemand sah seine Tränen, die er ein ganzes Jahr lang weinte. Kein himmlisches Wesen ließ sich mehr in seiner Nähe blicken; der magische Kreis blieb unbesucht, und seine Frau schien ihn unter den Freuden des Himmels auf immer vergessen zu haben.

So war es denn auch. Nur ihr kleiner Sohn erinnerte sie zuweilen an das Leben auf der Erde und äußerte sogar, als er größer und stärker geworden war, einmal den Wunsch, hinabzugehen und seinen Vater zu besuchen.

Das gefiel seinem Großvater sehr, und er erlaubte auch seiner Tochter, mitzureisen. Darauf setzten sie sich in den magischen Korb und ließen sich gerade vor der Hütte Wabis nieder, der darüber vor Freude ganz außer sich war. Sie erzählten ihm nun von den Schönheiten der Sterne und den oberen Regionen, wo man ihn ebenfalls zu sehen wünsche; doch solle er, wenn er kommen wolle, von jedem Tier und jedem Vogel der Erde irgendein Stück – entweder Fuß, Flügel oder Kralle – mitbringen.

Wabi war's zufrieden, ging Tag und Nacht auf die Jagd und hatte bald die verlangten Gegenstände gesammelt. Ein magischer Korb trug ihn dann ebenfalls in die Höhe, wo er vom Chief der Sterne äußerst freundlich empfangen wurde. Dann wurde ein großes Fest ihm zu Ehren veranstaltet, und der allmächtige Gastgeber befahl allen Eingeladenen, sich ein beliebiges Stück von einem Erdentier auszusuchen, was denn auch geschah.

Darauf gab es denn eine ungeheure Konfusion, denn diejenigen, die sich Flügel genommen hatten, wurden Vögel und flogen fort; diejenigen, die Schwänze oder Klauen erwischt hatten, wurden zu verschiedenen Vierfüßlern, je nach dem Ursprung des betreffenden Stückes, usw.

Wabi nahm die Feder eines weißen Falken, und Frau und Sohn folgten seinem Beispiel. Danach flogen sie herab auf die Erde und wurden die Stammeltern des berühmten Stammes der Wabis oder der Weißen Falken.

ODSCHIG ANNANG
oder der Sommermacher

Am südlichen Ufer des Oberen Sees lebte ein berühmter Jäger namens Odschig, den alle seine Nachbarn für einen mächtigen Manitu hielten, da ihm nämlich alles gelang, was er unternahm.

Auch sein Sohn schien viel für die Zukunft zu versprechen, denn obgleich er erst dreizehn Jahre alt war, machte er doch schon auf die stärksten Tiere Jagd, und selten flog sein Pfeil am Ziel vorbei. Das Einzige nun, was diesem in der Welt nicht gefiel, war der kalte, lange Winter alljährlich; denn da erfror er sich stets die Finger so sehr, dass er den Bogen nicht mehr spannen und folglich auch nichts mehr schießen konnte. Dann saß er oft tagelang zu Hause und weinte über den tiefen Schnee, über die anhaltende Kälte und über die Seltenheit des Wildes in den unwegsamen Wäldern.

Eines Tages, als er sich wieder einmal vergebens auf der Jagd müde gelaufen hatte und sich nun niedergeschlagenen Herzens an einen Baumstamm lehnte, bemerkte er ein rotes Eichhörnchen vor sich, das begierig an einem Tannenzapfen nagte.

»Mein Enkel«, sagte das Tierlein zu ihm, »töte mich nicht, sondern merke auf meine Worte. Ich habe deine Klagen gehört und deine Tränen gesehen und kenne auch deinen heißesten Wunsch: Du sehnst dich nämlich nach dem Sommer. Wohlan denn! Wenn du meinem Rat folgst, so wirst du dich des ewigen Sommers erfreuen und Vögel und Tiere in Hülle und Fülle zu schießen haben; auch ich, da ich nahe am Verhungern bin, werde mich dann stets zu sättigen wissen. Höre also: Sobald du nach Hause kommst, wirfst du Pfeil und Bogen unwillig weg, legst dich weinend in eine Ecke und weist jede Speise und jeden Trank mürrisch zurück. Wenn dich deine Mutter fragt, so antwortest du ihr nicht. Dann wird dich dein Vater bitten, ihm doch mitzuteilen, was dir fehle, und dir auch zugleich sagen, dass er dir sicherlich helfen könne, da er ein mächtiger Geist sei. Darauf erzählst du ihm in gebrochenen Worten, dass du deshalb so traurig seist, weil die Kälte so anhalte und der Schnee nicht wegschmelze, und bittest ihn dann um den ewigen Sommer. Dann wird er dir sagen, dass er, obgleich dies eine harte Arbeit sei, sein Möglichstes zur Erfüllung deines Wunsches tun wolle.«

Hier hielt das Eichhörnchen inne. Der Knabe versprach, seinen Rat zu befolgen, und er tat es auch.

»Du verlangst viel von mir, mein Sohn«, sagte Odschig; »aber bei meiner großen Liebe zu dir kann ich dir nichts abschlagen, obwohl ich wegen des Erfolgs im Zweifel bin.«

Am folgenden Tag veranstaltete Odschig ein großes Fest und lud alle seine Freunde dazu ein. Sie erschienen auch alle recht pünktlich, taten sich am fetten Hirsch- und Bärenfleisch gütlich und versprachen ihm, an seiner Reise teilzunehmen – ein Versprechen, das sie auch nach drei Tagen wirklich erfüllten.

Als sie sich nun zwanzig Tage auf der Wanderschaft befanden, kamen sie an den Fuß eines Berges und erblickten dort die Fußstapfen eines Menschen und die Blutstropfen eines frisch getöteten Wildes. Da sie sehr hungrig und erschöpft waren, so folgten sie jenen Spuren in der Hoffnung, irgendeine mitleidige Menschenseele zu finden, die sie zur Fortsetzung ihrer Reise stärken sollte. Bald sahen sie auch eine kuriose Hütte vor sich, und Odschig riet seinen Begleitern, sich beim Hineingehen ja recht ernst zu verhalten und beileibe nicht zu lachen.

Diese Ermahnung war übrigens auch sehr nötig, denn an der Tür stand ein Mensch von so merkwürdiger Figur, dass sie im Zweifel waren, ob sie ihn überhaupt zur Menschenrasse rechnen sollten. Sein Kopf war ganz abscheulich groß und hässlich, die Zähne standen ihm nach auswärts, die Augen waren viereckig, und Arme hatte er gar keine. Alle wunderten sich, wie dieser Mensch Tiere töten könnte. Doch dieses Geheimnis klärte sich bald auf.

Der Alte lud darauf alle freundlichst ein, bei ihm zu übernachten, und kochte ihnen ein treffliches Mahl in seinem hölzernen Topf. Doch beim Herumreichen des Fleisches machte er solche possierliche Bewegungen, dass sich einer namens Otter des Lachens nicht enthalten konnte und laut damit herausplatzte.

Der Alte sah ihn wütend an, sprang mit einem Satz auf und suchte ihm den Kopf einzutreten. Aber Otter war auch sehr flink, schüttelte den bösen Manitu ab und entfloh durch die offene Tür. Die anderen verbrachten die Nacht in angenehmster Unterhaltung, und der Alte versicherte Odschig, dass er ihm zur Erreichung seines Zweckes behilflich sein wolle, obgleich es ihn unzweifelhaft das Leben kosten würde.

Am anderen Morgen zeigte er ihnen den Weg, auf dem sie auch bald den unglücklichen Otter wieder antrafen, der beinahe verhungert war. Odschig hatte aber glücklicherweise heimlich ein Stück Fleisch eingesteckt, sodass er nun seinem Freund doppelt willkommen war.

Nun reisten sie abermals zwanzig Tage lang weiter und ließen sich dann auf einem hohen Berg nieder, von dem ihnen der Alte vorher erzählt hatte. Sie stopften sich gemütlich ihre Pfeifen, verneigten sich der Sitte gemäß gegen alle vier Himmelsgegenden sowie gegen die Erde und den Himmel und baten dabei inbrünstig den Großen Geist um Erfolg. Dann fingen sie an zu rauchen.

Der Himmel schien auf dieser hohen Bergspitze so nahe zu sein, dass es ihnen vorkam, als könnten sie mit Leichtigkeit hineinspringen. »Odschig«, sagte Otter, »lass uns doch einmal versuchen, ob wir kein Loch hineinmachen können.«

Odschig nickte und bat ihn, gleich den Anfang zu machen. Otter sprang also hinauf, konnte aber oben unglücklicherweise keinen Halt fassen und fiel besinnungslos den Berg hinunter. Als er seine Lebensgeister wieder gesammelt hatte, dachte er: Das ist das letzte Mal, dass ich einen solchen Todessprung unternehme, und er begab sich allein auf den Heimweg.

Nun kam die Reihe an Biber, dem ging's aber ebenso, und Luchs und Dachs erlitten dasselbe Schicksal.

»Vielfraß«, sagte darauf Odschig, »ich verlasse mich auf deine Geschicklichkeit und Behändigkeit; springe du nun.«

Vielfraß tat's, aber sein Sprung war erfolglos; doch verlor er den Mut nicht und sprang zum zweiten Male, und die Himmelsdecke gab ein wenig nach. Dann sammelte er alle seine Kräfte zum letzten Sprung, der vollständig gelang; der Himmel bekam ein Loch, und beide marschierten mutig hinein.

Dort fanden sie sich auf einer großen, weiten Ebene, die so weit, wie ihre Augen reichten, über und über mit den herrlichsten Blumen bedeckt war. Die Ströme enthielten das klarste Wasser; ihre Ufer wimmelten von allerlei prächtigen Tieren, und von den hohen Bäumen ertönten die anmutigsten Lieder lieblicher Singvögel. Aber die allerschönsten Vögel flogen nicht frei umher, sondern waren in große Käfige gesperrt, die vor den Häusern der Himmelsbewohner hingen.

Als Odschig dies bemerkte, wurde er so ärgerlich, dass er jeden Käfig ohne Weiteres öffnete und die Vögel durch das himmlische Loch entfliehen ließ. Auch die warme Himmelsluft verflüchtigte sich allmählich durch jene Öffnung; es fing an, oben empfindlich kalt zu werden, und die Leute flüchteten ängstlich in ihre warmen Wohnungen. Doch das half gerade so viel, als wenn der verfolgte Strauß seinen Kopf in den Sand steckt, und einige klügere Leute liefen so schnell wie möglich zu jenem Loch, um es zuzustopfen und zu retten, was noch zu retten sei. Aber es war damit beinahe zu spät; Frühlings-, Herbst- und Sommerluft waren schon entwichen, ja sogar die Hälfte des ewigen Sommers war schon weg, ehe sie das Unglücksloch erreichten.

Vielfraß, der die wütenden Leute noch zur rechten Minute kommen sah, gewann in aller Eile so viel Zeit, um glücklich durchzubrennen. Odschig aber war nicht so glücklich; das Öffnen der vielen Vogelkäfige hatte ihn so in Anspruch genommen, dass er weder hörte noch sah, was um ihn vorging, und als er zur Öffnung kam, war diese bereits verstopft.

Wie ein gehetztes Wild rannte er nun über die endlosen Ebenen des Himmels und musste zuletzt, da ihn seine Feinde zu hart bedrängten, auf einem dicken Baum Schutz suchen. Die Pfeile der Angreifer pfiffen ihm zu Hunderten um die Ohren; viele trafen ihn auch, verwundeten ihn aber nicht, da sein Körper, mit Ausnahme der Schwanzspitze, unverwundbar war.

Doch gegen Abend hatte er das große Unglück, an der bezeichneten Stelle getroffen zu werden. Er sah herunter, und da er zufällig einige Leute seines Totems – des Fischtotems nämlich – bemerkte, so bat er sie kläglich, doch von der Verfolgung abzulassen, was sie denn auch mit Anbruch der Nacht taten.

Odschig kletterte nun herab und suchte nach einem besseren Zufluchtsort, fand aber leider keinen. Seine Schwanzwunde schmerzte ihn unsäglich, denn sie war tödlich, weshalb er sich zum Sterben bereit hinlegte und seufzte: »Mein Sohn, ich habe mein Versprechen erfüllt, aber es hat mein Leben gekostet. Doch ich bin zufrieden

und sterbe gelassen, denn ich habe nicht allein dir, sondern allen Menschen und Tieren der Erde Gutes gestif-
tet, und diese werden sich jährlich nur noch wenige
Monate über Schnee und Kälte zu beklagen haben.«

Am anderen Morgen fand man ihn tot mit einem
Pfeil im Schwanz, und seit jener Zeit erblickt man das
Zeichen des Fisches am Sternenhimmel.

SCHIHM
oder der Wolfsbruder

Auf dem See lag Totenstille; nicht der leiseste Windhauch spielte zwischen den Blättern der Waldbäume, und weder Vogel noch Tier regte sich. Das Einzige, was man hörte, waren schwere, tiefe Seufzer, die aus einem einsam stehenden Wigwam kamen, wo ein alter Jäger in den letzten Zügen lag. Alle Künste der Medizin waren erschöpft, und Weib und Kinder, die weinend sein kümmerliches Pelzlager umstanden, erwarteten mit jeder Minute die Abfahrt des Geistes und hatten deshalb schon die Tür geöffnet, damit er unbehindert hinaus könne.

Doch der Kranke fühlte sich durch die hereinströmende frische Luft etwas gestärkt, richtete langsam den Kopf auf und sprach: »Meine lieben Angehörigen, ich lasse euch jetzt in einer Welt voll Hunger und Sorgen zurück, die schwere Forderungen an euch stellen wird. Meiner betagten Gemahlin wegen ist mir nicht bange, denn ihre Tage sind gezählt, und sie wird mir bald nachfolgen. Aber wer wird der Führer meiner armen Kinder sein, die kaum ins Leben gesehen haben? Missgunst, Undankbarkeit und jede erdenkliche Schlechtigkeit harren ihrer. Deshalb hatte ich mich vor vielen Jahren von meinem Stamm getrennt und war hierher in die Einsamkeit gezogen, damit ich das wilde Kriegsleben mit ungestörter Ruhe vertauschen konnte. Jetzt ist mein Leben zu Ende, und ich werde meine Augen in Frieden schließen, wenn ihr, meine Kinder, mir feierlich gelobt, euch lebenslang gegenseitig zu lieben, eure alte Mutter nicht darben und euren jüngsten Bruder nicht hilf- und schutzlos zu lassen.«

Darauf sank er tot nieder, und Mutter und Tochter trafen weinend die nötigen Anstalten zur Beerdigung. Der älteste Sohn griff rüstig zu den Waffen seines Vaters und hatte auch Erfolg damit. Nach sechs Monaten schon starb die Mutter, und die Kinder hatten auch ihr vorher geloben müssen, dem Wunsch ihres Vaters gemäß zu leben.

Der Winter ging vorüber, und der Frühling erschien mit seinen mannigfachen Freuden. Der älteste Junge ging täglich auf die Jagd, die Schwester besorgte den Haushalt und pflegte ihren schwächlichen Bruder. So lebten sie zufrieden und ruhig; aber dem ältesten behagte diese Einsamkeit doch nicht, denn er sagte eines Tages zu seiner Schwester: »Höre, unser Leben ist ein wenig zu langweilig, und ich habe große Lust, in die weite Welt zu wandern und die Dörfer und Städte der anderen Menschen aufzusuchen.«

»Das wäre unrecht von dir«, erwiderte das Mädchen, »denn wir haben unseren Eltern versprochen, stets beieinanderzubleiben und hauptsächlich unseren schwächlichen Bruder nicht zu vernachlässigen, der doch unsere Hilfe so sehr benötigt.«

Der Knabe hörte diese Worte stillschweigend an, griff dann nach Pfeil und Bogen und ging fort, ohne wiederzukommen. Da wurde denn auch die Schwester des einsamen Lebens überdrüssig und sehnte sich ebenfalls nach größerer Gesellschaft. Sie suchte für den Kleinen so viele Lebensmittel zusammen, als sie nur finden konnte, packte ihre Siebensachen zusammen und verließ unter dem Vorwand, dass sie zu ihrem Bruder gehen wolle, den elterlichen Wigwam. Sie verheiratete sich bald und vergaß ihren kränklichen Bruder gänzlich.

Als dieser den zurückgelassenen Vorrat aufgegessen hatte, ging er traurig im Wald umher und suchte sich Beeren und essbare Wurzeln; als aber der Winter mit seinen Schrecken kam und überall tiefer Schnee das Land bedeckte, war er gezwungen auszuwandern und sein ferneres Leben dem Zufall zu überlassen. Er brachte die Nächte in hohlen Bäumen zu und suchte sich bei Tag solche Knochen, an denen die Wölfe noch etwas Fleisch gelassen hatten. Dadurch wurde er mit den Wölfen so vertraut, dass er sich getrost in ihre Nähe wagte und später sogar mit ihnen zusammen aß und wohnte.

Die Wölfe gewannen ihn mit der Zeit recht lieb und versorgten ihn reichlich mit allem, was er brauchte, und als der belebende Frühling wieder erschien, nahmen sie ihn mit ans nahe Seeufer.

Gegenüber stand der Wigwam seines ältesten Bruders. Jener Jäger befand sich eben auf der Jagd, als er plötzlich das Schreien eines Kindes – seines verlassenen Brüderleins – hörte. »Nisia, Nisia!«, rief der Kleine. »Scheikwuh gusu nei mei in kwun iw!« Das heißt:

»Mein Bruder, mein Bruder! Sieh her, wie ich zum Wolf werde.«

Und das wurde er auch richtig. Seine Stimme klang wie die eines Wolfs, sein Körper wurde behaart, und an seinem Hals wuchsen noch zwei weitere Beine heraus.

Sein Bruder, der ihn gleich erkannte, lief so schnell wie möglich zu ihm; doch als er bei ihm ankam, war er bereits zum vollständigen Wolf geworden und verschwand als solcher im Dickicht des Waldes.

MITSCHA-MAKWE
oder der Krieg mit dem Riesenbären, der den Wampumgürtel besaß

Hoch oben im Nordwesten lebte ein großer Magier namens Jamo mit seiner Schwester, die außer ihm nie ein anderes menschliches Gesicht gesehen hatte. Jamo führte ein recht bequemes Leben; auf der Jagd brauchte er sich nicht hungrig und müde zu laufen, denn wenn ihm Fleisch mangelte, so steckte er einfach am Abend einige Pfeile vor seinem Wigwam in den Boden, und am anderen Morgen fand seine Schwester an jedem davon ein fettes Tier stecken.

Eines Tages sagte Jamo: »Schwester, ich ahne, dass die Zeit nicht mehr fern ist, in der du krank werden wirst, deshalb beachte meinen Rat: Nimm einige notwendige Geräte zu dir und mache dir irgendwo im Wald ein Feuer an. Wenn du Fleisch brauchst, so will ich dir zeigen, wo welches ist; wenn du unwohl bist, so meide meine Wohnung und bringe auch nichts von deinen Sachen hinein. Was mich anbelangt, so werde ich alles für dich tun, was ich kann; doch wenn du meinem Rat nicht folgst, so ist dies mein Tod.«

Sie versprach, ihm zu gehorchen. Kurze Zeit danach, als ihr Bruder einmal ausgegangen war, um dem Gesang der Vögel zu lauschen, und sie ihr langes Haar kämmte, nahte jener Augenblick, von dem er gesprochen hatte.

Gleich lief sie aus der Hütte, vergaß jedoch in der Eile ihren Gürtel mitzunehmen. Als sie dies später bemerkte, stand sie eine Zeit lang unschlüssig da und wusste nicht recht, ob sie wieder umkehren oder den Gürtel im Stich lassen sollte. Doch, dachte sie, mein Bruder ist ja nicht da und sieht mich nicht; ich kann ihn also holen.

Das tat sie denn auch, und kurz darauf kam der Bruder. Er wusste gleich, was ihr fehlte, und rief weinend: »O Schwester, jetzt hast du mich getötet; es ist nun einerlei, ob du gehst oder bleibst.«

Dann legte er sein Jagdgewand ab und setzte sich traurig in die Ecke. Bald fingen seine Füße und Beine an zu schwellen, sodass er sich nicht rühren konnte. Die Geschwulst verbreitete sich allmählich über den ganzen Körper, und er fühlte sein Ende herannahen.

Da sagte er zu seiner Schwester: »Dort in jenem Winkel hängen mein Medizinsack und meine Streitaxt, die sehr scharfe Ecken hat. Sobald die Geschwulst meine Brust erreicht hat, schlägst du mir damit den Kopf ab, steckst ihn dann in jenen Sack, den du aber etwas offen lassen musst, und dann hänge mich mit dem Kopf so, dass ich stets die Tür sehen kann; und vergiss auch nicht, Pfeile und Bogen in meine Nähe zu legen. Behalte nur einen Pfeil für dich; er wird dir schon genug Lebensmittel verschaffen.«

Die Schwester versprach, seinem Willen nachzukommen, doch fürchtete sie sich ein wenig, als der bezeichnete Moment kam. Aber der Bruder lächelte ihr Mut zu, und mit einem gewaltigen Hieb wurde der Kopf vom Rumpf getrennt. Danach hängte sie ihn an den besagten Ort, wo er immer aus seinem Sackloch hervorsah, als ob er noch lebe. Das war übrigens auch der Fall, denn er sprach sogar ständig mit seiner Schwester, unterhielt sich über allerlei, gab ihr mancherlei Ratschläge und erzählte ihr auch, dass ihm noch verschiedene weitere unangenehme Schicksale bevorständen, die ein mächtiger Manitu, dessen Willen er sich beugen müsse, über ihn verhängt habe. – Lassen wir ihn nun einige Minuten hängen.

In einer waldigen Gegend des Nordens hatte sich ein kriegslüsternes Volk niedergelassen, das mit allen Nachbarstämmen in ständigem Kampf und Streit lag. Zu jenem Stamm gehörte auch eine Familie, die aus zehn kräftigen Männern bestand. Der jüngste davon hatte erst kürzlich sein Gesicht geschwärzt, sich zum Fasten hingelegt und dabei außergewöhnlich günstige Träume gehabt.

Als er diese seinen anderen Brüdern erzählte, erkannten sie darin die Fingerzeige des Kriegsgottes und wünschten unter seiner Anführung einen Kriegszug zu unternehmen. Darauf setzten sie sich nieder, sangen ihre wilden Lieder und schlugen ihre weithin hallenden Trommeln dazu. Der drittälteste davon, mit Namen Mudschikihwis – bekannt durch seine Dummheit und Hanswursterei –, nahm eine dicke Keule, zerschmetterte damit den dicksten Pfosten der Hütte und rief: »Seht, so wird es allen Feinden meines jüngsten Bruders ergehen!«

Doch von dieser Heldentat wurde weiter keine Notiz genommen.

»Ihr müsst euch«, sagte der jüngste Bruder darauf, »im Geheimen vorbereiten, sodass eure Weiber nicht merken, was ihr vorhabt.«

Das versprachen sie denn auch alle; Mudschikihwis wie gewöhnlich zuerst. Dann wurde eine bestimmte Nacht festgesetzt, in der sie sich zur Abreise versammeln sollten.

Als diese Zeit erschien, sagte Mudschikihwis zu seiner Frau: »Hol mir schnell meine neuen Mokassins herbei, denn du musst wissen, dass ich den Kriegspfad betreten will.«

So verriet er also das Geheimnis.

Bei ihrer Abreise schneite es, sodass man ihre Spuren deutlich sehen konnte. Da machte denn der Anführer einen großen Schneeball, warf ihn in die Luft und rief: »Seht, solche Schneeflocken sah ich in meinen Träumen fallen!« Und bald fielen auch wirklich Flocken von dieser Größe.

So schneite es nun einen ganzen Tag und eine ganze Nacht; die Brüder hielten sich stets nahe beisammen, damit sie sich bei diesem Unwetter nicht aus den Augen verlören. Mudschikihwis war dabei stets der Letzte. Doch einst lief er hastig an die Spitze, ließ den wilden Kriegsruf ertönen, spaltete mit seiner Keule einen dicken Baumstamm und rief: »Brüder, so will ich unsere Feinde zerschmettern!«

»Langsam, langsam, Mudschikihwis«, sagte der Anführer; »mit dem Feind, den ich dir vorführen werde, wirst du nicht so leicht fertig werden.«

Darauf blieb Mudschikihwis allmählich wieder zurück; sein Gesicht zog sich bedenklich in Falten, und er wünschte heimlich, dass er lieber zu Hause geblieben wäre.

Nachdem sie noch einige Tage lang weitergewandert waren, kamen sie auf eine große Ebene, an deren Grenze die menschlichen Knochen haufenweise umherlagen. »Das sind«, sagte der jüngste Bruder, »die Gebeine derjenigen, die vor uns hierhergekommen sind.«

Mudschikihwis wurde nun immer unruhiger, doch um seine Furcht die anderen nicht merken zu lassen, ließ er abermals den Kriegsruf ertönen, zerschmetterte einen mächtigen Felsen am Weg und rief: »Brüder, so werde ich unsere Feinde zermalmen!«

Aber der Anführer erwiderte: »Dieser Fels hält mit unserem Feind keinen Vergleich aus!«

Nun wurde Mudschikihwis noch ängstlicher zumute; was das für ein furchtbarer Feind sein müsse, konnte er sich gar nicht erklären.

Inzwischen waren die Brüder auf einer kleinen Anhöhe angelangt, von wo aus sie auf einem gegenüberliegenden Berg den schlafenden Mammutbären entdeckten. Obwohl die Entfernung bedeutend war, so konnten sie das Riesentier noch ganz deutlich erkennen.

»Seht«, sagte darauf der jüngste, »dort liegt der Feind, dem ich euch entgegenführe; es ist Mitscha-Makwe oder der große Bär mit dem kostbaren Wampumgürtel, dem schon so mancher tapfere Kämpfer sein Leben geopfert hat. Doch fürchtet euch nicht, denn meine Träume haben mir den Sieg verkündet!«

Da der Bär sehr fest schlief, so konnten sie sich unbemerkt heranschleichen und sogar der Reihe nach probieren, ihm den heiligen Wampumgürtel über den Kopf zu ziehen, was sie jedoch nicht fertigbrachten. Der jüngste zog ihn glücklich bis zum Kopf, aber drüberbringen konnte er ihn nicht. Da halfen ihm denn die anderen zusammen aus Leibeskräften ziehen, und das Werk gelang. Dann packte der Stärkste den heiligen Schatz auf die Schulter, und dann liefen sie fort, so schnell, wie sie ihre Beine nur tragen konnten.

Der Bär schlief noch immer; doch als die Abenteurer die Knochenhaufen erreicht hatten, sahen sie, wie er sich langsam erhob und seinen Verlust bemerkte. Bald ertönte auch seine Donnerstimme, und die Erde krachte unter seinen Sprüngen.

Die Brüder suchten sich nun gegenseitig Mut zuzusprechen, und der jüngste fragte: »Hat denn keiner von euch je von einem guten Manitu geträumt, der ihm versprochen hat, zur Stunde des Unglücks Hilfe und Schutz zu gewähren?« Doch es erfolgte keine Antwort. »Gut«, sprach er weiter; »ich habe kürzlich im Traum eine rauchende Hütte gesehen, in der ein alter Mann wohnte, der mich beschützte.«

Dieser Traum bewahrheitete sich nun auch bald, denn die Hütte mit dem alten Bewohner stand plötzlich vor ihnen. »Memescho«, sagte der Führer, »gewähre uns Schutz, denn ein mächtiger Bär verfolgt uns.«

»Seid unbesorgt«, erwiderte der Alte freundlich; »lasst euch nur ruhig nieder, denn es gibt keinen mächtigeren Manitu auf der ganzen Erde, als ich bin.«

Darauf stellte er ihnen Speise und Trank vor und ging vor die Tür, um sich seinen Feind einmal anzusehen.

»Ja, meine Kinder«, sagte er, als er wieder hereintrat, »das ist wahrhaftig ein kräftiger und gefährlicher Manitu, der mir zu schaffen machen wird. Aber ich habe euch einmal meines Schutzes versichert und werde auch mein Wort halten, und wenn es mich mein Leben kostet. Wenn jetzt der Bär vor die Hütte kommt, so entschlüpft ihr durch die Hintertür und lasst mich dann für das Übrige sorgen.«

Darauf öffnete er seinen großen Medizinsack und nahm zwei kohlschwarze Hunde heraus, die er gewöhnlich brauchte, wenn er Krieg führte. Er streichelte sie, wodurch sie allmählich so groß wurden, dass sie zuletzt die ganze Hütte ausfüllten. Ihre Knochen wurden so fest wie Feuerstein und ihre Zähne so lang und so spitz wie Wurfspieße. Sie sprangen dem Bären entgegen, und es entspann sich ein so schrecklicher Kampf, dass Himmel und Erde erdröhnten und Sonne und Mond herunterzufallen drohten.

Die zehn Brüder hatten sich glücklich durch die Hintertür in Sicherheit gebracht. Bald aber hörten sie den Todesschrei des einen Hundes, dem auch kurz danach der des anderen folgte. Auch der alte Manitu wurde getötet, und der Bär holte darauf die Fliehenden in kurzer Zeit wieder ein.

»Kann denn keiner etwas zu unserer Rettung tun?«, fragte der jüngste Bruder wieder; doch er erhielt keine Antwort. »Nun«, fuhr er fort, »ich habe im Traum einen mächtigen Manitu gesehen, der mir half, und ich glaube, dort steht seine Hütte.«

So war es denn auch.

»Kinder«, sagte der Alte, »kommt herein, esst und trinkt, und seid nicht ängstlich, denn es gibt keinen stärkeren Manitu auf der ganzen Welt, als ich bin!« Sie gingen auch hinein und setzten sich nieder, und bald zitterten alle Pfosten des Wigwams von den gewaltigen Sprüngen des Bären.

»Wahrhaftig«, sagte der Alte, zur Tür hinaussehend, »dieses Tier wird mir den Angstschweiß heraustreiben. Sobald der Bär kommt, entflieht ihr durch die Hintertür, damit ihr bei unserem Kampf keinen Schaden nehmt.«

Darauf holte er seinen großen Medizinsack herbei und nahm seine Kriegskeulen heraus, die in seinen Händen immer größer und größer wurden. Dann trat er damit vor die Tür und versetzte dem Bären einen so kräftigen Schlag, dass die eine Keule in tausend Stücke sprang. Nun nahm er die andere und versetzte dem Bären abermals einen furchtbaren Schlag, worauf dieser besinnungslos zu Boden stürzte. Aber er erholte sich bald wieder und setzte den Kampf mit erneuten Kräften fort. Bald verkündete ein gellender Schrei den Fliehenden, dass ihr Schutzgeist sein Leben für sie geopfert hatte, und kurz darauf war der Bär auch schon wieder dicht hinter ihnen.

»Ach«, klagte der Anführer, »meine Träume sind nun bald erschöpft, und wenn wir uns nicht schnell in Sicherheit bringen, so sind wir verloren. Ich sehne mich jetzt nach einem großen, tiefen See, an dessen Ufer ein geräumiges Kanu mit zehn Rudern steht.«

Es kam wieder so; sie setzten sich in das Schifflein und fuhren ab. Der Bär stand eine Weile unschlüssig am Ufer und überlegte, was hier zu tun sei. Er versuchte hineinzuwaten, aber seine Beine waren zu kurz. Danach wollte er schnell auf die andere Seite des Ufers laufen, doch die zehn waren klug und blieben stets in der Mitte des Sees.

Nun blieb ihm kein anderes Mittel übrig, als den ganzen See auszusaufen. Er öffnete seinen Rachen himmelweit, und das Wasser strömte so reißend in diesen hinein, als liefe es in einen bodenlosen Abgrund. Die Brüder gaben sich alle mögliche Mühe, schnell ans andere Ufer zu kommen, aber die Strömung war zu stark und trieb sie pfeilschnell dem Bärenmaul zu. »Mudschikihwis«, rief der jüngste Bruder, »jetzt ist es Zeit, deinen Mut und deine Kraft zu zeigen. Setz dich vorn an die Spitze des Kanus und versuche, wenn wir nahe genug sind, deine Keule am Hirnschädel des Bären.«

Mudschikihwis folgte und versetzte ihm auch wirklich einen solchen Schlag, dass er ohnmächtig hin und her taumelte. Doch als er gerade zum zweiten Schlag ausholen wollte, gab der Bär plötzlich das gesoffene Wasser wieder von sich, und sie wurden mit ihrem Kanu mit Blitzesschnelle ans andere Ufer getrieben. Dort verließen sie das Boot und liefen weiter.

Doch bald war ihnen der Bär wieder auf den Fersen, und der jüngste seufzte: »Ach, jetzt kommt mein letzter Traum, in dem mir geholfen wurde. Der letzte Zufluchtsort, den ich weiß, ist der Wigwam Jamos oder des unsterblichen Kopfes, der hier in der Nähe sein muss.«

So war es auch. Jener lebende Kopf, der von Pfeilen und Kriegsfedern umgeben in seiner Wigwamecke hing und die jungen Leute kommen sah, sprach zu seiner

Schwester: »Liebe Schwester, ich bin in einer traurigen Lage, denn bald werden mich zehn verfolgte Krieger um Schutz anflehen, und ich kann doch nicht, wie ich will; drum tu, was ich dir befehle. Zuerst nimm zwei starke Pfeile, und stecke sie vor die Tür, damit du mit dem Wild, das sich daran aufspießen wird, unseren Gästen ein stärkendes Mahl bereiten kannst. Wenn dann der schreckliche Bär kommt, so nimmst Du ruhig meinen Medizinsack von der Wand, gehst damit vor die Tür, legst alle darin enthaltenen Federn, Farben, Pfeilspitzen usw. um dich herum und nennst dabei stets meinen Namen. Sollte dies nun nicht die erwünschte Wirkung haben, so wirfst du dem Bären meinen Kopf entgegen und rufst: ›Das ist der Kopf meines verstorbenen Bruders!‹ Dann wird er besinnungslos hinfallen, und die fremden Leute, die inzwischen wohl gegessen haben werden, können dann zu deinem Beistand herbeieilen und ihn vollends töten. Danach zerschneidest du seinen Körper in kleine Stücke und streust diese über die ganze Erde; denn wenn du das nicht tust, wird er wieder lebendig.«

Die Schwester versprach, ihm zu gehorchen, und gleich darauf erschienen die erwarteten zehn Brüder und der grimmige Bär ebenfalls. Sie stellte den Männern ein prächtiges Mahl vor, ging dann vor die Tür und zog mit dem Inhalt des Medizinsacks einen magischen Kreis um sich. Der Bär schauderte, als er diese Dinge erblickte; doch als sie ihm nun gar den Kopf entgegenhielt, fiel er ohnmächtig nieder, und der Schaum kam ihm aus Maul und Nase.

Als dies die Krieger sahen, sprangen sie schnell herbei, und Mudschikihwis versetzte ihm mit seiner gewaltigen Keule solche Hiebe, dass das Gehirn nach allen vier Richtungen spritzte. Darauf zerschnitten die anderen seinen Körper und verstreuten die Stücke in alle Weltgegenden. Aber sobald ein Stück den Boden berührte, wurde ein kleiner Schwarzer Bär daraus, woraus sich denn der Umstand erklärt, dass diese Tiere im Norden einst so zahlreich waren.

Darauf gingen sie wieder in die Hütte zurück und aßen ruhig weiter. Das Mädchen sammelte inzwischen die Sachen des Bruders wieder ein und gab sie in den Sack; aber der Kopf sprach nicht mehr.

Die Krieger freuten sich ungemein über ihre glückliche Rettung, doch wussten sie nicht recht, was sie nun eigentlich mit ihrem heiligen Wampumgürtel machen sollten. Da sie sich sehr weit von ihrer Heimat entfernt hatten, so gaben sie die Idee völlig auf, wieder dahin zurückzukehren.

Eines Tages, als sie sich auf der Jagd befanden und ihren Wampumschatz der Obhut des Mädchens anvertraut hatten, sagte der eine: »Kommt, lasst uns zu unserer Schwester gehen und den Kopf ihres Bruders holen, dem es zu Hause doch zu langweilig sein mag.« Das geschah denn auch. Sie nahmen ihn mit auf ihre Jagdzüge und suchten ihn durch allerlei Späße zu erheitern; aber nur selten bewegte er seine Augen.

Nun wurden sie einst auf einem solchen Zug von feindlichen Indianern angefallen und, trotzdem sie wie die Löwen fochten, nach verzweifeltem Widerstand alle getötet. Einer der feindlichen Krieger eroberte den Medizinsack und nahm alle schönen Farben und Federn heraus, schmückte sich damit und rief dann die anderen herbei, die nun allerlei Unsinn mit dem Kopf trieben. Ja zuletzt gingen sie sogar so weit, dass sie ihn wie einen Ball umhertanzen ließen und ihm alle Haare ausrissen. Doch ihre Strafe blieb nicht aus; denn alle, die sich entweder mit den Farben oder den Federn Jamos geschmückt hatten, starben plötzlich. »Werft nur alle Sachen weg, die ihr von unseren toten Feinden genommen habt!«, schrie darauf der Chief. »Nur den Kopf lasst uns mit nach Hause nehmen, damit wir ihm die Augen für immer schließen können.« Sie nahmen ihn also mit und hängten ihn über das heilige Feuer ihrer Medizinhütte, um ihn zu braten.

Während dieser Zeit saß Jamos Schwester einsam in ihrer Hütte und wartete auf die Rückkehr der zehn Brüder. Doch da diese zu lange ausblieben, ging sie ihnen entgegen und fand sie alle erschlagen. Die Skalps waren ihnen abgezogen, und der Kopf und der Medizinsack ihres Bruders schienen ebenfalls in die Hände der Feinde gefallen zu sein.

Nun färbte sie ihr Gesicht schwarz, lief weinend und klagend auf der ganzen Erde herum und kam zuletzt wieder in ihrer alten Hütte an. Dort sah sie zu ihrer größten Freude noch einen magischen Pfeil und einen Bogen ihres Bruders in der Ecke liegen – die besten Werkzeuge, mit denen sie den Unglücklichen wiederfinden konnte.

Nachdem sie nun abermals eine bedeutende Strecke gewandert war, fand sie wirklich einige bekannte medizinene Farben und Federn, die sie sorgfältig sammelte und in einem Baum versteckte. Gegen Abend erreichte sie auch die erste Hütte der Feinde, wo sie besonders von den bejahrten Indianern sehr freundlich aufgenommen wurde. Ja einer davon versprach ihr sogar, zur Erlangung des Kopfes behilflich zu sein, und führte sie auch darauf vor die Tür der betreffenden Medizinhütte.

Dort sah sie nun, wie die wilden Krieger um ein kolossales Feuer standen und den Kopf zu rösten versuchten. Dabei rollten ihr die Tränen über die Wangen, und auch der Kopf des Bruders weinte.

»Ha«, rief lachend der Chief, »endlich beginnt er doch die Hitze zu fühlen; seht doch, was für dicke Tränen er schwitzt!«

Während sie so darüber ihre Späße machten, bemerkte der Chief den alten Mann mit dem Mädchen. »Wer ist das«, fragte er ihn, »den du bei dir hast? Ich habe diese Frau noch nie in unserem Dorf gesehen.«

»O ja«, erwiderte der Alte, »es ist ja eine Verwandte von mir, die aber sehr selten ausgeht.«

»Ja, ja!«, schrien einige alberne Bürschlein, die neben ihm standen. »Das ist wahr; sie geht sehr selten aus, und wir machen ihr dafür allabendlich den Hof in ihrem eigenen Wigwam.«

Jamos Schwester entfernte sich nun und bereitete sich wieder zu Heimreise vor. Als sie wieder an jene Stelle kam, wo die Knochen ihrer zehn Adoptivbrüder lagen, las sie diese sorgfältig auf und legte sie mit den Gesichtern nach Osten. Dann nahm sie einen Stein, warf ihn in die Luft und rief: »Brüder, erwacht und springt auf, damit ihr nicht zerschmettert werdet!« Plötzlich sprangen auch alle wieder gesund und munter auf, und Mudschikihwis rieb sich verwundert die Augen und sprach: »Brüder, ich habe mich verschlafen.«

»Dummkopf«, erwiderte ein anderer, »weißt du denn nicht, dass wir erschlagen worden sind und dass uns unsere Schwester wieder lebendig gemacht hat?«

Aber Mudschikihwis konnte dies weder begreifen noch sich eines solchen Vorfalls entsinnen.

Nun trugen die zehn alle Körper der gefallenen Feinde auf einen Haufen zusammen und verbrannten sie. Dann ging die Schwester in ein fremdes Land und holte jedem ein Weib. Mudschikihwis hätte sich zwar gern die Schönste ausgesucht, aber er musste nehmen, was er bekam, und war zuletzt ganz zufrieden damit.

Nun befahl Jamokwa den Frauen, die sich alle unsichtbar machen konnten, jeden Abend zum Kopf ihres Bruders zu gehen und zu versuchen, ihn loszubinden, was sie auch alle bereitwilligst versprachen. Die älteste flog sogar gleich hin, konnte aber nur einen Knoten des Seils lösen. Dann kam die nächste, die ebenfalls nur einen Knoten löste, und so ging es fort, bis die Reihe an die jüngste Frau kam, die, da die Hütte voll dicken Rauchs war, die übrigen Knoten öffnete und dann den Kopf glücklich entführte.

Darauf suchten sie auch die anderen Körperteile Jamos zusammen, aber sie waren bereits ganz schwarz geworden. Sie schnitten daher mehrere Öffnungen hinein, dass das Blut hervorquoll, das ihnen die natürliche Farbe wiedergab. Dann steckte Jamokwa den Kopf darauf, und ihr Bruder bekam seine frühere Gestalt und Schönheit wieder.

»Da wir einmal gestorben sind«, sagte er, »so werden wir nun ewig leben; aber nicht als Menschen, sondern als Geister, und jedem wird sein bestimmter Wohnort für alle Zeiten angewiesen werden.«

Jeder nahm sich nun ein Stück des heiligen Wampumgürtels und ließ sich dann von einem göttlichen Boten seine neue Wohnung anweisen. Nur von Mudschikihwis weiß man bestimmt, dass er jetzt den Westwind regiert; doch das Tun und Treiben der Übrigen, die teils in die Höhe, teils in die Tiefe wanderten, ist bis auf den heutigen Tag unbekannt geblieben.

Der rote Schwan

Drei Kinder, von denen das älteste kaum Kraft besaß, um einen schwachen Bogen zu spannen, hatte der plötzliche Tod ihrer Eltern zu Waisen gemacht. Der Vater war ein Einsiedler gewesen, der sich schon in seiner Jugend von seinem Stamm getrennt hatte, um ein ruhiges und ungestörtes Leben zu führen.

Es schien ein guter Manitu über diesen Knaben zu wachen; sie litten nie Not, und der älteste davon wurde sogar in ganz kurzer Zeit ein tüchtiger und glücklicher Jäger. Er lehrte diese Kunst auch seine beiden Brüder, die ebenfalls darin recht erfreuliche Fortschritte machten.

Da sich nun jeder einen großen Köcher machen wollte, wozu sie starke Tierhäute brauchten, so gingen sie eines Tages auf Hochwild aus, und jeder schlug seinen eigenen Weg ein, weil jeder zuerst ein Tier erlegen wollte.

Odjibwe, der jüngste, konnte sich dieses Glückes rühmen; denn gleich danach, als er sich von den anderen getrennt hatte, lief ein wohlgenährter Bär an ihm vorbei, den er mit einem gutgezielten Pfeil niederstreckte.

Während er nun mit dem Abziehen der Haut beschäftigt war, kam es ihm vor, als sähe er etwas Rotes über sich hin und her wehen. Er glaubte sich zu täuschen und rieb sich die Augen, aber die geheimnisvolle Erscheinung schwebte noch immer ganz deutlich vor ihm in der Luft hin und her. Auch hörte er eine fremde Stimme, die ihn ans Ufer des nahen Sees rief. Er folgte ihr und sah einen großen roten Schwan vor sich auf dem Wasser schwimmen. Da er in Schussweite war, so sandte er gleich einen Pfeil nach ihm, der ihn zwar traf, aber wirkungslos an ihm abprallte. Der zweite Pfeil hatte denselben Erfolg, und so verschoss er auf diese Art nach und nach seinen ganzen Vorrat, ohne dem Schwan nur den geringsten Schaden zuzufügen.

Danach lief er nach Hause und holte die zurückgelassenen Pfeile seiner Brüder und verschoss sie ebenfalls vergebens. Da sah er denn den roten Schwan mit großen Augen an, und es fiel ihm ein, dass sein Vater einst gesagt hatte, er habe drei magische Pfeile in seinem Medizinsack stecken. Schnell holte er diese, und als er zurückkam, war der Schwan noch immer da.

Der erste Pfeil flog vorbei; der zweite kam schon etwas näher, und der dritte flog dem Schwan mitten durch den Hals, worauf er sich erhob und dem Untergange der Sonne zusegelte. Dies ärgerte nun den jungen Odjibwe ganz gewaltig, und da er wusste, dass seine Brüder nicht sehr glimpflich mit ihm verfahren würden, wenn die magischen Pfeile fehlten, so watete er ins Wasser, um sie wiederzuholen. Aber er fand nur zwei, denn der Schwan hatte den dritten weggetragen. Nun, dachte er, so weit kann er damit doch nicht fliegen, als dass ich ihn nicht mit Leichtigkeit einholen könnte. Odjibwe war nämlich berühmt wegen seiner Schnelligkeit; er konnte so schnell laufen, dass ein von ihm abgeschossener Pfeil weit hinter ihm niederfiel.

Er lief nun den ganzen Tag durch Wälder und Täler, über Berge und Prärien, ohne jedoch dem Schwan nahezukommen. Als er sich am Abend ein Schlafplätzchen suchte, kam es ihm vor, als würden in seiner Nähe Bäume gefällt; aber er konnte niemanden sehen und tröstete sich vorläufig mit dem Gedanken, dass der folgende Morgen diesen Umstand wohl näher erklären werde.

Mit Aufgang der Sonne raffte er sich von seinem Lager auf. Sein Weg führte ihn auf einen steilen Hügel, von dessen Spitze er eine weit ausgedehnte Stadt vor sich erblickte. Auf dem höchsten Punkt der Stadt stand der Wächter und schrie in einem fort: »Madschi Kokoho!« Dadurch wollte er nämlich die Leute aufmerksam machen, dass ein Fremder nahe.

Gleich gingen einige dem jungen Mann entgegen und führten ihn in die Hütte ihres Häuptlings.

Der alte Häuptling freute sich ungemein über den schmucken Jüngling und befahl seiner Tochter, ihm augenblicklich ein kräftiges Mahl zu bereiten, seine Mokassins zu trocknen und überhaupt ein sorgsames Auge auf ihn zu haben, »damit es«, wie er sagte, »meinem lieben Schwiegersohn an nichts fehle«.

Diese Worte klangen doch dem jungen Odjibwe etwas zu kurios; so mir nichts dir nichts zum Schwiegersohn und Ehemann gemacht zu werden, ohne dass man ihn dabei auch nur mit einer Miene gefragt hätte, kam ihm doch etwas verdächtig vor. Aber das Mädchen war schön, und so dachte er das eheliche Leben auf kurze Zeit schon aushalten zu können.

Er begab sich also gemächlich zur Ruhe und erwachte am anderen Morgen etwas früher als gewöhnlich. Einige Fragen, die er an seine junge Frau richtete, blieben unbeantwortet, und als er ihr einen Kuss geben wollte, drehte sie ihm kalt den Rücken.

»Was willst du von mir?«, fragte sie endlich voll Ingrimm.

»Sage mir, mein liebes Kind, ist der rote Schwan schon vorübergeflogen? Ich verfolge ihn seit gestern; denkst du, dass ich ihn einholen werde?«

»Kwapadisid! – Dummkopf!«, erwiderte sie mürrisch; aber sie gab ihm später doch die Richtung an, die er einzuschlagen habe, worauf denn der junge Mann seine trockenen Mokassins anzog und seine Reise fortsetzte.

Als es wieder Abend geworden war, sah er abermals eine große Stadt vor sich, deren Wächter ebenfalls in den früher erwähnten Worten den Besuch verkündete.

Odjibwe wurde wieder auf die liebenswürdigste Weise in die Hütte des dortigen Chiefs geführt und musste es sich gefallen lassen, als Gemahl eines noch schöneren Mädchens zu fungieren. Doch dieses war etwas freundlicher – wenn auch nicht viel – und gab ihm auch am anderen Morgen die genaue Richtung des roten Schwans an.

Während des Tages begegnete Odjibwe nichts Besonderes auf seiner Reise. Gegen Abend kam er an eine Hütte, durch deren halb offene Tür er einen alten Mann einsam am Feuer sitzen sah.

»Nischime«, sagte dieser, »komm herein und trockne deine Kleider; ich will dir inzwischen etwas zu essen kochen!«

Diese Einladung war Odjibwe recht erwünscht, denn er war müde, hungrig und durstig. Der Alte schien ein Zauberer zu sein, denn auf sein Kommando kam plötzlich ein großer, mit Wasser gefüllter Kessel zur Tür hereingelaufen, hängte sich ohne Beihilfe über das Feuer, und der Alte warf dann ein einziges Maiskörnlein nebst einer Heidelbeere hinein.

Das ist eine schlechte Gelegenheit, deinen fürchterlichen Hunger zu stillen, dachte Odjibwe bei sich selber; doch als ihm der Zauberer winkte, munter zuzugreifen – siehe, da war der ganze Kessel bis an den Rand voll nahrhafter Speise, und trotzdem nun Odjibwe wie einer drauflos aß, der acht Tage gehungert hat, sah man ihn doch nicht leer werden. Als er satt war, gab der Alte dem Kessel wieder ein magisches Zeichen, und dieser verschwand wieder. Danach steckten sich beide ihre Pfeifen an, und Odjibwe musste den Zweck seiner Reise erzählen.

Der Zauberer ermutigte ihn zwar in seinem Unternehmen, riet ihm jedoch, sich auf das Schrecklichste vorzubereiten, da noch keiner, der dem roten Schwan gefolgt sei, zurückgekehrt wäre. Am nächsten Tag werde er einem seiner Kollegen begegnen, der ihm weitere Auskunft geben werde.

So kam es denn auch. Der zweite Magier nahm ihn ebenfalls sehr freundlich auf und zeigte ihm den Weg zum dritten. Dieser kam ihm liebreich entgegen, führte ihn in seine Hütte und setzte ihm in einer medizinenen Schüssel ein stärkendes Mahl vor.

Nachdem sich Odjibwe gehörig gesättigt hatte, sagte der Alte: »Junger Mann, du gehst einen gefährlichen Weg, von dem noch keiner zurückgekommen ist. Der rote Schwan ist die Tochter eines berühmten Medizinmanns, der sie wie heiliges Wampum behütet. Er trug einst einen großen Wampumskalp als Mütze, um den er jedoch von betrügerischen Feinden beschwindelt wurde. Diese hatten ihm nämlich erzählt, dass die einzige Tochter ihres Chiefs todkrank sei und nur durch den Anblick seines Skalps genesen könne, worauf er ihn von seinem kahlen, blutigen Kopf zog und gegen das Versprechen weggab, dass er ihn am nächsten Tag wieder zurückbekommen würde. Aber er hat bis jetzt vergebens darauf gewartet. Die fremden Krieger banden ihn auf eine lange Stange und umtanzten, verhöhnten und verspotteten ihn auf alle möglichen Arten. Bei dem geringsten Schimpf nun, der dicsem Wampumskalp angetan wird, schreit der alte Chief laut auf vor Schmerzen, und er hat daher demjenigen, der ihn wieder zurückbringt, seine schöne Tochter, den roten Schwan, zur Frau versprochen.

Dieser rote Schwan hat schon viele Wagehälse angelockt, und mancher tapfere Krieger hat schon sein Leben bei jenem mächtigen Feind gelassen. Doch wenn du über gewaltige und erfahrene Schutzgeister zu gebieten hast, so ist es leicht möglich, dass du Erfolg hast. Morgen wirst du in die Nähe seines Wigwams kommen, er wird dich sogleich hineinrufen und verschiedene Fragen hinsichtlich deiner Träume und Manitus an dich stellen und dann verlangen, dass du ihm seinen heiligen Skalp wieder holst, damit sein wunder Kopf heile.«

Danach wies der Alte Odjibwe eine Schlafstelle an. Am anderen Morgen gab er ihm das Geleit zur Wohnung des unglücklichen Chiefs.

Dieser saß in einer dunklen Ecke seines Wigwams und seufzte und stöhnte jämmerlich. »Ach«, klagte er, »ich bin ein armer Mann; meine Kopfwunde will nicht heilen, und ich habe niemanden, der mich bedient!«

Odjibwe bemerkte aber, dass er doch nicht so verlassen und einsam war, wie er vorgab, denn seine Hütte war in der Mitte geteilt, und der rote Schwan befand sich im andern Zimmer.

Odjibwe ließ sich ruhig nieder, hängte seine Mokassins vors Feuer und hörte die Erzählung des Alten geduldig an. Darauf fragte ihn dieser nach seinen Träumen, und Odjibwe teilte ihm mehrere davon mit, zu denen er jedoch bedenklich den Kopf schüttelte und sagte: »Mein Sohn, du wirst mein Leben nicht retten können, wenn du nichts Besseres geträumt hast.«

Nun erzählte ihm Odjibwe seinen letzten Traum. »Das ist der rechte!«, schrie der Alte laut auf. »Das ist der Traum, auf den ich so lange gewartet habe! Du wirst mein Retter sein!«

Am anderen Morgen ging Odjibwe weiter. »Wenn du übermorgen«, sprach er beim Abschied zum Alten, »das Geschrei des Habichts hörst, so denke, dass ich Erfolg gehabt habe und dir deinen Skalp zurückbringe.«

Nachdem er beinahe abermals eine Tagereise hinter sich hatte, kam er in ein großes Dorf, in dessen Mitte eine große Stange aufgerichtet war, um die munter getanzt wurde. Als er näher kam, sah er auch den besagten Wampumskalp daran flattern.

Ehe er noch bemerkt wurde, verwandelte er sich schnell in einen Kolibri und summte den Leuten die Ohren voll. Dann nahm er die Gestalt eines winzigen fliegenden Insekts an, band den Skalp ungesehen los und flog damit langsam fort. Dann gab er das verabredete Signal; der Alte streckte seinen blutigen Kopf heraus, und Odjibwe setzte ihm seine lange vermisste Wampumkopfhaut wieder auf. Aber er musste sie ihm in der Geschwindigkeit doch ein wenig zu unsanft aufgedrückt haben, denn der Chief wurde todkrank und erwartete mit jeder Minute sein Ende. Doch er erholte sich zuletzt wieder, und Odjibwe wusste vor Erstaunen gar nicht, was er eigentlich sagen sollte, da anstatt eines abgelebten Greises ein junger, rüstiger Mann vor ihm stand, der sich in den feinsten Worten für seine Errettung bedankte.

Beide wurden gute Freunde, aber der Magier ließ nie ein Wörtchen über den geheimnisvollen Schwan fallen. Deshalb erinnerte ihn Odjibwe bei der Abreise, dass er öffentlich bekannt gemacht habe, seinem Retter den roten Schwan zur Frau zu geben.

Darauf öffnete der Magier das andere Zimmer, in dem eine reizende Jungfrau saß. »Sie ist meine Schwester«, sprach er; »nimm sie mit zu deinen Freunden, und behandle sie gut, denn sie ist deiner würdig.«

Danach nahm das junge Ehepaar freundlichen Abschied und begab sich auf die Reise nach Odjibwes Heimat. Bald kamen sie an die Hütte des dritten Alten, der vor Freude über das Glück des Jünglings fast närrisch wurde. Er bewirtete beide mit dem Besten, was sein magischer Kessel hervorbringen konnte, und machte auch Odjibwe einen großen Medizinsack zum Geschenk, der allerlei heilige Sachen enthielt.

Auch die beiden anderen Alten beschenkten ihn in ähnlicher Weise. Darauf kam er mit seiner Frau in die zweite Stadt, in der er wieder vom Chief beherbergt und Schwiegersohn genannt wurde. Seine Tochter benahm sich immer noch so gleichgültig gegen ihn wie früher und würdigte ihn kaum eines Blickes, wozu sie natürlich jetzt auch mehr Ursache hatte.

Aber dem wusste Odjibwe schon abzuhelfen. Langsam öffnete er einen seiner drei Medizinsäcke, der Wampum und allerlei kostbare Federn enthielt, und bot dies dem Chief zum Andenken an.

Als dies die Tochter sah, nahm ihr Gesicht gleich einen ganz anderen Ausdruck an; ihre Zunge löste sich, und als ihr der Vater nun befahl, sich zur Abreise fertig zu machen, hatte sie augenblicklich ihr Bündlein gepackt.

Damit schien aber ein anwesender junger Mann nicht einverstanden zu sein, denn er rief plötzlich: »Wer auch der Freche sei, der mir meinen Schatz für ein paar lumpige Geschenke wegführt – ich werde ihn töten, und wenn ihn tausend Manitus beschützen!« Dabei zog er ein langes Messer aus einem Gürtel und ging auf

Odjibwe los; aber mit dem Stechen wartete er ruhig, bis ihn der Chief festhielt, denn er war ein feiger Prahlhans, der sich kaum getraute, einen alten Hund anzufassen.

Am anderen Tag nahm Odjibwe die Tochter des Chiefs mit, und bald verkündete ein Wächter die Nähe der ersten Stadt. Alle Weiber und Kinder liefen herbei, um die drei Fremden zu sehen, die ihren Weg schnurstracks zur Hütte ihres Chiefs nahmen. Dieser bewirtete sie freundlich; er stopfte Odjibwe eine prachtvolle Pfeife und ließ sich dessen Reiseabenteuer erzählen. Als er damit fertig war, führte ihm der Alte seine schöne Tochter zu und bat ihn, sie als Frau anzunehmen.

Das schien aber wieder einem anwesenden närrischen Liebhaber sehr nahezugehen, denn er sprang wild auf und schrie: »Das Mädchen gehört mir, und der Fremde ist ein Kind des Todes!«

Der Chief ergriff ihn beim Arm, aber er wand sich los und versuchte dem glücklichen Odjibwe, der übrigens tat, als hörte er ihn nicht, einen Schlag zu versetzen. Ehe er dazu jedoch recht ausholen konnte, hatte ihn der Alte mit seiner Keule niedergestreckt. Als er sich nach geraumer Zeit wieder erholt hatte, wurde ihm bedeutet, das Haus so schnell wie möglich zu verlassen und künftighin die Gesellschaft alter Weiber mit seiner Gegenwart zu beglücken, in die er am besten passe.

Am anderen Morgen gab der Chief Odjibwe seine Tochter mit und begleitete seine Gäste noch eine lange Strecke. Bald sah Odjibwe seine alte Heimat wieder. Er ließ seine schönen Gefährtinnen ein wenig ausruhen und ging allein voraus, um seine Brüder auf den angenehmen Besuch vorzubereiten.

Das war denn auch sehr gut, denn ihre Hütte lag über und über voll Schmutz und Asche, und sie selber waren auch nicht viel reinlicher. Der eine saß mit gräulich geschwärztem Gesicht neben dem Feuer und weinte, als ob er nicht recht bei Sinnen sei; der andere hatte seinen Kopf mit allerlei merkwürdigen Federn besteckt, sodass sich Odjibwe kaum des Lachens enthalten konnte. »Lacht doch auch«, rief er ihnen zu, »denn ich habe jedem ein köstliches Weiblein mitgebracht!«

Als dies Madschikihwis hörte, sprang er wie besessen aus seiner Ecke und guckte durch die Tür.

»Halt!«, sagte Odjibwe. »Habt nur Geduld, und wascht euch vor allen Dingen den Dreck aus den Gesichtern, damit sich die Mädchen nicht vor euch zu fürchten brauchen.«

Das taten sie auch. Aber Madschikihwis musste dabei jeden Augenblick durch die Türritze sehen, und als die Jungfrauen endlich hereinkamen, lief er wie ein Verrückter hin und her und wollte bald diese, bald jene haben. Doch er musste die nehmen, die ihm zugeteilt wurde, und er wurde zuletzt auch recht glücklich mit ihr.

Die drei Paare führten nun ein recht zufriedenes und sorgenfreies Leben, und nach kurzer Zeit liefen auch schon recht muntere Stammhalter um ihre Wigwams herum.

Aber eines Tages gab's doch bedenklichen Streit, denn die beiden Brüder drangen in Odjibwe, die magischen Pfeile ihres Vaters, die er heimlich mitgenommen habe, wieder zu ersetzen. Damit hatten sie aber böse Absichten; sie wollten ihn nämlich gern aus dem Weg schaffen, sodass einer von ihnen den roten Schwan zur Frau nehmen könnte. Odjibwe, der dies nicht im Entferntesten ahnte, zog auch wirklich aus, um die Pfeile zu suchen.

Da gelangte er auf seiner beschwerlichen Reise an ein großes Loch in der Erde, das ihn zu den Wohnungen der Geister leitete. Das Land schien recht hübsch zu sein; auch gab es darin Wild in Hülle und Fülle. Das erste Tier, das ihm entgegenkam, war ein Büffel; der redete ihn wie ein Mensch an und fragte ihn, was er eigentlich im Land der Toten suche.

»Die magischen Pfeile meines Vaters«, erwiderte Odjibwe.

»Wir wissen es«, sagte der nur aus Knochen bestehende Büffelchief, »aber ich rate dir, so schnell wie möglich wieder zurückzugehen, denn deine Brüder wollen dein Weib verführen!«

Odjibwe erblickte darauf ein blendendes Licht in seiner Nähe, das er für die Sonne hielt. »Was ist das?«, fragte er.

»Es ist der Ort, wo die Guten wohnen.«

»Und was bedeutet diese dunkle Wolke?«

»Das ist der Wohnplatz der Schlechten.«

Darauf fragte Odjibwe nichts mehr. Kraft seiner mächtigen Schutzgeister gelangte er bald wieder an die freie Luft und vor die Tür seines heimatlichen Wigwams.

Der Büffelchief hatte die Wahrheit gesprochen. Seine beiden sauberen Brüder lagen sich gerade in den Haaren, da jeder Odjibwes Weib besitzen wollte. Dieser trat jedoch auf einmal in die Hütte und zerschmetterte ihnen mit einem furchtbaren Keulenschlag den Schädel, sodass keiner mehr ans Leben, viel weniger an Weiberverführung dachte.

Danach lebte Odjibwe in ungestörtem Glück bis an sein seliges Ende.

TAUWAUTSCHIHESKWÄ
oder die weiße Feder

Ein alter Mann, der seine Hütte tief in der Wildnis des Waldes aufgeschlagen hatte, nahm, um etwas Unterhaltung zu haben, einen kleinen Knaben zu sich, der Tauwautschiheskwä hieß und dessen Eltern und Geschwister von sechs großen Riesen umgebracht worden waren. Sobald dieser richtig laufen konnte, machte er ihm Pfeil und Bogen und schickte ihn auf die Jagd.

Das Erste, was der Knabe sah, war ein kleines Kaninchen, und da er nicht wusste, was es für ein Tier war, lief er schnell nach Hause zu seinem Großvater, wie er den alten Jäger nannte, und beschrieb es ihm. Dieser sagte ihm nun dessen Namen und dass es einen guten Leckerbissen abgäbe. Kaum hatte der Kleine dies gehört, so eilte er wieder in den Wald hinaus, fand auch glücklich das Kaninchen noch und tötete es. Der Großvater freute sich ungemein darüber, kochte es und gab ihm die besten Stücke davon, um ihn dadurch zum fleißigen Jagen anzuspornen.

So wurde der Knabe mit der Zeit auch wirklich ein recht tüchtiger Jäger. Aber dieses einsame Leben kam ihm doch ein wenig zu langweilig vor, und er hätte zu gern gewusst, was denn eigentlich sonst in der Welt vorging.

Nun fand er eines Tages einige Zeltstangen und Aschenhaufen auf einer Prärie verstreut umherliegen, und da er nicht wusste, wie diese Gegenstände dahin gekommen waren, so ging er nach Hause und erzählte es seinem Großvater.

»Du musst dich geirrt haben, mein Enkel«, sagte dieser, »denn wo sollten diese Dinge herkommen? Es wohnt ja niemand hier in der Gegend.«

Um sich nun noch einmal zu überzeugen, dass er jene Sachen doch richtig gesehen habe, ging er gleich wieder zurück, und eine Stimme rief ihm auf dem Weg zu: »Komm her, mein Sohn, denn du bist der erwählte Träger der weißen Feder, die dich zum berühmten Mann machen wird. Du bist ihrer würdig und sollst sie auch erhalten. Geh jetzt wieder zurück in deine Hütte, und lege dich eine Weile nieder. Dann wirst du im Traum eine Stimme hören, die dir befehlen wird, aufzustehen und zu rauchen. Pfeife, Tabak und auch die weiße Feder wirst du neben dir finden. Wenn du mit Letzterer deinen Kopf schmückst, so wirst du ein großer Jäger, ein gefürchteter Krieger – überhaupt ein Mann von vielen außergewöhnlichen Eigenschaften werden.

Zum Beweis, dass es mit dieser Prophezeiung seine Richtigkeit hat, wird sich gleich der Rauch deiner Pfeife in zahllose Hühnerschwärme verwandeln. Auch werde ich dir eine unsichtbare Weinrebe geben, die von deinen toten Eltern kommt, deren Ermordung du damit rächen kannst. Sobald du nämlich einem deiner Feinde begegnest, musst du mit ihm um die Wette laufen und ihm dabei die Rebe vor die Füße werfen, in die er sich dann so verwickeln wird, dass er in deine Hände fällt.«

Der junge Mann sah sich um und gewahrte einen merkwürdigen Menschen vor sich – den ersten, den er überhaupt außer seinem Großvater gesehen hatte. Dieser sah sehr alt aus und kam ihm wie ein Baummensch vor, denn er schien ganz aus Holz gemacht zu sein und mit den Füßen in der Erde zu wurzeln. Darauf ging er nach Hause, schlief und träumte und fand beim Erwachen die betreffenden Artikel neben sich. Sein Großvater wusste gar nicht, was er dazu sagen sollte, als er seinen Enkel auf einmal mit einer großen weißen Feder auf dem Kopf erblickte und den Rauch seiner Pfeife sich in unzählige Hühnerscharen verwandeln sah.

Am anderen Morgen reiste nun der junge Mann ab, um seine Feinde, die in der Mitte eines dichten Waldes wohnten, aufzusuchen. Sein Besuch wurde diesen jedoch durch kleine Luftgeister, die ihm vorausgeeilt waren, vorher angezeigt, und als er nach einer beschwerlichen Reise endlich ankam, standen sie alle sechs vor der Tür und riefen höhnisch: »Seht, da kommt ja der kleine Knirps mit der weißen Feder, der so große Wunder tun will. Doch er ist ein braver und ehrlicher Mann, und wir müssen ihn schonend behandeln!«

Tauwautschiheskwä ging furchtlos zu ihnen hin und bot ihnen einen Wettlauf an. Sie nahmen dieses Angebot auch bereitwilligst an; es wurde das Ziel bestimmt, und wer zurückbleibe, müsse sich gefallen lassen, vom anderen mit einer Keule zerschmettert zu werden.

Der kleinste der Riesen machte den Anfang und verlor, da ihn die unsichtbare Weinrebe zu sehr hemmte. Tauwautschiheskwä schlug ihm den Kopf ein, zog die Haut davon ab und brachte sie seinem Großvater. Die nächsten vier erlebten dasselbe Schicksal. Nun war noch einer zu besiegen, und das war der stärkste der Riesen.

Als darauf Tauwautschiheskwä zum letzten Wettlauf auszog, begegnete ihm sein alter baumähnlicher Schutzgeist wieder und sagte: »Mein lieber Sohn, man will dich betrügen. Es wird dir nämlich die schönste Frau der Welt entgegenkommen und dich zu verführen suchen. Verwandle dich daher in einen Büffel, und kümmere dich nicht im Geringsten um sie.«

Kurz danach erschien diese auch wirklich. Tauwautschiheskwä tat, wie ihm geraten war.

»Ach«, seufzte sie darauf, »warum trittst du mir so plötzlich in Büffelgestalt entgegen? Bin ich doch viele Tage und Nächte gewandert, um zu dir zu kommen und deine Frau zu werden!«

Diese Frau war nämlich der sechste Riese, was aber Tauwautschiheskwä nicht im Entferntesten ahnte; denn ihre Gestalt war wirklich so überaus reizend und anmutig, dass er darob die Mahnung gänzlich vergaß und sich so schnell, wie er nur konnte, die natürliche Gestalt wiedergab. Dann setzte er sich traulich zu ihr, legte seinen Kopf auf ihren Schoß und schlief ein.

Wie er nun so recht fest im Schlaf war, zog die Schöne ein verborgenes Messer aus der Tasche und schnitt ihm den Kopf ab. Dann nahm sie die weiße Feder, verwandelte den toten Körper in einen Hund und sich selbst wieder in einen Riesen.

Nun lebten nicht weit davon in einem Dorf zwei Schwestern, Töchter eines berühmten Chiefs, die seit langer Zeit alles aufgeboten hatten, den Träger der weißen Feder zu einem Besuch zu bewegen. Jede hatte sich schon eine besondere Hütte gebaut und allerlei Höflichkeiten, Anstandsregeln und Liebenswürdigkeiten einstudiert, um das Herz Tauwautschiheskwäs zu gewinnen. Dies wusste der schlaue Riese, und da er jetzt Eigentümer der berühmten weißen Feder war, kündigte er sein baldiges Erscheinen an.

Als dies die älteste Schwester hörte, schmückte sie ihren Wigwam so auffallend aus, wie sie nur konnte; die jüngere aber hielt den erwarteten Gast für einen Mann von vernünftigen Ansichten und ließ daher den Ihrigen in seinem gewöhnlichen Zustand. Auch ging sie ihm nicht entgegen wie ihre Schwester, die er jedoch, ganz ihren Erwartungen zuwider, zu seinem Weib machte. Damit sie nun nicht allein sei, lockte sie den herumirrenden Hund in ihren Wigwam, machte ihm dort ein weiches Lager und behandelte ihn so sorgfältig und aufmerksam, als ob er ihr Gemahl wäre.

Einst war der Riese auf die Jagd gegangen und glaubte wunder, was er für großes Glück haben werde, da er die weiße Feder besäße. Aber er irrte sich gewaltig, denn er brachte auch rein gar nichts nach Hause. Der Hund aber wusste für seinen Teil schon besseren Rat; er lief nämlich einfach ins Wasser und holte einen Stein heraus, der, sobald er ihn am Ufer niederlegte, zu einem wohlgenährten Biber wurde.

Dies hatte aber der Riese heimlich bemerkt, und als der Hund wieder weg war, holte er ebenfalls einen Stein aus dem Wasser, der auch, sobald er ihn fallen ließ, zu seiner größten Freude zum Biber wurde. Fröhlich ging er damit nach Hause, legte ihn vor die Tür und befahl seiner Frau, ihn hereinzuholen. Diese erstaunte aber nicht wenig, als sie statt eines Bibers nur einen dicken Stein fand.

Am anderen Tag ging der Hund, der inzwischen bemerkt hatte, dass seine Methode des Biberfangs entdeckt worden war, tief in den Wald und riss die Rinde eines abgebrannten Baumes ab, woraus augenblicklich ein Schwarzer Bär wurde.

Doch der Riese hatte wieder heimlicherweise zugesehen, versuchte es nun auch und hatte ebenfalls Erfolg damit. Als er aber wieder zu Hause ankam und das Tier ablegte, fand sich's, dass es doch nur verbrannte Rinde war. Dies ärgerte nun seine Frau schmählich, und ärgerlich lief sie wieder zurück zu ihrem Vater und erzählte ihm, was für einen dummen Gemahl sie habe.

Als sie ein paar Tage weg war, machte der Hund seiner Wirtin verständlich, dass er ein Schwitzbad nehmen wolle, wie das bei jungen Leuten der Brauch ist. Gleich machte sie ihm eine Höhle, legte heiße Steine hinein, tröpfelte Wasser darauf und setzte ihren geliebten Hund hinein. Doch als sie ihn danach wieder herausziehen wollte, sah sie, dass er zu einem prächtigen jungen Manne geworden war, der aber leider nicht sprechen konnte.

Da die ältere Schwester ihrem Vater auch von jenem merkwürdigen Hund erzählt hatte, dachte der Alte, dieser sei ohne Zweifel verzaubert, und er schickte gleich einige Leute hinaus, um ihn mitsamt der Tochter zu holen.

Diese gingen weg, brachten aber statt des Hundes einen schönen Jüngling mit. Nun wurde eine große Versammlung von allen alten und klugen Leuten abgehalten, und jeder war neugierig, wie sich diese außergewöhnliche Geschichte aufklären würde.

Auch der Riese erschien bei jener Ratsversammlung. Als nun der junge Mann die weiße Feder auf seinem Kopf erblickte, gab er ein Zeichen, sie ihm aufzustecken, was denn auch augenblicklich geschah, und gleich darauf erhielt er die Gabe der Sprache wieder, erzählte seine Geschichte und rauchte seine medizinene Pfeife dabei, deren Rauch sich wieder wie ehedem in große Hühnerschwärme verwandelte. Danach verwandelte er den Riesen in einen Hund und ließ ihn von den Knaben des Dorfes zur allgemeinen Belustigung totprügeln.

Dann mussten alle jungen Leute vier Tage lang nichts tun als Pfeile machen, und als sie fertig waren, nahm Tauwautschiheskwä eine Büffelhaut, zerschnitt sie und säte die Stücke auf die Prärie. Augenblicklich wurden fette Büffel und sonstige Tiere daraus, und eine allgemeine Jagd begann. Noch nie hatten die Leute so viel Wild erlegt wie an jenem Tag.

Danach bat Tauwautschiheskwä seinen Schwiegervater um die Erlaubnis, seinen alten Vater zu besuchen, was ihm dieser auch gewährte, worauf er mit seiner Frau abreiste.

Jena der Wanderer
oder das magische Päckchen

Vor vielen, vielen Jahren lebte einst ein blutarmer Schlucker namens Jena, der hatte weder Freunde noch Verwandte auf der weiten, weiten Welt und wanderte wie ein verlorenes Schaf unstet von einem Dorf zum anderen. Eines Tages, als er auf die Jagd gegangen war und vorher, um sich etwas zu erleichtern, sein kleines Bündlein an einen Baum gehängt hatte, hatte er das Glück, bei seiner Rückkehr eine nett gebaute Hütte zu finden, die plötzlich wie aus der Erde hervorgezaubert zu sein schien. Ein allerliebstes Fräulein saß in der Mitte, und dieses hatte auch für Jena einen weichen Sitz dicht an ihrer Seite zurechtgemacht, den er auch gleich einnahm.

Er fühlte sich nun recht glücklich; so glücklich wie noch nie in seinem Leben. Doch es dauerte nicht lange, denn seine Frau, die eben den geschossenen Hirsch hereinbringen wollte, stürzte unversehens hin und brach sich dabei beide Beine. »Ach«, seufzte Jena, der sich nun doppelt elend und verlassen fühlte, »ich dachte, ein guter Manitu wollte mich diesmal endlich von meinem traurigen Missgeschick erlösen; aber es geschah nur, um mich noch unglücklicher zu machen. Möge sich nun Quinquinschi* am Fleisch meines Tieres laben.«

* der Nachtfalke

Er hängte sein Bündel wieder um und ging seines Weges weiter. Bald stellte sich der Hunger bei ihm ein, und er legte seine Bürde ab, um sich irgendein Wild zu schießen. Er schien glückliche Pfeile zu führen, denn es dauerte gar nicht lange, so hatte er wieder einen fetten Hirsch erlegt, und als er diesen zurückbrachte, fand er auch wieder eine niedliche Hütte, in der ihn ein freundliches Mädchen erwartete.

Jena setzte sich still ans Feuer, um sich zu wärmen, und seine Frau ging hinaus, das Wild zu holen. Da es ihm jedoch zu lange dauerte, bis diese wieder hereinkam, so schlich er leise an die Tür, um zu sehen, was sie eigentlich da draußen treibe. Er sah es auch, und es lief ihm dabei eiskalt über den Rücken; denn sie saß neben dem Hirsch, riss alles Fett von ihm herunter und verschlang es so gierig und massenhaft, als ob sie gar keinen Boden im Leib hätte.

Jena, der durch sein mannigfaches Schicksal an alle Wechselfälle des Lebens gewöhnt war, sah sich abermals um eine bittere Erfahrung reicher; er nahm ohne besonderes Geklage einfach sein Bündlein wieder auf den Rücken und marschierte rüstig weiter. Doch bald musste er es wieder an einen Baum hängen, um bequemer dem Wild nachspüren zu können. Bei seiner Rückkehr stand wieder eine freundliche Hütte mit einer schönen Bewohnerin vor ihm. Das Mädchen lud ihn ein, zerlegte den Hirsch und hängte das Fleisch zum Räuchern auf, ohne dass irgendetwas Außergewöhnliches dabei passierte.

Ha, dachte Jena, jetzt hast du's doch endlich einmal getroffen und erlebst auch einmal, wie man sich als glücklicher Ehemann fühlt. Es schien auch diesmal wirklich gut zu gehen. Er ging tagtäglich fleißig auf die Jagd, seine Pfeile trafen glücklich, und seine Frau verstand ganz gründlich, das Fleisch recht delikat zuzubereiten. Das Einzige, was ihm fremd vorkam, war, dass er sie nie essen sah und dass sie stets die feinsten Speisen unangerührt stehen ließ.

Nun hatte Jena eines Abends, als er von der Jagd zurückkehrte, außer einem großen Raubvogel einen dicken Stock von einer Usadi oder Weide mitgebracht und beides vor die Türe gelegt. Seine Frau ging wie gewöhnlich gleich hinaus, und bald hörte er sie recht herzlich lachen. Jena wurde neugierig und konnte sich nicht enthalten, unbemerkt durch eine Ritze der Tür zu schielen. Da sah er nun, wie seine Frau die Rinde des Stocks nach der Art der Biber abschälte. »Oh«, sagte er zu sich selbst, »das ist Amik, der Biber, den du da zur Frau hast; kein Wunder, dass sie die besten Leckerbissen stehen lässt.«

Diese neue Entdeckung war übrigens Jena recht lieb; er brachte ihr von nun an jeden Tag den saftigsten Weidenast mit, den er finden konnte. Und sie verdiente es auch, denn sie war sehr fleißig, machte ihm allerlei schöne Taschen und Mokassins, und als der nächste Frühling kam, beschenkte sie ihn auch mit schönen Zwillingen, einem Knäblein und einem Mädchen. Beide waren recht muntere, liebenswürdige Kinder; das Erstere glich dem Vater, das Letztere der Mutter.

Als der Knabe ungefähr sieben Winter hinter sich hatte, machte ihm der Vater Pfeil und Bogen und sagte ihm, er solle damit die kleinen Biber am Wasser schießen.

Dies gefiel aber der Mutter nicht; sie nahm daher in der folgenden Nacht ihre beiden Kinder auf den Rücken und verließ heimlich die Hütte. Dann baute sie einen großen Damm in den Fluss, machte sich eine Wohnung darin und lebte nun mit den Kindern dort so, als ob sie Biber wären.

Als Jena am nächsten Morgen erwachte, sah er sich zu seinem größten Schrecken allein. Wie besessen lief er fort, suchte nach den Entflohenen und entdeckte auch nach vieler Mühe ihre Wohnung. Zu Tode erschöpft legte er sich vor diese und sprach zu sich: »Hier will ich liegen, bis ich sterbe.«

Die Biberfrau, die dies gehört und ihn gesehen hatte, erlaubte ihren Kindern, hinauszugehen; aber sie durften ihren Vater nicht berühren, und wenn sie einmal zufällig nahe an ihn herankamen, holte sie sie schnell wieder zurück, wodurch sie den armen Jena zum Rasendwerden ärgerte.

Doch er blieb liegen und war beinahe verhungert, als plötzlich ein junges Mädchen zu ihm trat und sprach: »Warum liegst du hier so in Jammer und Elend? Komm her zu mir und stärke dich!« Darauf reichte sie ihm einen kleinen Mokuk voll süßer Waldbeeren, die sie für ihn gepflückt hatte.

Als dies die Biberfrau merkte, schrie sie laut zu Jena: »Warum bist du gegen dieses zweibeinige Tier so zärtlich und erzeigst ihm so große Aufmerksamkeit? Du wirst es aber bald bereuen. Sieh doch nur, was für eine lange Nase es hat; das ist doch sicherlich ein verzauberter Bär!«

Und so war es auch; die junge Frau war wirklich ein verzauberter Bär. Doch als sie hörte, wie dies die Biberfrau so unverhohlen aussprach, wurde sie ganz wild, zerstörte den Biberdamm im Nu und tötete jene dadurch beinahe. Dann sagte sie zu Jena: »Folge mir, wenn du Kraft und Mut hast, denn nicht weit von hier wohnen drei Männer, die du bekämpfen musst, weil sie mich heiraten wollen. Auch habe ich noch acht Schwestern, die alles aufbieten werden, dich mir abspenstig zu machen. Wenn du nun in ihre Hütte kommst, so siehst du weder rechts noch links, hörst auch nicht auf ihre glatten Worte, sondern setzt dich, unbekümmert um alles, was um dich vorgeht, ruhig an meine Seite.«

Jena folgte ihr. Als er in die bestimmte Hütte kam, sagten die anderen Mädchen: »O seht, da kommt Odschidahkomigo*, der seinen Weg verloren hat!«

Jede versuchte ihn nun mit den lieblichsten Redensarten und Gebärden zu sich zu locken; auch die beiden Alten bewillkommneten ihn in der zärtlichsten Weise; aber Jena tat, als sei er taub, blind und herzlos, und er setzte sich ruhig an den Platz, den ihm seine junge Frau anwies.

Als sie so eine Zeit lang in stummer Beschaulichkeit dagesessen hatten, brauste auf einmal eine verheerende Wasserflut durch die Hütte und rollte einen riesigen Stein dicht vor die Füße Jenas. Danach verlief sich das Wasser wieder.

Hierauf kam ein großer weißer Bär herein, der biss und kratzte den Stein und sprach: »So möchte ich

* d. h. »einer, der auf der Erde wohnt«

gerne Odschidahkomigo kitzeln!« Dann kamen auch noch einige gelbe und schwarze Bären und taten dasselbe.

Nun nahm Jena seinen Bogen zur Hand, schoss einen Pfeil in den Stein und sagte: »So möchte ich Odanamekomigo kitzeln!«

Als dies die Bären sahen, ergriffen sie zur größten Freude der Frau Jenas eilig die Flucht.

Bald danach riefen ihnen die Alten zu: »Kinder, vergesst nicht, Vorrat für den Winter zu sammeln!«

Die verzauberten Geschwister kamen wieder zurück, holten ihre Schüsseln und suchten Eicheln.

Als sie alle fort waren, sagte der Vater zu seiner zurückgebliebenen Tochter: »Sieh zu, dass Odschidahkomigo auch ausgeht und womöglich eine Deiner Bärenschwestern erlegt, damit ihr etwas zu essen habt; doch wenn er ihr das Fell abzieht, muss er achtgeben, dass er das Fleisch nicht zerschneidet.«

Jena, dem dies sogleich mitgeteilt wurde, nahm seine Jagdgeräte und schoss eine jener Bärenschwestern, die ihm am fettesten vorkam. Als er ihr aber die Haut abziehen wollte, streifte sein Messer unglücklicherweise ihren Arm, worauf sie plötzlich aufsprang, ihre Mädchengestalt wieder annahm und mit großen Schritten nach Hause lief. Dort verband sie ihre Wunde.

Kurz danach rief der Alte wieder: »Kinder, sucht eure Winterquartiere auf!«

Nun ging die ganze Familie auseinander.

Jena hatte zu jener Zeit zwei Kinder – einen Knaben und ein Mädchen –, die beide ebenfalls mit fortzogen.

Ein passender Platz war bald gefunden und auch eine warme Wohnung gebaut; eines aber fehlte, und das war die Hauptsache: nämlich Wild. Jena streifte oft tagelang umher, ohne dass er einen Pfeil abzuschießen brauchte. Er musste nun mit seiner Familie den bittersten Hunger leiden.

Als sich Jena eines Tages auf der Jagd befand und seine Frau zu gut wusste, dass er heute ebenso wenig nach Hause bringen würde als die Tage vorher, kam ihr der merkwürdige Gedanke, den sie für einen glücklichen hielt, sich für ihren Gemahl und ihre Kinder zu opfern und in Gestalt eines Bären schießen zu lassen, und sie führte diesen Gedanken auch wirklich aus.

Aber ein anderer Jäger, der sich zufällig in ihrer Nähe befand, hatte das Glück, sie zu töten. Jena ging mit ihm, stillte seinen Hunger und gab ihm den Rat, Kopf und Füße des Bären abzuschneiden und Tabak daraufzulegen, damit nach vier Tagen wieder ein neuer Bär daraus entstehe.

Damit endet die Leidensgeschichte Jenas.

MISCHOSCHA
oder der Magier vom Oberen See

Zur Zeit, als es noch weniger Menschen in der Welt gab als heutzutage, wohnte eine aus Mann, Frau und zwei Kindern bestehende Familie hoch oben am Oberen See. Da es an Wild nicht mangelte, so war diesen Leuten der Hunger unbekannt, und sie hätten auch sicherlich sonst ein recht glückliches Leben geführt, wenn die Frau nicht mit einem jungen Mann auf allzu vertrautem Fuß gestanden hätte. Ja sie hatte sogar mit ihm ausgemacht, ihren Mann zu töten, denn sie wusste recht gut, dass es ihr sicherer Tod sein würde, sobald er sie auf verbrecherischen Wegen ertappe.

Ihr Gemahl, der um diese Umtriebe und auch um jenen schwarzen Plan wusste, bewachte sie nun auf Weg und Steg und war auch wirklich eines Tages so glücklich – oder unglücklich –, das Liebespaar aus einem Versteck beobachten zu können. Er hatte Pfeil und Bogen zur Hand; doch nicht ihn, sondern sie wollte er züchtigen. Darauf ging er schweigend nach Hause, setzte sich gedankenvoll in eine Ecke und überlegte sich die Sache etwas ruhiger. Sie zu ermorden, schien eine Grausamkeit gegen seine beiden Kinder zu sein; doch mit ihr weiterzuleben, konnte er auch nicht. Er packte also seine sämtlichen Jagd- und Fischergeräte zusammen und ging fort.

Als darauf die Frau nach Hause kam und ihren Mann noch nicht zurück sah, dachte sie, er habe sich etwa auf der Jagd verirrt und käme zu seinem Tod immer noch zeitig genug; doch als er nach Ablauf von vier Tagen noch nichts von sich hören und sehen ließ, da ahnte sie, was los war, und ließ ihre Kinder nahrungslos in der Hütte sitzen, um unbelästigt ihrem Geliebten folgen zu können.

Die Kinder mussten bald danach ebenfalls die Hütte verlassen, denn das bisschen Fleisch, das sie noch vorfanden, war bald verzehrt, und im Wigwam wuchs kein frisches. Da der jüngere Knabe schwächlich war und noch nicht gut marschieren konnte, so musste ihn sich sein Bruder häufig auf den Rücken packen und ihn tragen.

Überhaupt nahm sich der ältere Knabe seiner recht liebevoll an; er sammelte Beeren und sonstige Früchte für ihn und gab in jeder Beziehung acht, dass er keine Not litt. Da er ein Messer bei sich hatte, so machte er sich Pfeil und Bogen und schoss allerlei Vögel damit. Wohin sie wanderten, wussten sie natürlich selbst nicht. Zuletzt fanden sie sich am Ufer eines großen Sees.

Während Panigwun, der ältere Knabe, am Ufer den essbaren Samen einer Pflanze sammelte, amüsierte sich der Kleine damit, dass er Pfeile in den Sand schoss, wobei ihm aber das Unglück passierte, dass einer davon zufällig ins Wasser flog. Panigwun, der dies gesehen hatte, watete gleich hinein, um ihn wieder zu holen, doch als er ihn eben fassen wollte, fuhr auf einmal ein Kanu pfeilschnell an ihn heran, und ein alter Magier ergriff ihn fest am Arm und hob ihn hinein.

»Aber Großvater«, sagte Panigwun, »ich kann doch meinen Bruder nicht so allein zurücklassen; nimm ihn doch auch mit, er wird ja sonst verhungern!«

Doch Mischoscha lachte dazu und fuhr mit der gleichen Schnelligkeit wieder ab. Bald befanden sie sich auf einer großen Insel, wo die Wohnung des Alten stand, die von dessen zwei Töchtern in Ordnung gehalten wurde. Einer davon führte er den jungen Mann zu und sagte: »Hier, meine Tochter, bringe ich dir deinen Gemahl, den ich dir schon so lange versprochen habe.«

Gemahl?, dachte diese bei sich selbst. Das ist wohl wieder so ein Unglücklicher, der seiner Schwarzkunst zum Opfer gefallen ist. Doch sie fürchtete sich, etwas zu sagen.

Panigwun gab auf alles genau acht, was um ihn vorging. Am Abend hörte er die beiden Schwestern leise miteinander sprechen. »Ach«, klagte die älteste, »ich dachte, unser Vater würde sich mit seinem letzten Opfer begnügen, und nun hat er schon wieder eins in den Klauen. Der arme Jüngling! Ach, ehe es noch einmal dunkel sein wird, wird es wohl anders um ihn aussehen.«

Als nun Panigwun merkte, dass sie ihn in seiner Lage bedauerten, nahm er die erstbeste Gelegenheit wahr, ihnen sein ganzes Schicksal zu erzählen und dass sein Bruder wahrscheinlich verhungern werde, wenn er nicht irgendwie Hilfe bekäme.

Darauf gaben sie ihm den Rat, zu warten, bis der Alte fest schlafe, und sich dann leise aufzumachen und sich ins magische Kanu zu setzen, das ihn blitzschnell zu seinem Bruder führen würde. Er könne ihm dann Nahrungsmittel mitnehmen, ihm eine kleine Hütte bauen und bequem vor Tagesanbruch wieder zurück sein.

Das tat er denn auch; das Kanu gehorchte ihm und brachte ihn zur rechten Zeit wieder wohlbehalten zurück. Er versuchte es nun jede Nacht.

Doch einst erwachte der alte Mischoscha und vermisste seinen Schwiegersohn. Seine Tochter, die er deshalb fragte, sagte ihm, er sei auf einige Augenblicke vor die Tür gegangen und werde bald hereinkommen. Er glaubte es auch, und als er Panigwun am Morgen wieder an seiner bestimmten Schlafstelle erblickte, freute er sich herzlich, dass seine Töchter die Wahrheit gesprochen hatten.

Als darauf die Sonne aufgegangen war, sagte Mischoscha zu Panigwun: »Höre, Schwiegersohn, ich weiß eine Insel in der Nähe, die voller Seemöweneier liegt, und ich hätte große Lust, mein Kanu damit zu füllen, wenn du mich dahin begleiten willst.«

Da diesem nun augenblicklich keine stichhaltige Ausrede einfiel, so setzte er sich zum Alten ins magische Schifflein, und gleich waren sie am Ufer des besagten Eilands, das mit Eiern dicht übersät war.

»Geh und sammle die Eier«, sagte Mischoscha; »ich will im Kanu bleiben.«

Panigwun gehorchte; doch als er das Land betrat, fuhr der Alte plötzlich ab und rief: »Hört, ihr Seemöwen! Schon vor langer Zeit habe ich euch ein delikates Mittagsmahl versprochen; nehmt's nicht übel, dass ich dieses Versprechen erst jetzt halte!«

Darauf flogen denn von allen Seiten ganze Wolken von Vögeln herbei, dass sie die Luft völlig verdunkelten.

Dem ersten, der auf Panigwun zukam, schnitt dieser jedoch den Kopf ab, schmückte sich mit seinen Federn und rief: »Seht! So mache ich's mit jedem von euch, der sich in meiner Nähe sehen lässt! Euer Verlangen, Menschenfleisch zu fressen, ist ungerecht und sündhaft; denn der Große Geist hat euch dazu bestimmt, uns zur Nahrung zu dienen, und nicht umgekehrt! Doch wenn ihr mich auf eure Flügel nehmen und zurück in die Hütte des Magiers tragen wollt, so sollt ihr sehen, dass ich nicht undankbar sein werde.«

Die Möwen ließen sich auch wirklich dazu überreden und trugen ihn hin. Die Töchter steckten verwundert ihre Köpfe zusammen, als er wieder wohlbehalten ankam; doch Panigwun sagte kein Wort und tat überhaupt, als sei gar nichts vorgefallen.

Am nächsten Tag sagte Mischoscha: »Mein Sohn, heute will ich dich auf eine Insel führen, die mit silberglänzenden Edelsteinen bedeckt ist; du musst mir aber helfen, einige einzusammeln. Sie liefern den schönsten Schmuck, den du dir denken kannst, und besitzen außerdem noch viele medizinene Eigenschaften.«

Panigwun stieg zu ihm ins Boot, und bald war dieses an der bestimmten Insel.

Mischoscha blieb darin sitzen und ließ den jungen Mann allein suchen. »Immer weiter, mein Sohn!«, rief er ihm ständig zu. »Dort oben auf der Felsenspitze findest du die schönsten!«

Panigwun kletterte auch wirklich hinauf, doch als er oben war, ruderte der Alte schnell ab und rief: »Komm, großer Fischkönig, und labe dich an dem Opfer, das ich dir schon so lange versprochen habe!«

Augenblicklich kroch ein grässliches Fischungeheuer an Land und drohte den Jüngling zu verschlingen.

Aber Panigwun trat ihm keck und furchtlos entgegen, zog sein Messer und sprach: »Wo hat sich jemals ein Fisch erkühnt, einen Menschen anzufallen? Der Große Geist hat die Fische zu unserer Nahrung bestimmt, aber nicht umgekehrt. Drum höre nicht auf die Worte des bösen Magiers, sondern trage mich zurück in seine Hütte, und ich werde es dir mit einem großen Stück roten Tuches lohnen!«

Da sich der Fischkönig schon längst ein solches Tuch gewünscht hatte, um sich in seinem Wasserpalast ein königlicheres Aussehen zu geben, so zögerte er keinen Augenblick und trug Panigwun heim. Die Töchter schlugen wieder die Hände vor Verwunderung zusammen, und Mischoscha meinte brummend, sein Schwiegersohn müsse über gewaltige Manitus gebieten; er wolle ihm morgen eine härtere Nuss zu knacken geben.

Am nächsten Morgen sagte er zu ihm: »Komm mit, mein Sohn, denn du musst mir heute einige junge Adler fangen helfen, deren Nester ich kürzlich ausfindig gemacht habe.«

Bald brachte sie das magische Kanu auf eine Insel, auf der eine hohe Fichte mit den bewussten Nestern stand, und Panigwun musste hinaufklettern.

Als er oben war, rief Mischoscha: »Wachse ein wenig höher, alter Baum!« Und augenblicklich schoss dieser himmelhoch empor, und der Magier sprach weiter: »Hört, ihr Adler, dort ist der Mann, der eure Jungen stehlen wollte; zeigt ihm einmal, was ihr mit euren Krallen zu leisten vermögt!«

Doch Panigwun zog sein Messer und schrie den von allen Seiten herbeiströmenden Raubvögeln zu: »Wage es keiner, mir nahezukommen, denn wer hat euch befohlen, Menschenfleisch zu fressen, da ihr doch uns zur Nahrung dienen sollt? Wenn ihr verschont bleiben wollt, so ladet mich auf eure Flügel und bringt mich zu Mischoschas Hütte zurück!«

Der Adler ließen sich bereden und erfüllten seinen Wunsch.

Am nächsten Tag lud ihn der Alte zu einer Jagdpartie ein. Sie bauten sich auf einer einsamen Insel eine kleine Hütte, und der Zauberer ließ auf einmal die grimmigste Kälte kommen. Als sie sich am Abend zur Ruhe begaben, hängte Panigwun seine Beinkleider neben das Feuer, um sie zu trocknen.

In der Nacht aber stand Mischoscha auf, nahm einen Teil davon und warf ihn ins Feuer. Am Morgen streckte er sich und rief: »Mein Sohn, was mag denn eigentlich aus deinen Beinkleidern geworden sein? Da fehlt ja ein Stück! Wir leben doch wohl nicht in dem Monat, in dem das Feuer anzieht?«

Panigwun ahnte gleich die Absicht, dass er ihn zu Tode frieren wolle; er tat aber, als kümmere es ihn nicht, und erzählte ihm von seinen mächtigen Schutzgeistern, die ihn nie verlassen würden. Danach zog er das übrig gebliebene Stück seiner Beinkleidung an das eine Bein, schwärzte das andere mit Kohlen und erklärte sich dann fertig zum Weitermarsch. Ein schreckliches Schneegestöber pfiff durch die Luft, und der Alte glaubte, Panigwun würde mit jedem Augenblick zusammenstürzen. Aber er kam doch wohlbehalten nach Hause.

Nun wollte Panigwun auch einmal seine medizinenen Kräfte an dem Alten versuchen und ihn womöglich umbringen – ein Vorhaben, mit dem die beiden Töchter von Herzen einverstanden waren. »Großvater«, sagte er eines Tages zu ihm, »ich habe dich schon häufig bei deinen Fahrten begleitet und hoffe daher, dass du auch einmal mit mir gehst; ich möchte nämlich gerne meinen kleinen Bruder holen.«

Der Alte war's zufrieden und fuhr mit.

Der Knabe stand am Fuß einer mit Weidengebüsch bewachsenen Anhöhe und bat Mischoscha flehentlich, ihm doch einige von den Weiden abzuschneiden, damit er sich einen stärkenden Trank daraus bereiten könne.

»Recht gern, mein Sohn«, sagte der Alte schmunzelnd; »oder denkst du vielleicht, dass ich schon zu alt bin, dort hinaufzuklettern?«

Als er nun oben war, sprangen die beiden Brüder schnell in das magische Boot, Panigwun sprach seinen Medizinspruch, und bald befanden sie sich bei den lieblichen Mädchen in der Hütte. Diese freuten sich ungemein und gaben ihnen den Rat, stets die Hand am Boot zu lassen, damit es nicht zum Alten zurückkehre.

Panigwun bewachte es also bis zu dem Tag, wo ihn dann sein Bruder ablösen sollte. Doch ehe dieser kam, übermannte ihn der Schlaf; das Schiff fuhr wieder zu seinem alten Herrn und brachte diesen auch gleich danach zurück.

Da sagte Panigwun: »Großvater, ich möchte gerne meine Kunst im Jagen versuchen; jedoch nicht ohne deine Gesellschaft.«

Mischoscha war's zufrieden, und er ging mit.

Als sie mehrere Hirsche und Raubvögel geschossen hatten und es Abend geworden war, bauten sie sich schnell eine kleine Hütte, machten Feuer an und legten sich nieder. In der Nacht aber stand Panigwun heimlich auf, nahm die Beinkleider des Alten, warf sie ins Feuer und bat dann seinen Manitu um den gräulichsten Schneesturm, der je auf Erden getobt habe.

Dieser machte sich denn auch bald so bemerklich, dass die beiden erwachten.

»Aber Großvater«, sagte Panigwun, »wo sind denn eigentlich deine Beinkleider hingekommen? Oder ist jetzt etwa der Monat, in dem das Feuer anzieht?«

Mischoscha antwortete nicht; er wurde totenbleich und zitterte wie Espenlaub. Bei jedem Schritt wurde er schwächer und schwächer, und anstatt seiner Wohnung näher zu kommen, entfernte er sich mehr und mehr davon, denn Panigwun führte ihn unbemerkt im Kreis herum. Endlich konnte er nicht mehr weiter; seine Beine wurden steif und blieben zuletzt sogar am Boden hängen. Allmählich wuchsen große Wurzeln daran, die Federn auf seinem Kopf wurden zu Zweigen und Blättern, und Mischoscha entpuppte sich als wilder Feigenbaum, der sich dem See zuneigte.

Nun sprang Panigwun ins magische Kanu, fuhr nach Hause und erzählte den Mädchen vom Ende des Alten. Sie freuten sich darüber so sehr, dass sie sterbliche Körper annahmen, die beiden Jünglinge heirateten und mit ihnen das Festland bezogen, wo sie bis zu ihrem Ende ein recht glückliches Leben geführt haben sollen.

Die sechs Falken
oder der gebrochene Flügel

Sechs junge Falken, von denen nur Midschidschi-quona, der älteste, etwas fliegen konnte, hatte der plötzliche Tod ihrer Eltern unversorgt und nahrungslos gelassen. Lange hatten sie auf deren Rückkehr vergeblich gehofft, und die jüngeren hatten sich schon mit dem Gedanken des Hungertodes vertraut gemacht, als sich Midschidschiquona entschloss, die anderen, so gut er eben vermochte, mit Futter zu versehen. Eine Zeit lang ging dies auch recht nett, bis endlich auch er ausblieb.

Nun fühlten sich die anderen erst recht unglücklich, denn der Winter war vor der Tür, und ihre Flügel waren noch zu schwach, um sie in eine wärmere Gegend zu tragen. Doch fassten einige Mut und flogen aus, ihren verunglückten Bruder zu suchen.

Bald fanden sie ihn auch; er hatte sich im Kampf mit einem anderen Raubvogel den rechten Flügel gebrochen. »Brüder«, stöhnte er, »mir ist's schlecht ergangen; aber kümmert euch nicht weiter um mich, und lasst euch nicht durch mich abhalten, der rauen Zeit zu entfliehen.«

»Nein, nein!«, schrien sie alle. »Wir verlassen dich nicht, sondern bleiben hier, um deine Leiden zu teilen und für dich zu sorgen, wie du ehemals für uns sorgtest.

Wenn dich der Winter tötet, mag er uns auch töten; doch solange du lebst, bleiben wir bei dir.«

Darauf trugen sie den Kranken in einen hohlen Baum, und drei blieben ständig zu seiner Pflege und Wartung um ihn herum, während die anderen zwei ausflogen und Futter suchten.

Midschidschiquona genas bald und gab seinen Brüdern allerlei erprobte Lehren hinsichtlich der Jagd, was diese befähigte, den ganzen Winter hindurch den Hunger fernzuhalten.

Der Frühling erschien, und die Jagd wurde ergiebiger; doch Pipidschiwisäns, der jüngste Falke, der gerade nicht der klügste und stärkste war, brachte nie etwas nach Hause, trotzdem er täglich am längsten weg war. Da fragte ihn einst Midschidschiquona nach der Ursache seines ständigen Unglücks.

»Es ist weder meine Schwachheit noch meine kleine Gestalt daran schuld«, erwiderte er, »denn ich töte stets so viele Enten und sonstige Vögel wie ein anderer; aber wenn ich mit ihnen heimfliegen will, so stürzt jedes Mal eine mächtige Kokokoho* auf mich los und nimmt mir meine Beute wieder ab.«

Midschidschiquona flog daher am anderen Tag mit ihm und verbarg sich in der Nähe des Ufers. Pipidschiwisäns fing bald eine Ente, und gleich darauf erschien auch die große Eule, um sie ihm wieder abzunehmen. Schnell stürzte nun Midschidschiquona aus seinem

* Eule

214

Dickicht, packte sie mit seinen scharfen Krallen und trug sie nach Hause.

Der Kleine flog nebenher und versuchte ihr die Augen auszuhacken.

»Tu das nicht, Bruder«, sagte Midschidschiquona, »denn es ist Unrecht, einen hilflosen Feind zu verstümmeln und ihn zu lehren, gegen Schwächere grausam zu sein.«

Darauf ließ er die Eule wieder fliegen.

Die sechs Falken lebten noch lange Jahre beisammen, und die alten Mediziner, die diese Fabel erzählt haben, wollen ihren roten Landsleuten damit beweisen, dass Einigkeit und Bruderliebe jede Not des Lebens besiegen.

WING
oder der Schlafgott

Der indianische Schlafgott heißt in der Odjibwa-Sprache Wing. Er ist unsichtbar; ebenso auch die vielen ihm untergeordneten Geisterchen. Diese sind mit kleinen Kriegskeulen bewaffnet, womit sie den Leuten so lange auf die Stirn klopfen, bis sie sanft einschlafen. Sie halten sich gewöhnlich unter dem Bett auf; zuweilen setzen sie sich auch auf die Zeltstangen oder kriechen dem Jäger in die Pfeife, und wenn sich dieser dann einmal hinsetzt, um ein bisschen auszuruhen, so fliegen sie leise heraus und klopfen ihn in Schlaf. Wenn ihnen dies glücklich gelungen ist, lassen sie das Wild vorüberziehen, und der Jäger kann dann, wenn er ausgeschlafen hat, ohne Beute nach Hause gehen.

Sonst jedoch sind die Wings im Allgemeinen freundlicher Natur und treiben ihr Handwerk hauptsächlich aus dem Grund, um dem menschlichen Körper Zeit zu verschaffen, neue Kräfte zu sammeln.

Da sie, wie vorhin bemerkt, unsichtbar sind, so ist man über ihre eigentliche Gestalt völlig im Unklaren. Der indianische Münchhausen, Ei-a-gu, »the marvellous storyteller«, erzählte einst folgende Geschichte über sie:

»Als ich mir vor vielen Jahren auf der Jagd einmal beinahe die Beine abgelaufen hatte, ohne irgendetwas Essbares vor den Bogen zu bekommen, hatte ich auch noch das unbeschreibliche Malheur, meine beiden Hunde zu verlieren. Es waren dies die treuesten und liebsten Tiere, die ich je besessen habe, und ihr plötzlicher und unerklärlicher Verlust brachte mich beinahe zur Verzweiflung. Ich pfiff mir fast die Kehle aus dem Hals, aber keiner hörte mich, und keiner kam. Nach langem Suchen fand ich sie endlich in festem Schlaf neben einem Baum liegen, und ich merkte, dass sie unvorsichtigerweise in die Nähe von Wings Wohnung geraten waren. Die Macht des Schlafgottes war so stark, dass es mich heillose Mühe kostete, die treuen Tiere aufzuwecken; ja ich wäre beinahe selbst dabei eingeschlafen. Der alte Wing saß auf einem dünnen Zweig; er sah aus wie ein riesiger Moskito, hatte segelgroße Flügel, und das Murmeln seiner tiefen Bassstimme glich einem entfernten Niagara.«

Wing ist auch zu gleicher Zeit das Symbol der Dummheit. Wenn ein Redner stecken bleibt oder dummes Zeug schwatzt, so heißt es, Wing sei in seiner Nähe.

Wenn die Kinder gähnen, sagen die Mütter: »Wing hat sie berührt«, und sie bringen sie schnell zu Bett.

BOQUENA
oder der Magier mit dem Buckel

Boquena und sein Bruder wurden von allen benachbarten Indianern für große Magier gehalten, die nur zu ihrem Vergnügen menschliche Gestalt angenommen hätten. Boquena war der Stärkere, doch auch der Hässlichere, da er durch einen fürchterlichen Buckel verunstaltet war. Er ging nie vor die Tür, sondern ließ seinen schöneren Bruder allein in den Wäldern jagen und verrichtete während dieser Zeit die häuslichen Arbeiten.

Seinem Bruder schien jedoch dieses einsame Leben nicht besonders zu behagen, denn er äußerte eines Tages, dass er fortgehen und die menschlichen Wohnungen aufsuchen wolle, um sich eine Frau zu holen. Boquena machte zwar ein saures Gesicht dazu, gab sich aber bald zufrieden und ließ ihn ruhig gehen.

Es war Winter, und es lag tiefer Schnee, in dem er zahlreiche Fußstapfen erblickte, die zu einem nahen Totengerüst führten, auf dem eine schöne Jungfrau lag.

»Sie muss mein Weib werden«, sagte der schöne Magier, packte sie kurzerhand auf seine Schultern, trug sie nach Hause und bat Boquena, sie wieder lebendig zu machen.

Dieser wandte seine besten Medizinkräfte an, und die junge Squaw atmete auch wirklich bald wieder.

Als sich kurz darauf der verheiratete Bruder einmal auf der Jagd befand, kam ein junger, schöner Mann ins Zelt und schleppte die Frau weg. Boquena wollte ihr schnell zu Hilfe eilen, aber er stieß dabei mit seinem Buckel so sehr gegen einen im Weg liegenden Stein, dass er vor Schmerzen niederfiel.

Der Bruder Boquenas war vor Wut ganz außer sich, als er nach Hause kam und diese Geschichte erfuhr. Der Störer seines Glücks musste bestraft werden, und wenn er ihn am Ende der Welt aufsuchen sollte.

»Ich glaube«, sagte Boquena darauf, »es wird unnütz sein, dir von deinem Vorhaben abzuraten; drum höre auf meine Worte. Du hast einen weiten Weg vor dir, der mit allerlei Fallstricken, Genüssen und Lustbarkeiten verknüpft ist, sodass ich glaube, du wirst unterwegs den eigentlichen Zweck deiner Reise gänzlich vergessen und bei jenen lachenden Menschen bleiben, die ihren Lebenszweck in ewiger Scherzerei erblicken. Du wirst erstens auf deinem Weg eine große saftige Weintraube liegen sehen, die du um Himmels willen nicht anrühren darfst, denn sie ist eine verzauberte Klapperschlange; dann wirst du zu einer flackernden, durchsichtigen Masse kommen, die wie Bärenfett aussieht, aber eigentlich nur aus faulen Froscheiern besteht, weshalb du ebenfalls nichts davon essen darfst!«

Darauf reiste der Bruder ab. Bald sah er die einladende Weintraube vor sich liegen, und da er den Rat seines Bruders längst vergessen hatte, setzte er sich gemütlich dazu und aß sich dick und satt. Dann kam er zum vermeintlichen Bärenfett und ließ es sich ebenfalls recht gut schmecken.

Gegen Sonnenuntergang führte ihn sein Weg auf eine große Ebene, auf der das freundlichste Dorf stand, das er je in seinem Leben gesehen hatte. Es war stark bevölkert, und die Bewohner schienen alle in sehr glücklichen Verhältnissen zu leben. Die Weiber saßen vor den Häusern und stampften Korn in silbernen Mörsern.

Als sie den Fremden kommen sahen, riefen sie: »Seht, dort kommt Boquenas Bruder, um uns einen Besuch abzustatten.« Sie gingen ihm nun alle entgegen und sagten ihm Schmeicheleien tausenderlei Art, was ihm so sehr gefiel, dass er an ein Weitergehen gar nicht mehr dachte.

Der alte Boquena hatte bereits verschiedene Jahre auf seinen Bruder gewartet und sich endlich, da dieser gar nicht mehr zurückzukommen schien, entschlossen, ihn zu suchen. Er begegnete denselben Süßigkeiten, ließ sie aber unangetastet und war bald bei seinem Bruder, der das Jagdhandwerk vollständig an die Zeltstange gehängt hatte und seine Zeit mit liebenswürdigen Weibern verscherzte. Auch fand Boquena gleich dessen Frau und machte die Stelle am Fluss ausfindig, wo sie gewöhnlich Wasser holte.

Nun verwandelte er sich in eine kleine Wasserschlange und ließ sich in ihrem Topf mit nach Hause tragen. Ihr Mann schien einen gewaltigen Durst zu haben, denn er trank den großen Topf auf einmal leer und verschluckte auch die Schlange. Bald darauf starb er.

Nun kroch Boquena aus dem toten Körper heraus, nahm seine natürliche Gestalt wieder an und ging zu seinem Bruder, der aber von der süßen Unterhaltung mit jenen liebenswürdigen Weibern noch so sehr in Anspruch genommen war, dass ihn seine Erzählung nicht im Geringsten interessierte und dass es schien, als wisse er überhaupt nicht, dass er verheiratet gewesen war.

Mit den Augen voller Tränen entfernte sich Boquena darauf und ließ nie wieder etwas von sich hören.

AGGODÄGADÄ
oder der Mann mit dem aufgebundenen Bein

Die Stämme des Waldes und die der Prärie lagen seit einiger Zeit hartnäckig miteinander in Streit, und Aggodägadä musste mit seinem kleinen Wigwam in eine ganz entlegene Gegend flüchten, um nicht auch einmal seinen Skalp einzubüßen. Dieser Aggodägadä war ein tüchtiger Jäger und Fischer, hatte aber schon in seiner Jugend den Gebrauch des rechten Beins verloren, weshalb er es nun ständig auf seinen Rücken band. Sein Gang bestand daher nur im Hüpfen; doch hatte er darin im Laufe der Zeit eine solche Fertigkeit erlangt, dass ihn keiner mit zwei gesunden Beinen überholen konnte.

Sein größter und gefährlichster Feind war der Büffel-chief, der zuweilen wie ein Sturmwind an seiner Hütte vorbeisauste und im Sinn hatte, seine Tochter, das einzige Wesen, das Aggodägadäs Einsamkeit teilte, zu entführen. Aggodägadä musste alles aufbieten, dass ihm dieser teuflische Plan nicht gelang. Er ließ seine liebe Tochter nie vor die Tür; diese konnte nur durch ein kleines Loch im Dach den blauen Himmel sehen. Sie hatte wunderschönes schwarzes Haar, das war so lang, dass es, wenn sie es ganz aufband, bis auf den Boden reichte.

Als nun einst an einem schönen Morgen der Alte zum Fischfang ging, sagte er zum Abschied zu seiner Tochter: »Es ist heute schönes Wetter, und ich denke, dass der Büffelchief wieder vorbeilaufen wird; sei darum auf der Hut, und gib acht, dass er dich nicht auf seine Hörner spießt.«

Kaum hatte er dies gesagt und sich in sein Kanu gesetzt, so stürmte auch schon sein Feind heran und rief ihm allerlei Schimpfnamen zu wie »einbeiniger Grashüpfer«, »verkrüppelter Fischspeer« usw.

Aggodägadä eilte natürlich gleich zurück, doch seine Tochter war schon weg. Sie war auf dem Dach gesessen und hatte sich ihr Haar gekämmt, da hatte sie der Büffelchief auf seine Hörner genommen und weggeführt, wobei ihm ein ganzer Trupp seiner Büffeluntertanen treulich mitgeholfen hatte.

Als der Büffelchief mit seinem neuen Weib in der Hauptstadt seines Reiches ankam, erwartete ihn ein glänzender Empfang. Seine anderen Weiber hatten die königliche Wohnung recht blank gescheuert und geputzt und die feinsten Fleischspeisen aufgetragen. Er selbst griff nach seinem Pibbegwan* und spielte die sanftesten und schmelzendsten Weisen, die der größte Medizinmann komponiert hatte; das junge Mädchen aber sah dabei immer traurig zur Erde und rührte weder Speise noch Trank an.

Aggodägadä, der sich so plötzlich seiner einzigen Freude beraubt sah, schwor bei allen Vögeln des Waldes, seine Tochter wieder zu holen, es möge gehen, wie es wolle. Das Wasser, durch das ihr Entführer mit ihr ge-

* Flöte

schwommen war, hatte sich glücklicherweise mit einer Eisdecke bedeckt, sodass Aggodägadä keinen Umweg zu machen brauchte. Zahlreiche abgerissene Zweige und Blätter zeigten ihm den rechten Weg, und schon am Abend desselben Tages stand er vor der Hütte des Büffelchiefs.

Seine Tochter bemerkte ihn gleich und bat ihren Gemahl um ein Gefäß, damit sie sich etwas Wasser holen könne. Als er darauf vergebens auf ihre Rückkehr wartete, sammelte er alle seine Büffel um sich, um die Entflohene zu verfolgen; aber es hatten sich auch inzwischen ein halbes Hundert tüchtiger Jäger zu Aggodägadä gesellt, die die Büffel haufenweise niederschossen.

Der Büffelchief entkam zwar noch mit heiler Haut, ließ sich aber seitdem nie wieder in der Nähe menschlicher Wohnungen blicken.

LILINA

Die Pakwadschinnis oder die kleinen Luftgeister vom Oberen See sind ein gar lustiges und munteres Völkchen. Wenn heller Mondschein die Erde färbt und angenehme Luft ihr Geisterwäldchen fächelt, führen sie ihre anmutigen und neckischen Tänze unter Begleitung sanfter Musik auf und lassen sich dabei häufig von neugierigen Fischen in angemessener Entfernung bewundern. Doch sind sie lange nicht so harmlos und unschuldig, wie sie aussehen, denn sie spielen Jägern und Fischern mitunter manchen empfindlichen Schabernack, rauben ihnen häufig die Federn vom Kopf oder stehlen ihnen nächtlicherweile das Bärenfett oder zerschneiden ihnen heimtückisch die Bogensehnen. Ja einmal raubten sie sogar die Tochter eines berühmten Chiefs.

Diese hieß Lilina, war etwas sentimentaler und schwärmerischer Natur und liebte es, sich an entlegenen Plätzen in allerlei spirituistischen Grübeleien und Gedanken zu ergehen. Sie war sehr klein und federleicht von Körper; an Schönheit aber war sie eine wahre Nymphengestalt.

Ihre Mutter hatte ihr oft gesagt, sie solle sich nicht so weit vom elterlichen Haus entfernen, damit sie nicht von den Pakwadschinnis unversehens weggeschleppt würde; aber sie hörte nicht auf ihre Worte und setzte ihre einsamen Wanderungen fort, denn sie wollte gerne die Gegend kennenlernen, wo weder Blutvergießen noch Sterbefälle vorkämen, wie ihr alte Medizinmänner so häufig erzählt hatten.

Um dieser Sache nun eine andere Wendung zu geben, suchte die Mutter einen Bräutigam für sie und setzte den Tag der Hochzeit fest. Der Auserkorene war ein benachbarter Jäger und Krieger, der den Kriegspfad schon oft betreten hatte, ohne jedoch jemals einen einzigen Skalp erbeutet zu haben.

Lilina willigte auch ein. Sie zog ihr bestes Kleid an, steckte Blumen ins Haar und bat um die Erlaubnis, vom Geisterwald Abschied nehmen zu dürfen, was ihr auch freundlichst gewährt wurde.

Auf ihre Rückkehr wurde vergebens gewartet. Das Einzige, was man noch von ihr erfuhr, war, dass sie ein Fischer in den Armen eines großen Luftgeistes gesehen hatte, dessen Kopf mit grünen Federn geschmückt war.

ONWI BÄMONDANG

Ein kleiner Knabe lebte mit seiner Schwester in einem unwirtlichen Land. Da er selten anderweitige Gesellschaft aufsuchte, so hielt ihn jedermann für medizinen. Er hieß Onwi Bämondang, d. h. »einer, der einen Ball am Hals trägt«.

Als er recht groß geworden war und Pfeil und Bogen tüchtig zu führen wusste, wollte er gerne einmal das benachbarte Dorf besuchen, um das Leben und Treiben der roten Krieger etwas näher kennenzulernen. Er ließ sich daher von seiner Schwester mehrere Paar Mokassins machen, füllte seinen Köcher mit den spitzesten Pfeilen, hängte sich dann noch einen Sack voll Lebensmittel um und machte sich auf die Reise.

Bald sah er einen halb zerfallenen Wigwam vor sich, in dem eine alte Frau am Feuer saß und ihn folgendermaßen anredete: »Mein Sohn, ich glaube, du bist auch einer von denjenigen, die das gefährliche Dorf, von dem noch keiner zurückgekehrt ist, besuchen wollen. Wenn deine Schutzgeister nicht mächtiger sind als die deiner Vorgänger, so wirst du sicher ihr Los teilen. Vor allen Dingen musst du dich mit vielen Knochen für den Osebäguknun* versehen; ohne diese kannst du auf gar keinen Erfolg rechnen. Sobald du ins Dorf kommst, wirst

* Medizintanz

227

du einen großen Medizinbaum sehen, auf dem eine kleine Hütte angebracht ist, die von den zwei Töchtern des Chiefs bewohnt wird. Jener Baum hat keine Rinde und ist mit Fett eingeschmiert, damit ihn niemand besteigen kann. Dort müssen deine Schutzgeister zeigen, was sie vermögen.«

Darauf gab sie ihm einige Knochen, und Onwi Bämondang setzte seine Reise fort. Bald war er in dem besagten Dorf und stand vor dem Medizinbaum, der sich immer hin und her bewegte, sodass er ihn nicht anfassen konnte. Onwi Bämondang verwandelte sich daher in ein Eichhörnchen und kletterte als solches behänd hinauf. Aber je höher er kletterte, desto größer wurde der Baum, und Onwi Bämondang kam zuletzt dabei so sehr außer Atem, dass er einen seiner Knochen in den Stamm stecken musste, um sich ein wenig auszuruhen. Dies wiederholte er so oft, bis er alle seine Knochen verbraucht hatte. Jedes Mal, wenn er dachte, er habe die geheimnisvolle Hütte erreicht, schoss der Baum wieder schnell nach einer anderen Seite in die Höhe.

Onwi Bämondang war dadurch bereits so hoch gekommen, dass er die Erde gänzlich aus den Augen verloren hatte; aber ehe er sich vollständig verloren gab, sammelte er noch einmal seine Kräfte, um den letzten Sprung zu wagen.

Der Medizinbaum war indessen so hoch gewachsen, dass er bis an die Himmelsdecke reichte. Da er natürlich nicht weiter konnte, so kletterte Onwi Bämondang in die Hütte und fragte die beiden Schwestern nach ihren

Namen. Die eine hieß Äsäbi oder »die Hintensitzende«, und die andere Negänäbi oder »die Vornsitzende«. Wenn er zur Ersteren sprach, so wurde der Medizinbaum kleiner, und sprach er zur anderen, so wuchs er wieder. Deshalb sprach er auch nur zu Äsäbi, wodurch der Baum so sehr zusammenschrumpfte, dass zuletzt beinahe gar nichts mehr von ihm zu sehen war.

Nun nahm Onwi Bämondang seine Keule, schlug die beiden Mädchen in tausend Fetzen und machte sich dann so schnell wie möglich aus dem Staub.

Kurz danach merkte der alte Chief, dass seine Töchter ermordet worden waren. »Das hat niemand anderer getan«, sagte sein Sohn zu ihm, »als der Knabe, der den Ball am Hals trägt; ich werde ihm nacheilen und den Tod meiner Schwestern rächen.«

»Wer es auch getan hat«, entgegnete der Vater, »so viel ist gewiss: Er steht unter dem Schutz eines großen Manitu, der dir zu schaffen machen wird. Wenn du gehst, so rühre auf deinem Weg keine Frucht an, denn wenn du etwas isst, ehe du Blut gesehen hast, wird dich dein Schutzgeist verlassen.«

Darauf schied Mudschikihwis. Onwi Bämondang, der ihn kommen sah, kletterte schnell auf den höchsten Baum in seiner Nähe und schoss einige magische Pfeile auf ihn ab, die Mudschikihwis jedoch nicht davon abhalten konnten, seine Verfolgung fortzusetzen. Bald war er bei ihm; doch Onwi Bämondang verwandelte sich schnell in einen halb verfaulten Hirsch und ließ seine medizinenen Mokassins, die er von seiner Schwester bekommen hatte, allein bis ans Ende der Welt laufen.

Mudschikihwis sah den stinkenden Hirsch vor sich; da aber die Spuren des Mörders noch weitergingen, so lief er ebenfalls weiter und kam zuletzt auch ans Ende der Welt, wo die leeren Mokassins standen. Jetzt sah er ein, dass ihn die Schuhe genarrt hatten, und er nahm sich vor, in Zukunft klüger zu sein. Gleich lief er wieder zu dem toten Hirsch zurück und sah, dass die eigentlichen Fußstapfen Onwi Bämondangs nach einer ganz entgegengesetzten Richtung zeigten. Obwohl er bereits sehr müde und hungrig war, setzte er die Verfolgung doch fort.

Als Onwi Bämondang merkte, dass ihm Mudschikihwis wieder auf den Fersen war, verwandelte er sich in einen alten Mann, der so schwach war, dass er die Hütte nicht mehr verlassen konnte und sich seine Bedürfnisse von zwei wunderschönen Mädchen herbeiholen lassen musste. Rund um seine Hütte blühten und dufteten die herrlichsten Blumen, die je ein menschliches Auge gesehen hatte, und von den Bäumen ertönten die lieblichsten Lieder unzähliger Singvögel.

Doch Mudschikihwis war inzwischen so müde und matt geworden, dass er sich nur noch mühsam weiterschleppen konnte und froh war, als er wieder einmal eine menschliche Wohnung erblickte. Nun gingen ihm die beiden Töchter entgegen, luden ihn freundlichst in ihre Hütte ein und kochten ihm Mais und Fleisch. Da ihm das Gebot seines Vaters längst aus dem Gedächtnis entschwunden war, so aß er sich gehörig satt und legte sich auf eine weiche Bärenhaut. Als er nun so recht fest schlief, nahm Onwi Bämondang seine frühere Gestalt wieder an und riss den magischen Ball von seinem Hals, der sich augenblicklich in eine mächtige Keule verwandelte und Mudschikihwis von selbst erschlug.

Danach kehrte Onwi Bämondang wieder zu seiner Schwester zurück.

ISKODÄ
oder der Präriejunge, der Sonne und Mond besuchte

An einem allerliebsten Sommermorgen gingen fünf junge Männer und ein zehnjähriger Knabe namens Iskodä in aller Früh auf die Jagd. Sie hatten schon einen ziemlich bedeutenden Weg hinter sich, als die Sonne plötzlich aufging.

»Wie nahe sie ist«, sagte der älteste von ihnen. »Wahrlich, es muss eine Kleinigkeit sein, sie noch heute zu erreichen, und wenn ihr mich begleiten wollt, so gehe ich hin.«

Damit waren denn auch alle einverstanden; sogar der Kleine musste mitgenommen werden, weil er drohte, nach Hause zu gehen und es den Eltern zu sagen.

Sie machten sich also auf die Reise und marschierten immer nach einer Richtung, aber sie kamen der Sonne nicht näher. Sie marschierten tagelang und waren am Abend ihrem Ziel geradeso nahe als am Morgen. Zuletzt nahmen sie also ihren Weg mehr nach Waban oder Osten, dem Platz des Lichts, aber da überraschte sie plötzlich der Winter. Sie bauten nun eine Hütte, räucherten den nötigen Vorrat von Fleisch und lebten im Allgemeinen recht sorgenlos. Keiner war unzufrieden, und keiner verlor den Mut, sogar dann nicht, nachdem sie noch einige weitere Winter in denselben Verhältnissen verlebt hatten.

Eines Tages kamen sie an einen breiten, nach Osten ziehenden Fluss, dem sie mehrere Tage folgten, bis sie zuletzt an einem großen See standen, der ohne Ufer zu sein schien. Einige tranken daraus, spuckten aber das Wasser gleich wieder aus und riefen: »Schiwitagan-Abo*!«

Sie standen am Ozean. Während sie so das endlose Wasser betrachteten, kam es ihnen vor, als entstiege die Sonne dem Meer auf der entgegengesetzten Seite. »Fasst Mut«, sagte der älteste, »und lasst uns um den See herumgehen.«

Das taten sie denn auch, aber bald sahen sie sich vor einem breiten Fluss, der ihnen im Weg war. Sie bauten nun eine kleine Hütte und zündeten ein Feuer an, und während sie dabeisaßen und allerlei Pläne hinsichtlich der Weiterreise schmiedeten, fragte einer, ob denn noch niemand von ihnen von der Kunst, wie man auf dem Wasser geht, geträumt habe. Aber er erhielt nur stummes Kopfschütteln zur Antwort.

Am anderen Morgen sagte der älteste: »Ich habe diese Nacht einen merkwürdigen Traum gehabt: Mein Schutzgeist erschien mir und befahl, südwärts zu wandern; dort würde ich an einen Fluss mit hohen Ufern kommen, in dem eine Insel sei, die mir entgegenkäme.«

Darauf wurde beschlossen, nach Süden zu gehen. Nach kurzer Zeit waren sie an dem besagten Fluss, und eine kleine Insel steuerte langsam auf sie zu. »Das ist ein böser Manitu, der uns verderben will!«, riefen einige

* Salzwasser

und wollten sich im Wald verstecken, aber der Anführer beredete sie, dass sie blieben.

Danach kam eine Gestalt von der Insel auf sie zu, die sah aus, als hätte sie Flügel, mit denen sie ständig im Wasser plätscherte, worauf sich alle ängstlich im Dickicht verkrochen, um so aus sicherem Versteck den fremden Ankömmling zu betrachten. Ein Mann erschien und rief ihnen einige Worte zu, aber sie verstanden diese nicht.

Nun lud er die sechs Abenteurer ein, in sein Schiff zu kommen und mit ihm auf die Insel zu fahren, was sie auch nach kurzem Zögern taten. Auf dieser befanden sich eine Menge weißer Leute, deren Chief sie sehr aufmerksam und zuvorkommend behandelte.

Dann mussten sie in ein größeres Schiff steigen, das himmelhohe Segel führte und pfeilschnell dahinschoss. Bald verloren sie das Land aus den Augen, und die schlimme Seekrankheit stellte sich ein, wovon sie jedoch bald wieder genasen.

Während sie so von den mächtigen Wellen hin und her geschleudert wurden, erschien Iskodäs Schutzgeist und teilte ihm mit, dass die weißen Hutleute, auf deren Schiff sie sich befänden, lauter Freunde seien, die sie in ihr Land führen wollten. Auch würde er ihm bald seine Ohren öffnen, dass er sie verstehen könne.

Als sie nun dreißig Sonnenuntergänge auf dem Wasser umhergesegelt waren, schrien die Leute alle auf einmal »Land! Land!« und wechselten ihre Kleider. Kanonen donnerten von allen Seiten, und ein kleineres Schiff fuhr auf sie zu und brachte sie auf festen Boden. Dann nahm sie ein glänzender Wagen auf und fuhr sie in ein silberstrahlendes Zimmer zu einem alten Chief, der sie fragte, woher sie kämen und was eigentlich der Zweck ihrer Reise sei. Sie erzählten ihm alles.

Darauf setzte er ihnen in einer langen Rede die vielen Gefahren ihres Vorhabens auseinander und bat sie, diesen unglücklichen Plan aufzugeben; auch wohne nicht weit von hier ein mächtiger Manitu, der die Gedanken eines jeden Menschen kenne und alles aufbieten werde, sie zu vernichten.

»Vater«, sagte Iskodä darauf, »unser Leben ist von keinem so großen Wert, als dass wir es nicht für unseren Plan einsetzen sollten. Sind wir nun einmal so weit gereist, so wäre es töricht, wenn wir jetzt wieder umkehrten.«

Nun bot ihnen der Chief an, sie wieder in ihre Heimat zurückzubringen; aber sie bestanden hartnäckig auf der Fortsetzung ihrer Reise. Darauf gab er ihnen viele wertvolle Geschenke, ließ ihre Säcke mit Lebensmitteln füllen, und jeder musste ein neues Gewand anziehen. Hierauf teilte er ihnen noch mit, dass sie schon nach drei Tagen die Rassel des bösen Manitu hören würden.

Dann reisten sie ab. Die Tiere, die Vögel und die Bäume, die sie rundum sahen, waren ganz verschieden von denen ihrer Heimat, ebenso auch die Blumen und Feldfrüchte. Da ihre neuen Kleider bald zerrissen, so mussten sie ihre alten Lederanzüge wieder hervorsuchen. Die drei Tage aber, von denen ihnen der große Chief gesagt hatte, waren drei Jahre, und am Ende des dritten Jahres hörten sie auch wirklich die entfernten Töne einer großen Rassel.

Da überraschte sie einst die Nacht auf einer weiten sumpfigen Ebene, wo sie sich schnell die trockenste Stelle auswählten, um sich ein wenig auszuruhen und zu erfrischen. Während des Essens ertönte das Instrument des Bösen Geistes so stark, dass der ganze Erdboden davon erzitterte.

Nachdem sie sich wieder recht erholt hatten, gingen sie weiter und kamen in ein fein gebautes, hell erleuchtetes Haus, an dessen Tür sie ein alter Mann bewillkommnete. »Es freut mich ungemein, meine Kinder«, sagte er, »euch endlich bei mir zu sehen; ich weiß, wann ihr abgereist seid und wo ihr zuletzt geschlafen habt. Kommt herein, erzählt mir von eurem Land, und erquickt euch dabei an dem Besten, was ich euch zu bieten vermag.«

Sie nahmen diese freundliche Einladung dankbar an und unterhielten dann den Alten, so gut sie es vermochten. Auch teilten sie ihm ihren Plan mit.

»Ich glaube nicht«, sagte er darauf, »dass ihr alle wieder glücklich zurückkommt, aber da ihr bereits drei Viertel des Weges hinter euch habt, so will ich euch auch nicht mehr zurückhalten. Wenn ihr diesen Platz verlassen habt, werdet ihr bald ein donnerähnliches Geräusch hören, das dadurch entsteht, dass der Himmel ständig gegen die Erde stößt. Ihr müsst euch nicht fürchten und augenblicklich, sobald ihr bemerkt, dass sich der Himmel nach oben bewegt, in den dadurch entstandenen Zwischenraum springen. Dann werdet ihr in eine unfreundliche, schneeige Gegend kommen, die nur vom Mond schwach beleuchtet wird.« Darauf entstand eine lange Pause.

»Ich habe euch nun«, fuhr der Alte fort, »euer nächstes Reiseziel gesagt und möchte euch jetzt gern noch etwas fragen. Habt ihr nie von einem Bösen Geist gehört, der in eurem Land allerlei schreckliche Verwüstungen angerichtet hat, von denen sich noch heute dort die Spuren finden?«

Die Fremden besannen sich eine Zeit lang und erwähnten dann, dass der Einzige, von dem niemand etwas Gutes zu erzählen wisse, unter dem Namen Menabuscho bekannt sei.

»Das bin ich«, sagte der Alte. »Ich bin an diesen Ort gezogen, um meine Schlechtigkeiten zu bereuen und diese durch ein gottgefälliges Leben wiedergutzumachen.«

Die sechs Reisenden erschraken darüber fast zu Tode und zitterten wie Espenlaub.

»Seht ihr das kleine spitze Häuschen dort unten?«, fragte der Alte nach einer Weile. »Teilt ihm eure Wünsche mit, und es wird euch günstige Antworten zuflüstern.«

Der erste wünschte ewig zu leben und nie Not zu leiden. Die Antwort war befriedigend. Der zweite stellte denselben Wunsch mit demselben Resultat. Der dritte wollte nur etwas länger leben als gewöhnlich und besonders auf seinen Kriegsfahrten glücklich sein. Auch ihm wurde sein Wunsch gewährt; ebenso auch dem vierten, der sich dasselbe ausbat. Der fünfte und der sechste waren am bescheidensten, und sie begnügten sich mit der gewöhnlichen Lebensdauer und gutem Erfolg auf ihren Jagdzügen, damit sie immer imstande seien, ihre Eltern und die darbenden Verwandten zu ernähren.

Danach machten sie sich zur Weiterreise fertig. Sie hatten sich ein ganzes Jahr bei Menabuscho aufgehalten, trotzdem dieser sagte, es sei nur ein Tag gewesen. Als sie vor seiner Tür standen, um Abschied zu nehmen, sagte er: »Wartet ein wenig, damit ich gleich die Bitte den zweien, die sich ein ewiges Leben ausbaten, erfüllen kann!«

Darauf verwandelte er den einen in einen Felsen und den anderen in eine hohe Zeder. Die übrigen vier setzten unbelästigt ihre Reise fort, und in kurzer Zeit hörten sie das schreckliche Getöse des Himmels, der ständig gegen die Erde stieß. Fürchterliche Stürme erhoben sich, und die Wanderer hatten große Mühe, sich auf den Füßen zu halten. Die Sonne ging ihnen ganz dicht über den Köpfen weg.

Die besagte Spalte wurde nun auch sichtbar, und jene, die sich mit der Erfüllung bescheidener Wünsche begnügt hatten, sprangen glücklich hindurch; die anderen aber zauderten noch eine Weile; währenddem aber stieß der Himmel plötzlich gegen die Erde und zerdrückte sie beide zu schwarzem Brei.

Die zwei erfolgreichen Männer, als deren Anführer nun Iskodä galt, sahen sich in einem reizenden Land, das der Mond freundlich erleuchtete. Als sie etwas weitergegangen waren, begegneten sie einer allerliebsten

Frau mit weißem Gesicht, die sich über ihre Ankunft recht herzlich freute. Es war nämlich Frau Luna. Diese versprach ihnen, sie ihrem Bruder – der Sonne –, sobald dieser von seiner Tageslaufbahn zurückkehre, vorzustellen; und sie hielt auch Wort.

Als sie darauf einige Stunden hinter dem Sonnenbruder dreinmarschiert und dabei recht müde geworden waren, da er gewaltige Schritte machte, drehte sich dieser um und setzte sich ein wenig zur Ruhe. »Ich konnte«, fing er an, »vorher kein Wort zu euch sprechen, weil ich meinen Ruheplatz noch nicht erreicht hatte. Erzählt mir nun eure ganze Reise, und sagt mir auch den eigentlichen Grund, der euch zu mir geführt hat.«

Iskodä teilte ihm nun die ganze Geschichte mit und schloss zuletzt mit dem Wunsch, sie wieder wohlbehalten auf die Erde zu geleiten und, wenn er könnte, ihnen genaue Auskunft über ihre unglücklichen Brüder zu geben.

»Eure Gefährten«, sagte der Sonnenbruder, »sind große Narren gewesen; warum haben sie sich auch das gewünscht, was nur Manitus besitzen können? Euch aber will ich angenehme und sorgenfreie Tage sehen lassen und euch sicher in eure Heimat geleiten.«

Dann setzte er sie in einen großen Korb und ließ sie an einem langen Seil herab zu ihren hochbetagten Eltern.

Heno der Donnerer

Ein schönes junges Mädchen, das im Dorf Gäugwä am Niagarafall wohnte, sollte sich nach dem hartnäckigen Willen seiner Eltern mit einem hässlichen, bejahrten Mann verheiraten, der schon wenigstens seine siebzig Winter gesehen hatte. Aber das Alter hätte am Ende noch am wenigsten ausgemacht, wenn er nicht ein allzu unliebsamer und griesgrämiger Geselle gewesen wäre und nicht außerdem schon fünf Weiber in seinem Wigwam beherbergt hätte. Ein solches Bündnis war natürlich der braunen Jungfrau auf den Tod verhasst, und da sie keinen anderen Ausweg wusste, diesem Unglück zu entgehen, so nahm sie sich vor, Selbstmord zu begehen.

Darauf setzte sie sich in ein Kanu und ließ sich damit den Niagarafall hinunterstürzen. Doch Heno der Donnerer, der schon seit Jahrtausenden seine Wohnung unter jenem Fall aufgeschlagen hatte, hatte das Schifflein kommen sehen und schnell mit zweien seiner Gehilfen ein großes Tuch aufgespannt, sodass er die junge Selbstmörderin glücklich auffing. Einem dieser Gehilfen gefiel sie so gut, dass er sie bald danach heiratete.

Einige Jahre vorher waren die Bewohner von Gäugwä von einer verheerenden Seuche heimgesucht worden. Heno, der sich für das Wohlergehen jener Leute, besonders aber für das des jungen Fräuleins sehr zu interessieren schien, hatte diesem einst mitgeteilt, dass unter seinem Dorf im Erdboden eine mächtige Schlange wohne, die sich nur an den Körpern toter Menschen sättige, weshalb sie das Wasser des Niagaraflusses und aller Bäche rundum vergiftet habe. Das Mädchen sollte deshalb seinen Stamm bereden, jenes Dorf zu verlassen und nach Buffalo Creek zu ziehen, was es auch zu tun versprach.

Dann gab Heno der Jungfrau auch noch allerlei nützliche Lehren, wie sie ihr künftiges Kind zu erziehen habe; denn beide hatten schon seit längerer Zeit auf sehr vertrautem Fuß gelebt.

Die Leute folgten dem Rat Henos und zogen aus.

Als dies die alte Schlange merkte, machte sie sich ebenfalls reisefertig, um ihnen nachzukriechen. Aber da ließ Heno schnell ein schreckliches Donnerwetter auf sie los und verwundete sie so mit seinen Blitzen, dass sie nach wenigen Minuten verschied. Ihr großer Körper floss nun den Niagarastrom hinab und blieb in der Nähe des Falls an einem Felsen hängen, wodurch der Fluss gedämmt wurde und seinen Lauf ändern musste. Durch diesen Zufall bildete sich der sogenannte Hufeisen-(Horse-shoe-)Fall.

Das Kind, das besagte Jungfrau nach kurzer Zeit gebar, besaß die große Gabe, den Blitz hervorrufen und leiten zu können. Sein Vater gab daher ständig acht, dass es nicht in menschliche Gesellschaft kam.

Doch einst, als er ausgegangen war, hatte sich der Kleine ebenfalls entfernt und mit einem anderen Knaben Ball gespielt. Dabei waren aber beide uneinig geworden; der Blitzknabe hatte von seiner Gabe Gebrauch gemacht und seinen Gespielen erschlagen lassen. Darüber wurde der alte Heno so ärgerlich, dass er ihm den schwersten Posten im Donnerreich gab, an dem er nun festgebannt bis in alle Ewigkeit schwitzen muss.

Rede eines Seneca-Medizinmanns an den Grossen Geist beim Opfern des weissen Hundes

Heil! Heil! Heil!
Leihe den Worten deines Volkes, die im Rauch ihres Opfers zu dir aufsteigen, ein offenes Ohr!

Blick herab auf dein Volk, das seine heiligen Bräuche in Ehren hält, und gib uns auch ferner Verstand und Willen, deinen Geboten treulich nachzukommen.

Höre weiter: Die Stimme deines Volkes steigt zu dir hinauf und bittet dich, die Versucher unschädlich zu machen, die uns vom Glauben an dich abwendig machen wollen und die Sitten unserer Väter verspotten.

Höre weiter: Gib den Hütern der Weisheit, deinen heiligen Medizinmännern, die Kraft, deine Gebote hinfort weiter zum Einhalten bringen zu können, und stärke unsere Mütter, damit auch sie ihren Pflichten nachkommen.

Wir danken dir, dass du uns so schöne Sitten gelehrt und sie bis heute rein erhalten hast.

Höre weiter: Wir danken dir, dass du so viele unserer Kinder am Leben gelassen und ihnen die Gnade gestattet hast, an diesem Fest teilzunehmen.

Wir danken unserer Mutter, der Erde, die uns erhält und so viele Früchte auf sich wachsen lässt. Möge sie uns auch in Zukunft nicht darben lassen.

Wir danken den Flüssen und den Strömen, die über unsere Mutter hinweglaufen. Wir danken dir dafür, dass du sie mit Fischen gefüllt hast, die uns wohlschmecken.

Wir danken allen Pflanzen und Kräutern der Erde, denen du die Kraft verliehen hast, unsere Körper stark und gesund zu erhalten und sie von bösen Krankheiten zu befreien, die uns teuflische Geister aufladen.

Wir danken den drei Schwestern – den Korn-, den Bohnen- und den Kürbisgeistern –, dass sie uns am Leben erhalten haben. Wir danken ihnen für die reiche Ernte und bitten sie, auch unseren Kindern gnädig zu sein.

Wir danken den Bäumen und den Büschen, die uns auf deinen Rat allerlei nahrhafte Früchte liefern.

Wir danken dem Wind, der durch seine Wachsamkeit böse Krankheiten von uns abgehalten hat, und bitten dich, ihn auch fernerhin wehen zu lassen.

Wir danken unserem Großvater Heno, der uns so weislich Regen schickt und die Pflanzen wachsen lässt. Mögest du unseren Großvater noch länger am Leben lassen.

Wir danken dem Mond und den Sternen, die uns mit Licht versahen, wenn die Sonne untergegangen war.

Wir danken der Sonne, die mit liebendem Auge auf die Erde herabblickt und das Gedeihen deines Volkes bewacht. Wir bitten dich, dass du uns auch ferner die rechten Wege wandern lässt, damit sie ihr Auge nicht vor Trauer und Scham von uns abwende und uns im Dunkeln lasse.

Wir danken den Honotschenokehs, deinen Hilfsgeistern, die dir so treulich bei der Regierung der Welt zur Seite stehen.

Zuletzt danken wir dir, Großer Geist. Wir glauben, dass du nichts Böses tun kannst und dass du die Erde nur zu unserer Glückseligkeit geschaffen hast. Wenn wir deinen Geboten nicht nachkommen, so strafe uns nicht zu hart.

Sei gütig gegen uns, wie du gegen unsere Väter warst. Näho!

Der Seneca-Riese

Unter den Senecas lebte einst ein furchtbarer Riese, der war größer als der höchste Eichenbaum und so stark, dass er die dickste Tanne zum Bogen nahm und die größten Fichten ausriss und sie als Pfeile gebrauchte. Dieser ging einst den Mississippi entlang und kam an einen endlosen See, in dem ein ungeheurer Vogel plätscherte, der sich die größte Mühe gab, ans Ufer zu kommen, was ihm aber nicht gelingen wollte. Da der Riese nun ein sehr gutmütiger Kerl war, so watete er gleich ins Wasser und zog den armen Vogel heraus.

Am Schwanz des Vogels hing aber eine ganze Menge kleiner weißer Männer, die zitterten und bebten, als ob sie lebendig gefressen werden sollten, und baten den Riesen mit den kläglichsten Mienen, sie doch wieder mit ihrem Vogel zurück ins Wasser gehen zu lassen.

Das war auch dem Riesen recht, und er setzte sie wieder hinein, wofür sie ihm aus Dankbarkeit eine kleine Muskete und Pulver schenkten und ihn die Kunst des Schießens lehrten. Damit ging er dann zu seinem Stamm zurück und ließ mit seiner Flinte einen solchen Donner los, dass alle auf die Erde fielen und ihn um Gottes willen baten, doch jenes schreckliche Ding wegzuwerfen, da er sonst alle Indianer töten würde. Das war aber doch zu viel von seiner Güte verlangt; er nahm daher seine Waffe und ging damit fort ins freie Feld, wo er niemandem mehr hinderlich war. Am anderen Tag fand man ihn tot auf einem Hügel liegen.

Die Senecas, die sich dadurch auf einmal ihres besten Beschützers beraubt sahen, weinten Ströme von Tränen und legten den Riesen in ein ozeantiefes Grab, das noch heute zu sehen sein soll.

Eine Schöpfungsgeschichte

Vor vielen tausend Schneen, als die Erde noch aus einer kleinen Insel bestand, hatte der Große Geist einen roten Mann daraufgesetzt, der einen furchtbar langen Schwanz hatte, mit dem er zu seiner Unterhaltung alle Pflanzen zerstörte und allerlei sonstige Unglücksstreiche ausführte. Das ärgerte nun den Schöpfer so sehr, dass er ihm den Schwanz ohne Weiteres abschnitt und ein Weib daraus schuf.

Dieses Paar vertrug sich nun wirklich recht gut, und die Menschen vermehrten sich auch in kurzer Zeit so ungeheuer, dass die Insel bald zu klein wurde. Da wandte sich die gottesfürchtige Frau in ihrer Seelenangst an den Großen Geist, der nun Legionen von Moschusratten und Schildkröten kommen ließ, die die Erde so groß bauen mussten, wie sie jetzt ist.

Wie der Piqua-Stamm entstand

In alten Zeiten hatten einmal die Schawanos oder Shawnees ein fürchterlich großes Feuer angezündet und so viele Bäume daraufgelegt, dass es von Weitem wie ein brennender Berg aussah. Als das Feuer beinahe erloschen war, kam plötzlich ein großer Mann aus den Kohlen hervor, den sie Piqua nannten. Dieser vermählte sich mit einer Tochter der Schawanos, und seine Nachkommen bildeten den sogenannten Piqua-Stamm.

DIE SCHAWANOS

Der Große Geist war selbst ein Indianer und ließ als solcher den Stamm der Schawanos seinem Gehirn entspringen. Er gab ihnen geradeso viel Verstand, wie er selbst besaß, und lehrte sie auch die vielen nützlichen Künste, wodurch sich jener Stamm vor allen anderen so vorteilhaft auszeichnete.

Als sie der Große Geist fertig hatte und sah, dass diese ganz seinen Ideen entsprachen, machte er auch weiße Menschen, und zwar die Engländer und die Franzosen aus seiner Brust, die Holländer aus seinen Füßen und die Langmesser (Iren) aus seinen Händen. Doch die Blassgesichter setzte er weit hinter den Großen Stinksee oder den Ozean und ließ Amerika vorläufig den Schawanos allein.

Diese führten hier ein recht vergnügtes und sorgenfreies Leben, und die geheimen Kräfte, die ihnen vom Großen Geist verliehen worden waren, enthoben sie jeder Unannehmlichkeit.

Doch wie das so allenthalben in der Welt ist – sie konnten diese schönen Tage nicht gut vertragen und ergingen sich nach und nach in allerlei Schlechtigkeiten und Schändlichkeiten, sodass der Schöpfer drohte, seine medizinenen Gaben wieder von ihnen zu nehmen und sie den Weißen zu geben. Diese Drohung war auch wirklich auf kurze Zeit von einiger Wirkung, doch allmählich verfielen sie wieder in ihre alten Sünden.

Nun sagte der Große Geist nichts mehr, aber er ließ plötzlich ein großes Schiff voller Blassgesichter kommen, die den Schawanos nicht nur ihre Kenntnisse, sondern auch ihr Land wegnahmen und die meisten der Rothäute umbrachten.

Die Sintflut und die Erschaffung der Menschen

nach der Ansicht der Sacs und der Foxes

Am Anfang der Welt schuf Gott eine Menge lebender Wesen von jeder Gestalt, Farbe und Art. Darunter befanden sich auch weiße Menschen; aber das waren so verrückte und närrische Gesellen, dass sich Gott ihrer schämte und wünschte, sie lieber nicht geschaffen zu haben. Doch sie waren nun einmal da, und umbringen wollte er sie auch nicht gerne, denn dazu war er zu gutmütig.

Er sann daher auf einen andern Rat und versammelte die klügsten Tiere um sich, die auf der Erde herumliefen, nahm jedem das Herz aus dem Leib und gab sie den ungeratenen Menschen, damit sie vernünftigere Gedanken bekommen sollten. Aber der gute Herrgott täuschte sich auch diesmal wieder, denn seine lieben Zweifüßer behielten nicht allein ihre Dummheit und Verrücktheit, sondern sie bekamen auch noch die Grausamkeit und die Blutdürstigkeit der Tiere dazu.

Da blieb denn dem Schöpfer nichts anderes übrig, als in seinen Busen zu greifen und jedem ein Stück von seinem eigenen Herz abzuschneiden. Dies hatte auch die gewünschte Wirkung, denn die Menschen wurden seitdem klüger und vernünftiger als alle anderen Geschöpfe.

Die Erde brachte viele nahrhafte und köstliche Früchte hervor, sodass die vielen Tiere und die Menschen, die sich unglaublich schnell vermehrt hatten, von keinen Nahrungssorgen gequält waren und alle ein recht prächtiges und friedliches Leben hätten führen können, wenn die vielen Dschämweu oder Riesen und die unzähligen Halbgötter oder Manitus, die teilweise auf und unter der Erde wohnten, keine so maliziösen Kerle gewesen wären.

Die unterirdischen Götter hatten nämlich mit den Riesen ein Schutz-und-Trutz-Bündnis abgeschlossen, um Wesukkä, den überirdischen Chiefgott, zu bekriegen. Aber sie fürchteten sich doch zu sehr vor ihm und seinen Untertanen, um die Offensive zu ergreifen, und beschlossen daher in einer geheimen Ratsversammlung, ein großes Fest zu arrangieren, Wesukkä dazu einzuladen und ihn dann, wenn er sich krummgesoffen und lahmgetanzt habe, unbemerkt auf die Seite zu schaffen. Darauf wurden einige Delegierte erwählt, um Wesukkä ihre Aufwartung zu machen und die Einladung zu überbringen.

Doch der jüngere Bruder Wesukkäs hatte sich heimlich in jene Versammlung geschlichen und daher alle Reden und Beschlüsse mit angehört; als er sich aber wieder fortstehlen wollte, entdeckten sie ihn, fielen über ihn her und erschlugen ihn.

Als dem Chiefgott diese Schmerzensbotschaft überbracht wurde, begann er so laut zu weinen und zu klagen, dass es die über den Wolken wohnenden Götter hörten und ihm versprachen, ihm beizustehen, um die

Missetäter zu bestrafen. Als das die Untergötter merkten, dachten sie, es sei sicher das Beste, ihre Haut beizeiten in Sicherheit zu bringen, und schlüpften, so schnell sie konnten, in ihre tiefen Wohnungen unter den Seen. Die Riesen aber blieben oben, um den Kampf aufzunehmen. Aber dieser bekam ihnen nicht besonders, denn sie wurden alle mit Stumpf und Stiel ausgerottet und keiner übrig gelassen, um das traurige Schicksal seines Stammes erzählen zu können.

Nun wurde den Untergöttern erst recht angst und bange, und sie flehten Nänämäkeh, den Donnergott, um Hilfe an. Der versprach sie ihnen auch, schickte gleich einen seiner Unterbeamten an Popoänätessih, den Gott der Kälte, und ersuchte ihn freundlichst, ihm die Götter des Frostes, des Hagels, des Schnees, des Eises und des Nordwinds auf kurze Zeit zur Verfügung zu stellen, was dieser auch in der zuvorkommendsten Weise tat.

Die Armee des kalten Schreckens marschierte also aus. Das Wasser der Flüsse und der Seen erstarrte zu Eis, die Erde wurde vor Kälte so hart wie Feuerstein, und alle Pflanzen, Tiere und Menschen kamen mit Ausnahme weniger, die Wesukkä noch schnell zu sich genommen hatte, ums Leben.

Nun wagten sich auch allmählich die Untergötter wieder aus ihren tiefen Wohnungen heraus, und da sie sahen, dass sich jetzt Wesukkä so gut wie allein auf der Erde befand, dünkte es ihnen eine Kleinigkeit, ihn vollständig unschädlich zu machen. Doch alle diesbezüglichen Pläne schlugen fehl, und es schien, als wisse Wesukkä ihre Gedanken im Voraus, denn sie konnten ihm auch rein gar nichts anhaben.

Als sie nun alle ihre Künste und Schlauheiten erschöpft hatten, wandten sie sich abermals an den mächtigen Donnergott und baten ihn inständig, doch eine große Wasserflut auf die Erde kommen zu lassen, damit ihnen Wesukkä nicht mehr länger trotzen könne.

Gleich rief dieser mit seiner furchtbaren Stimme alle Wolken der Welt zusammen, sodass der ganze Himmel rabenschwarz aussah. Der Regen stürzte in wigwamgroßen Tropfen herab und bedeckte bald die ganze Erde bis zum allerhöchsten Berg, auf den Wesukkä geflüchtet war.

Als nun Wesukkä sah, dass auch diese Stelle bald überschwemmt sein würde, nahm er ein großes Stück Luft und baute ein geräumiges Kanu daraus, in dem er und seine Tiere bequem Platz hatten. So rettete er sich vor dem Wassertod. Das Kanu war stark und fest gebaut und trotzte den mächtigsten Wellen.

Als er so einige Tage auf dem Wasser herumgefahren war, band er einen seiner größten Fische los und hieß ihn hinunter in die Tiefe schwimmen, um etwas Erde zu holen. Dies gelang ihm auch; er brachte ein gehöriges Maul voll, und Wesukkä schuf daraus das trockene Land, das seine roten Kinder noch heute bewohnen.

Wie Nantucket bevölkert wurde

Einst erschien ein merkwürdig großer Adler an der Küste Neuenglands, stahl einen kleinen Indianerjungen und flog mit ihm weit weg über das Große Wasser. Die Indianer, die dies mit angesehen hatten, setzten sich schnell in ihre Boote, um ihm zu folgen und ihm das Kind womöglich wieder abzujagen.

Sie fuhren lange hinter ihm her, doch da er bedeutend schneller war als sie, verloren sie ihn mit der Zeit aus den Augen. Da sie sich jedoch dabei zu weit von ihrer Heimat entfernt hatten, um wieder ohne große Gefahren und Mühen zurückkehren zu können, beschlossen sie, fortan auf jener Insel, die jetzt den Namen Nantucket führt, zu bleiben. Dort fanden sie auch die abgenagten Knochen des unglücklichen Kindes.

Wie es gekommen ist, dass ein Indianerstamm in Oregon kein Bärenfleisch isst

Die Rothäute waren einst sehr unfolgsam und hörten weder auf die Gebote des Großen Geistes noch auf die der heiligen Medizinmänner; sie verübten die schrecklichsten Gräueltaten und schlugen sich gegenseitig tot, als ob sie nur Moskitos seien. Da schickte ihnen der Große Geist zur Strafe ein teuflisches Ungeheuer, das hatte so viele Arme wie eine Tanne Nadeln; wen es ansah, der starb, und wo es hintrat, da wuchs kein Gras mehr. Sein Atem machte das Laub der Bäume dürr, und sein Blick bestand aus giftigen Pfeilen.

Dieses Monstrum hätte nun sicherlich alle lebenden Wesen umgebracht, wenn es der Große Geist, dem seine Verheerungen mit der Zeit doch arg missfielen, nicht zuletzt in einen Bären verwandelt und ihm die tödlichen Medizinkräfte wieder abgenommen hätte.

Ein kleiner Stamm in Oregon glaubt daher heute noch, dass durch jenes Ungeheuer alle Bären giftig geworden seien, und diese Leute rühren deshalb ihr Fleisch ebenso wenig an wie das einer Klapperschlange.

Eine Versteinerungsfigur

Zur Zeit, als die Winnebagos den Wisconsin River herunterkamen, um den Stamm der unglücklichen Chiens auszurotten, waren einige von diesen in die nahen Berge geflüchtet, um dem Skalpmesser und dem Tomahawk zu entgehen. Darunter war auch eine alte, allgemein geachtete Squaw, die aber in einer Höhle der Kickapoobucht verhungerte und dort vom Großen Geist in eine steinerne Riesenfigur verwandelt wurde. Jeder Winnebago, der diese Höhle nach ihr betrat und jene Gestalt ansah, wurde ebenfalls gleich versteinert und blieb als Fels zurück.

Später nahm ihr der Große Geist diese Kraft wieder ab; aber jene Figur mit den sie umstehenden Opfern ist dort bis zum heutigen Tag zu sehen.

Das heilige Feuer der Natchez

Die Natchez sind Feueranbeter und glauben, dass ihr Stamm einst durch ein junges Mädchen vor dem vollständigen Untergang gerettet worden sei, weil es sich, als die Sonne seit geraumer Zeit erloschen war und das schwärzeste Dunkel die Erde beherrschte, in ein Wigwamfeuer warf und verbrennen ließ, wonach sie am Himmel als Sonne erschien und die Erde noch viel wärmer und heller beleuchtete als die frühere. Ihr zu Ehren ließen nun die Natchez auf ihren Versammlungsplätzen stets ein »medizinenes« Feuer brennen und glaubten, solange dieses nicht erlösche, könne ihr Stamm auch nie untergehen.

Einige Jahre danach hatte sich ein junger Natchez in ein reizendes Mädchen verliebt und stattete diesem häufig nächtliche Besuche ab. Als nun die Reihe an ihm war, das heilige Feuer während der Nacht zu schüren und zu schützen, hatten ihn die Arme seiner Geliebten doch ein wenig zu lange gefesselt; denn als er seiner Pflicht nachkommen wollte, war das Feuer bereits erloschen. Er wollte es schnell wieder anzünden, aber die Chiefs hatten das Unglück schon bemerkt und machten es nun dem ganzen Stamm bekannt.

Darauf wurde wochenlang gefastet und gebetet, um das Unglück der Vernichtung abzuwenden, aber das

Feuer war einmal erloschen und hatte seine Glück bringenden Kräfte für immer verloren.

Jetzt ist jener Stamm so gut wie ausgestorben, doch trösten sich die wenigen, die noch übrig geblieben sind, mit der Hoffnung einer glänzenden Auferstehung und erzählen, dass der junge Natchez noch heute in einem Erdwerk sitze, um das heilige Feuer in seiner ursprünglichen Kraft wieder anzufachen.

DER EWIGE JUDE UND DIE SEEFLINTE

Unter dem Ewigen Juden verstehen die Senecas einen großen Baumstamm, der schon seit einem halben Jahrtausend auf dem Seneca River herumschwimmt und dessen Ankunft jedes Mal durch einen gewaltigen Knall in der Luft – die Seeflinte – angezeigt wird.

Jener Baum meidet stets die Nähe der Dampfboote; auch kein Tier kommt an ihn heran, und kein Feuer hat die Macht, ihn zu verbrennen. Er soll der Sage nach ein verholzter Senecachief sein, der zu unrechter Zeit fischte und vom Großen Geist dafür in die Tiefe gezogen und in einen Baumstamm verwandelt wurde, der volle tausend Jahre auf dem genannten Fluss herumzuirren habe.

Die Teilung der Welt

Als der Große Geist die Flüsse, die Luft und den Wald geschaffen und sie mit allerlei Tieren belebt hatte, beschied er den roten Mann und seinen jüngeren Bruder, den weißen, zu sich in seine Wohnung und zeigte ihnen die vielen Büffel, Bären, Ottern, Biber usw.

»Seht«, sagte er, »diese meine Geschöpfe gebe ich euch zum Eigentum; ihr sollt über sie herrschen, und sie sollen euch zur Nahrung dienen.«

Darauf begann er sie zu verteilen. Der rote Mann, den er am meisten liebte, weil er ein munterer, kräftiger und furchtloser Bursche war, erhielt die stärksten und wildesten Tiere: Jaguar, Büffel, Bison und Hirsch, und von Vögeln: Adler, Habicht, Truthahn, Eule usw. Dem weißen Manne wurden das Schaf, das Schwein, die Kuh, die Ente und die Gans zugeteilt, und von den Fischen erhielt er nur die dünnen und leichten, die man bequem mit der Angel herausziehen kann, während die des roten Mannes so dick und lang waren, dass er große Speere brauchte, um sie zu fangen.

Darauf nahm der weiße Mann die ihm zugeteilten Tiere und trieb sie auf eine freundliche Ebene mit fettem Boden und üppigem Gras. Dort zähmte er sie und band Pferde und Ochsen zum Fahren und Pflügen zusammen, aß das Fleisch des trägen Schweins und machte sich aus der Wolle des geduldigen Schafs Kleider.

Der rote Mann wickelte seine Tiere in eine große Decke, die er zufällig bei sich hatte, und legte sich dann schlafen. Nach einigen Tagen erwachte er wieder, doch als er sich nach seinen Tieren umsah, waren sie alle verschwunden. Sie waren während seines Schlafs herausgekrochen und hatten sich in Wald und Feld einen angenehmeren Aufenthaltsort gesucht. Um sie wieder einzufangen, musste er nun das Geschäft des Jagens betreiben, das ihm so viel Vergnügen machte, dass er es später nie bereute, zu jener Zeit geschlafen zu haben. Auch seine Nachkommen haben ihm deshalb nie einen Vorwurf gemacht.

MITSCHABU
oder das große Licht[*]

Mitschabu war der Gott des Wassers. Er hatte alle lebenden Kreaturen geschaffen und diese oft merkwürdig ausgestattet. Einige hatten zwanzig Füße, andere nur einen; viele hatten hundert Augen und einige wieder gar keins. Er selbst hatte vier Beine, ebenso auch seine missgestalte Frau, die eben nahe daran war, mit dem tausendsten Kind niederzukommen.

Dieses Kind wollte sich aber nicht eher gebären lassen, als bis die Welt einen festen Boden habe, auf dem man sicher stehen könne; denn alle bis jetzt geschaffenen Tiere und Menschen mussten auf dem schwankenden Wasser sitzen.

Der alte Mitschabu kam darüber in keine kleine Verlegenheit; er sann hin und her und kam dann endlich auf die glückliche Idee, ein großes Land zu schaffen, auf dem sich jeder gefahrlos und trockenen Fußes bewegen könne. Das Wasser war sehr tief, aber Mitschabu tauchte doch bis auf den Boden und holte ein dünnes Sandkörnchen herauf, das er so lange anblies, bis es sich zuletzt zu einer kleinen Erde ausdehnte.

Nun kam das erwartete Kind, ein Knabe, der in kurzer Zeit zum größten Mann emporwuchs und daher den Namen Atokan oder Stammvater erhielt. Trotzdem

---

[*] Schoolcraft übersetzt dieses Wort fälschlich mit »großer Hase«.

ihm die Erde alles an Speise und Trank bot, was er sich nur wünschen konnte, war er doch nicht zufrieden; er war ja einsam und allein und hatte niemanden, mit dem er sich unterhalten und sich die Zeit verkürzen konnte.

Mitschabu sah ein, dass er seinem Sohn ein Weib werben musste. Da auf der Erde kein passendes zu finden war, so sah er sich beim Volk des Himmels um und wurde da auf die liebliche Atahensie aufmerksam. Als er ihre Zustimmung hatte, flocht er aus den Sehnen vieler Tiere eine lange Schnur und ließ sie daran hinunter auf den Schoß seines Sohnes, der sich nun überglücklich fühlte. Bald erfreute sich das junge Ehepaar eines munteren Söhnleins und eines reizenden Töchterleins, die beide bei ihrer Geburt so groß waren, dass sie sich gleich verheiraten konnten.

Aber dem alten Mitschabu dauerte dieser Weg der Erdbevölkerung doch ein wenig zu lange; er sagte daher zu Atokan, er solle jedem toten Tier die Haut abziehen und auf das Fleisch einen Tropfen seines eigenen Blutes fallen lassen. Danach solle er es mit Laub bedecken, und nach vier Sonnenuntergängen werde er ein schlafendes Kind darunter finden.

Atokan tat das auch und bevölkerte so in ungemein kurzer Zeit die ganze Erde. Doch man merkte jedem Menschen gleich seine Abstammung an; der Fuchsmensch war listig und schlau, der Wolfsmensch grausam, der Schafmensch geduldig, der Bibermensch geschickt, der Büffelmensch stark usw.

Das böse Gewissen

Ein Algonkin ging einst im Zwielicht am Begräbnisplatz seiner Großeltern vorbei und meinte zwei davon herumgehen zu sehen. Da es nun Sitte ist, nie die Toten zu passieren, ohne ihnen Speise und Trank anzubieten, damit einen die bösen Geister nicht gelegentlich ins Feuer stoßen, so lief er so schnell fort, wie er nur konnte, denn er hatte einen dickbauchigen Krug famosen Whiskeys bei sich, den er gern allein austrinken wollte.

Doch so geschwind er auch lief – ein weißes Gespenst kam ihm doch nach. Ja es war ihm bereits so nahe, dass er um seinen Skalp besorgt war, sich gefasst umdrehte und mutig zugriff, um ihn so teuer wie nur möglich zu verkaufen. Aber als er so recht fest zupackte, spürte er, dass er kein Gespenst, sondern einen großen Dornbusch in den Armen hielt, dessen Stacheln sich tief in sein Fleisch drückten. Der Geist seines Verwandten hatte sich schnell in einen Dornbusch verwandelt.

KOSMOGONIE DER CREEKS
UND DER MUSKOGEES

Da anfänglich die ganze Welt aus Wasser bestand, so schickte der Große Geist einst zwei Tauben aus, um Land zu suchen. Das erste Mal entdeckten sie weiter nichts als die Exkremente des großen Erdwurms; beim zweiten Mal aber sahen sie schon ein grünes Grasplätzchen, und zwar jenes, aus dem sich allmählich die jetzige Erde entwickelte. Diese wurde den roten Männern zum Eigentum gegeben, und die Blassgesichter mussten noch viele Jahrtausende in ihren großen Schiffen bleiben, ehe ihnen erlaubt wurde, das Festland zu betreten.

Die Erde ist viereckig. Die Sonne ist ein heißer Körper, der ständig um die Erde läuft. Der Mond ist von einem Mann und einem gefährlichen Hund bewohnt, der öfter die Sonne zu verschlucken droht, wodurch jedes Mal eine Finsternis entsteht.

Die Geschichte der Odjibwas

Lange Jahre bevor der weiße Mann das neue Land betreten hatte, stand am Menominee River ein großes Muskogee-Dorf, in dem ein mächtiger Chief wohnte, der die Oberaufsicht über die Fischerei in jenem Strom führte. Weiter unterhalb hatten sich die friedlichen Odjibwas vier Dörfer gebaut, in deren größtem ihr Chief wohnte, der vor Kurzem die Schwester des Muskogee-Häuptlings geheiratet hatte. Beide Stämme standen somit auf dem freundschaftlichsten Fuß; war die eine Nation in einen Krieg verwickelt, so stand ihr die andere treulich bei, und zuletzt ließ sich niemand mehr mit feindlichen Absichten in der Nähe dieser Stämme blicken.

Leider dauerte nun dieses Bündnis nicht sehr lange, denn der alte Muskogee-Chief bekam einst den unedlen Gedanken, den Fluss abzudämmen, sodass die Odjibwas nicht mehr darin fischen konnten. Infolgedessen entstand nun eine große Hungersnot unter ihnen.

Darauf hielten diese eine Ratsversammlung ab und beschlossen, den Sohn ihres Häuptlings ins Dorf der Muskogees zu schicken und den Chief zu bitten, dem Fluss doch wieder freien Lauf zu lassen.

Als jener Häuptling von der Ankunft seines Neffen hörte, nahm er einen dünnen Hirschknochen, machte ihn so spitz wie ein Pfeil und verbarg ihn unter seiner

Decke. Als nun der junge Odjibwa bei ihm erschien und seine Bitte vorbrachte, ergriff er ihn bei den Haaren, zog ihn in die Höhe, steckte ihm jenen Knochen zwischen Haut und Hirnschale und sagte: »Sieh, mein lieber Sohn, das ist alles, was ich für dich tun kann!«

Tief betrübt ging der Odjibwa nach Hause und bedeckte seinen Kopf, damit niemand den ihm angetanen Schimpf sehen konnte. Am anderen Morgen ließ er alle Krieger seines Vaters zusammentrommeln und erzählte ihnen, indem er die Kopfbedeckung abnahm, wie es ihm bei seinem Oheim ergangen war. Alle mussten nun ihre Keulen herbeiholen, ihre Köcher mit Pfeilen füllen und unter Anführung des jungen Mannes zu dem Muskogee-Dorf marschieren, um jene Schmach zu rächen.

Sie gingen auch alle recht freudig mit, nahmen den Chief nach kurzer Gegenwehr gefangen und fesselten ihn. Jeder andere, der versuchte, Widerstand zu leisten, wurde erbarmungslos niedergemacht und skalpiert.

Dann befahl der Odjibwa-Anführer seinen Leuten, den guten Onkel an den Flussdamm zu führen und schnell einen Stör zu fangen, was denn auch gleich geschah.

»Sieh, lieber Oheim«, sagte er darauf zu ihm, »ich will dir jetzt auch einen kleinen Liebesdienst erweisen. Da du ein großer Liebhaber von Fischen zu sein scheinst und uns sicher deshalb den Fluss abdämmtest und uns hungern ließest, so will ich dich mit einem schönen Stör beschenken, den du, solange du lebst, gut aufbewahren sollst.« Darauf arbeitete er ihm mit Beihilfe einiger anderer Krieger einen gewaltigen Stör in die Öffnung des

Körperteils, den man bei anständigen Leuten nicht gern nennt, und ließ ihn mit dieser Verzierung zu den Überbleibseln seines Stammes zurücklaufen.

Nun wurde der Fluss wieder in sein altes Bett geleitet, und die Odjibwas hatten wieder Fische genug. Aber Ruhe bekamen sie so bald doch nicht wieder, denn die Muskogees verbanden sich mit einigen Stämmen und setzten ihre Feindseligkeit noch viele Jahre fort.

Die Auswanderung der Chickasaws

Als einst die Chickasaws auswanderten, gab ihnen der Große Geist einen kräftigen Hund zur Bewachung und eine lange Stange, um ihnen den Weg zu zeigen. Der Medizinhund verriet jedes Mal durch sein Bellen die Nachbarschaft der Feinde, sodass sie sich gehörig vorbereiten konnten, und die Stange wurden jeden Abend in die Erde gesteckt, und am Morgen neigte sie sich jedes Mal nach der Richtung, die sie einschlagen sollten.

So kamen sie über den Mississippi an den Alabama River, wo die Stange mehrere Tage aufrecht stehen blieb und dann südwärts zeigte. Bald aber blieb sie ganz stehen, und die Chickasaws erkannten darin den Fingerzeig des Großen Geistes, der ihnen eine gute Wohnstelle ausgesucht hatte. Die betreffende Gegend heißt darum heute noch »die alten Felder der Chickasaws«.

Der große Hund war am Ufer des Mississippi verloren gegangen, und abergläubische Rothäute glauben ihn mitunter noch heute bellen zu hören.

Menabuscho

In alten Zeiten kam einmal ein großer Manitu auf die Erde, der einem Indianer die Frau wegnahm und mit ihr in kurzer Zeit vier Kinder zeugte. Der erste Sohn hieß Menabuscho oder Freund der Menschen; der zweite hieß Tschibiabos, und dieser hatte die Toten zu bewachen und war der Beherrscher des Seelenreiches. Wabasso, der dritte, floh, sobald er das Weltlicht erblickte, in den fernen Norden und wurde dort in einen weißen Hasen verwandelt, in welcher Gestalt er für einen mächtigen Geist gehalten wird. Der vierte Sohn, bei dessen Geburt die Mutter starb, erhielt den Namen Tschokanipock oder der Mann des Feuersteins.

Als Menabuscho erwachsen war und sich recht kräftig und mutig fühlte, fing er mit seinem jüngsten Bruder Streit an, weil dieser am Tod seiner Mutter schuld war. Dieser Krieg dauerte sehr lange, denn beide waren sich an Kraft ziemlich gleich.

Sie verfolgten sich durch die ganze Welt, und man sieht heute noch überall ihre Spuren, denn jeder Blutstropfen, der dabei floss, und jedes Stückchen Fleisch, das abgeschlagen wurde, verwandelte sich augenblicklich in einen großen Felsen. Aus Tschokanipocks Fleisch bildeten sich größtenteils jene Steine, aus denen die Indianer Feuer schlagen.

Endlich gelang es Menabuscho, seinem Bruder die Eingeweide herauszureißen und ihn somit vollends zu vernichten. Diese wurden zu fruchtbaren Weinstöcken.

Menabuscho war ein sehr gerechter Mann und konnte kein Verbrechen ungestraft mit ansehen, weshalb sich auch keiner mit schlechtem Gewissen in seiner Nähe blicken ließ. Er war ein sehr gebildeter Mensch und lehrte die Rothäute viele Künste und Wissenschaften; er zeigte ihnen auch, wie man Äxte, Speere, Pfeile, Bogen und Schlingen macht und wie man diese vorteilhaft gebraucht. Darüber freuten sich jene ungemein; sie jagten, fischten und kämpften nach Herzenslust und waren in all ihrem Tun erfolgreich.

Die bösen Manitus in der Erde aber freuten sich nicht, dass Menabuscho die Menschen solche Kenntnisse gelehrt und ihnen solch tödliche Waffen in die Hände gegeben hatte; sie ärgerten sich schrecklich darüber und gingen in ihrem Ärger zuletzt sogar so weit, sich gegen Menabuscho und seine Brüder zu verbünden, um sie womöglich zu vernichten. Doch Menabuscho erfuhr dies noch zu rechter Zeit, sodass er die nötigen Vorsichtsmaßnahmen treffen und seine Brüder warnen konnte.

Kurze Zeit danach, als Tschibiabos auf dem zugefrorenen Oberen See jagte, zerbrachen die bösen Manitus plötzlich das Eis unter ihm und zogen ihn hinab in die Tiefe. Als Menabuscho das hörte, schwärzte er sein Gesicht und setzte sich sechs Jahre lang trauernd und wehklagend ans Ufer hin. Das ganze Land weinte mit ihm; selbst die Natur teilte seinen Schmerz, die Blumen blühten nicht mehr, die Bäume grünten nicht mehr, die

Sonne schien nicht mehr, und die Vögel sangen nicht mehr.

Als nun die alten Manitus sahen, dass Menabuschos Tränen gar nicht aufhören wollten zu fließen, hatten sie wieder Mitleid mit ihm und seinem Kummer und beschlossen, eine heilige Hütte zu bauen und ein großes Fest zu bereiten und den Trauernden dazu einzuladen.

Menabuscho nahm die Einladung auch an, wusch seine Trauerfarben ab und stieg hinab in die Tiefe. Die Mantius dort hatten ihm Pfeifen mit dem feinsten Tabak gefüllt und sich ihren besten Sonntagsstaat angezogen. Als der Erwartete unter ihnen erschien, reichten sie ihm gleich eine Schale voll kräftigen Medizintranks, worauf seine Schwermut und Melancholie verflogen und er so lustig und heiter wurde wie sie und an den heiligen Tänzen freudig teilnahm.

Danach boten sie alle ihre stärksten medizinenen Künste auf, um den unglücklichen Tschibiabos wieder ins Leben zu rufen, was ihnen auch wirklich gelang. Aber er durfte die Medizinhütte nicht betreten. Eine ewig brennende Kohle wurde ihm herausgereicht, damit er sich zu jeder Zeit Feuer machen könne.

Darauf ging Menabuscho wieder zurück auf die Erde und tanzte seinen Leuten den Medizintanz vor, der von allen Tänzen von der kräftigsten Wirkung ist und den der Große Geist am liebsten sieht. Dann

> Lehrt' er den Gebrauch der Kräuter,
> Wies das Hexengift für Gifte
> Und die Heilung aller Krankheit.

Auch stellte Menabuscho vier Geister als Regenten der vier großen Winde an. Er selbst soll jetzt hoch im Norden auf einem unermesslichen Eisberg wohnen, und die Indianer fürchten, dass, sobald ihn die Weißen entdecken, diese ihn wegjagen und dass dann die ganze Welt mit Feuer untergehen werde.

KOSMOGONIE DER POTAWATOMIS
oder der Feuermacher

Die Potawatomis sagen, dass die Welt von zwei mächtigen Geistern regiert werde, nämlich von Gitschi Manitu, dem guten, und Matschi Manitu, dem bösen Geist.

Als Gitschi Manitu die Erde geschaffen hatte, füllte er diese mit einer Menge Wesen, die zwar menschlich aussahen, sich aber sehr unmenschlich benahmen. Es waren dies abscheulich gemeine Schlingel, denen es im Traum nicht einfiel, ihrem Schöpfer zur Freude zu leben und ihm für die vielen Wohltaten zu danken, die er sie genießen ließ. Deshalb war's auch kein Wunder, dass er über sie ärgerlich wurde und sie alle in einer großen Wasserflut ertränkte.

Nachdem darauf die Erde wieder trocken geworden war, schuf Gitschi Manitu wieder Menschen, aber vorläufig nur einen, dem er später, als diesem das Leben doch ein wenig zu langweilig vorkam, noch eine liebende Schwester zugesellte.

Nun ließ der Große Geist einst dem jungen Mann durch einen Traum sagen, dass eines Tages fünf Männer kommen würden, um seine Schwester zu besuchen. Diese solle aber nur dem Letzten der Männer Gehör schenken und mit ihm scherzen und lachen; den übrigen vier dagegen solle sie stumm die Tür zeigen.

Der Erste, der in ihrer Hütte erschien, hieß Usama oder Tabak; er fiel, als ihm die Tür gewiesen wurde, ohnmächtig nieder und starb. Wapako, der Kürbis, Eschkossimin, die Melone, und Kokihs, die Bohne, erlitten dasselbe Schicksal. Nur Tamin, der Mais, wurde anders bewillkommnet. Das schöne Mädchen ging ihm huldreich entgegen, hieß ihn an ihre Seite setzen und sprach dann so verfänglich mit ihm, dass ihm nichts anderes übrig blieb, als sie zu heiraten. Aus ihrer Verbindung stammen alle Indianer.

Als Tamin die vier erfolglosen Freier begraben hatte, wuchsen aus ihren Gräbern der Tabak, die Melonen, die Bohnen und die Kürbisse hervor, sodass es der Menschheit nun an nichts mehr mangelte.

Der Untergang des Mundua-Stammes

Der Mundua-Stamm war der Schrecken aller in seiner Nähe wohnenden Stämme, und er hätte diese sicherlich ganz vernichtet, wenn sich nicht noch beizeiten die Odjibwas gesammelt und ihm den Kriegsbelt zugeschickt hätten. Aber die Munduas waren durch ihr langjähriges Kriegsglück so verwöhnt, dass sie sich gegen ihre neuen Gegner gar nicht rüsteten und ihnen am ersten Tag nur halb erwachsene Knaben entgegenstellten, die, wie sie glaubten, die Fehde schon allein ausfechten könnten. Jene wurden jedoch alle erschlagen und skalpiert, und die Odjibwas rückten siegreich gegen das große Mundua-Dorf vor.

Darauf wurden ihnen die jüngsten Krieger, die sich zum ersten Mal im Kriegshandwerk übten, entgegengeschickt, und die Hauptkrieger schmückten sich unbekümmert mit Federn und führten den Kriegstanz auf. Aber auch jene Jünglinge wurden besiegt und die Odjibwas waren bereits am Abend im Besitz des halben Dorfes.

Nun kamen den Munduas doch andere Gedanken; eilig griffen alle Kampffähigen zu den Waffen und stürzten sich den Kriegern entgegen. Es wurde mit einer unerhörten Hartnäckigkeit gefochten; die besten Krieger beiderseits standen sich gegenüber, und jede Partei wollte um jeden Preis siegen. Doch die Munduas unterlagen zuletzt und waren gezwungen, ihr Heil in der

Flucht zu suchen. Ihr alter Chief, der in Friedenszeiten stets für einen mächtigen Medizinmann gehalten wurde, wandte sich nun in seiner Todesangst an den Großen Geist um Hilfe; aber der Große Geist schien anderswo beschäftigt zu sein und seine Bitten nicht zu hören, da er nicht die geringste Antwort von sich gab.

Dies ärgerte nun den Chief so, dass er an die bösen Geister der Erde und des Wassers appellierte, die ihm auch geneigter waren, denn sie ließen gleich einen dicken Nebel aufsteigen, der den Rest des Mundua-Stammes so umhüllte, dass die Verfolger seine Spur verloren.

Doch der Chief der Odjibwas war ebenfalls ein mächtiger Medizinmann und hatte beim Großen Geist großen Einfluss, weshalb dieser ihm auch gleich einen Sturmwind zur Verfügung stellte, der den Nebel der Munduas zerteilte und verjagte.

Die Munduas standen auf einem Hügel, ihrem zerstörten Dorf gegenüber, und sahen nun die ganze Macht ihres tapferen Feindes vor sich. »Es ist der Wille des Großen Geistes«, sagte der Chief, »dass wir umkommen sollen; darum ergebt euch in euer Schicksal.«

Darauf flohen sie alle in den nächsten Wald, gruben ihre Weiber und Kinder tief in die Erde und ließen jedem nur eine kleine Öffnung zum Atmen. Dann suchten sie die Odjibwas durch allerlei Kreuz- und Querzüge zu täuschen; aber nur wenige retteten sich. Diese gingen später zurück und gruben die Frauen und Kinder wieder aus. Dieser Überrest des Stammes wurde jedoch nach einem Jahr von den Odjibwas abermals angegriffen und diesmal vollständig aufgerieben.

Eine Kriegsgeschichte

Ein Odjibwa wurde einst von seinem Neffen, der sich dem Stamm der Foxes (Füchse) angeschlossen hatte, gefangen genommen. Um nun diesen die Freundschaft der nahen Verwandtschaft recht fühlen zu lassen, band er ihn neben einen großen Holzstoß und zündete diesen an, um den Onkel, wie er sagte, ein bisschen zu wärmen. Als er ihm so die eine Seite gehörig geröstet hatte, band er ihn wieder los und sagte: »Geh zu deinen Leuten zurück und teile ihnen mit, dass das die Art ist, wie die Foxes die Odjibwas behandeln, wenn sie sich erkühnen, gegen sie zu ziehen.«

Der Onkel schleppte sich mühsam nach Hause, wo er wieder genas. Um die ihm angetane Schmach zu rächen, ging er nun desto eifriger dem Kriegshandwerk nach und hatte auch später das Glück, seinen liebenswürdigen Neffen zu erwischen und ihn mit in sein Dorf zu nehmen, wo er ihn an einen Baum band und ihm eine brennende Hirschhaut, an der noch alles Fett saß, über die entblößten Schultern hängte. »Sieh«, sagte er dabei, »du hast mich früher auch einmal recht tüchtig gewärmt, als ich bei dir war, deshalb erzeige ich dir heute denselben Liebesdienst.«

Der Neffe starb darauf. Von nun an kam es häufig vor, dass die Odjibwas und Foxes ihre Gefangenen auf die qualvollste Weise verbrannten.

Bei den Blassgesichtern

Mäswäpigä hatte einst einen merkwürdigen Traum, in dem ihm unzählige Männer mit schneeweißer Haut und runden Hüten erschienen, die mit ausgestreckten Armen und freundlichem Lächeln auf ihn zukamen. Als er diesen Traum seinen Freunden erzählte, teilten diese ihm mit, dass jene blassen Geister im Osten wohnten und dass er hingehen und ihnen einen Besuch abstatten solle.

Mäswäpigä war's zufrieden und traf die nötigen Vorbereitungen zur Abreise; seine Frau ging ebenfalls mit. Als beide mehrere Tage in der angegebenen Richtung marschiert waren, kamen sie an einen großen Fluss, in dem ein dicker Baumstamm lag, auf den sie sich setzten und dem Aufgang der Sonne entgegenruderten. Die Leute, die an den Ufern wohnten, redeten eine ihnen unverständliche Sprache.

Der Strom wurde immer breiter und breiter, die daran wohnenden Menschen immer weißer und weißer und deren Wohnungen immer schöner und fester. Um diese Wohnungen besser in Augenschein zu nehmen, ging Mäswäpigä mit seiner Frau an Land und sah, dass diese aus großen Balken zusammengesetzt waren, die aber mit ganz anderen Instrumenten bearbeitet sein mussten, als er bis jetzt bei den Rothäuten gesehen hatte. Die weißen Bewohner kamen heraus, empfingen ihn mit einem herzlichen Händedruck und gaben ihm allerlei wertvolle Geschenke, mit denen er dann wieder zurückkreiste.

Zu Hause angekommen, berief er eine große Versammlung ein und zeigte die schönen Äxte, die Messer, die Perlen und die feinen roten Tücher, die ihm die Blassgesichter geschenkt hatten. Diese Sachen gefielen den anderen Rothäuten sichtlich, und gleich beluden sich einige mit den feinsten Pelzen und gingen ebenfalls in jene Gegend, wo sie viele scharfe Messer und einige Donnerbüchsen dafür eintauschten, welch Letztere sie zum Schrecken aller benachbarten Stämme machten.

SAYADIO

Sayadio betrauerte seine Schwester, die der Tod in den Tagen ihrer Jugendschönheit dahingerafft hatte. Zuletzt beschloss er ins Land der Seelen zu reisen und sie womöglich wieder zurückzuholen. Sein Weg war mit den merkwürdigsten und gefährlichsten Abenteuern gepflastert, die auf Sayadio so niederschlagend wirkten, dass er im Begriff war, den ganzen Plan aufzugeben und wieder zurückzukehren. Da erschien ihm noch zur rechten Zeit ein alter Medizinmann, der ihm einen mächtigen Zauberspruch, der die Kraft des Geisterbannens besaß, mitteilte. Auch gab er ihm das Gehirn der Jungfrau, das er sorgfältig eingewickelt hatte; denn wie sich danach herausstellte, war der Alte der Gehirnbewahrer der Verstorbenen.

Leichten Schrittes und leichten Herzens setzte nun Sayadio seine Reise fort und langte auch bald im Land der Geister an. Aber alle Geister flohen vor ihm, und Sayadio hätte sicher seinen Zweck nicht erreicht, wenn ihm nicht Tarenyawago, der Meister der Zeremonien, seine Hilfe zugesagt hätte.

Kurz darauf versammelten sich alle Geister zum gemeinschaftlichen Tanz, und Sayadio sah seine Schwester wie einen Schatten an ihm vorbeifliegen und verschwinden. Nun gab ihm Tarenyawago eine medizinene Rassel von großer Gewalt, die drehte er, und gleich erschien sie wieder vor ihm, und zwar so nahe, dass er sie ohne große Mühe festbannen konnte. Er steckte also die Seele in einen neuen Sack und ging damit zu seinen Freunden und Verwandten zurück, die er alle zu einem großen Freudenfest einlud, bei welcher Gelegenheit auch der Körper seiner Schwester vom Totengerüst genommen und die Seele in diesen gesteckt werden sollte.

Als nun alle Vorbereitungen zur Auferstehung getroffen waren, konnte sich ein anwesendes Frauenzimmer doch nicht der Neugierde enthalten, einmal heimlich in den Sack zu gucken, da sie nämlich noch nie eine Seele gesehen hatte. Als aber die Seele merkte, dass der Sack offen war, huschte sie schnell heraus und flog wieder zurück ins Geisterland.

Sayadio wurde darüber so wütend, dass er jene Frau sicherlich umgebracht hätte, wenn ihr Mann ihr nicht beigestanden hätte.

Danach setzte sich Sayadio noch viele Jahre mit geschwärztem Gesicht in seine Hütte, weinte und trauerte und wünschte alle neugierigen Frauen in die kälteste Hölle.

KOSMOGONIE DER NAVAJOS

Es ist schon ziemlich lange her, als die Navajos, die Pueblos und die Coyoteras noch unter einem großen Berg am Rio San Juan wohnten. Da jener Berg weder oben noch unten eine Öffnung besaß, so herrschte die schwärzeste Finsternis darin, und die Menschen hätten sich sicherlich durch das häufige Gegeneinanderrennen mit der Zeit getötet oder wären verhungert, wenn ihnen nicht der Große Geist dann und wann auf einige Stunden einen schwachen Lichtstrahl gesendet hätte, der jeden Verirrten wieder an seinen bestimmten Platz gebracht und die Hungrigen befähigt hätte, sich einige von den fetten Raubvögeln zu schießen, die ihnen in Unzahl die Köpfe umflatterten.

Außerdem hätte sie auch noch die Langeweile gemordet, wenn ihnen ihr allweiser Schöpfer nicht ein paar alberne Kerle zugesellt hätte, deren Dummheit und Verrücktheit großartig war. Es waren dies merkwürdige spinnenbeinartige Gestalten; sie hatten viereckige Augen, und die Nasen waren am Rücken herausgewachsen. Sie bliesen ständig auf schlecht tönenden Flöten, die so lang wie ein Blitz und so dick wie ein Lichtstrahl waren, und hüpften dabei immerwährend so närrisch herum, als hätte jeder von ihnen auf jeder Seite einen Catawbarausch.

Nun kam es zufällig eines Tages, dass einer dieser Hanswurste einmal bei einem gewaltigen Sprung mit seiner Flöte gegen die Decke stieß, die so hohl klang, dass die alten Medizinleute meinten, sie könne unmöglich sehr dick sein, und es müsste eine Kleinigkeit sein, sich hindurchzuarbeiten. Gleich wurden die beiden Flöten aneinandergebunden und ein Waschbär herbeigerufen, der daran hinaufklettern und versuchen musste, ein Loch in die Decke zu beißen, was ihm jedoch nicht gelang.

Danach wurde ein riesiger Moskito herbeigeholt, der hatte einen Stachel, der war wenigstens noch dreimal so lang wie die beiden Flöten zusammen und noch dicker als der älteste Eichenbaum. Ihm war's natürlich ein leichtes, ein Loch in die Decke zu bohren und sich ins Freie hinauszuarbeiten. Dort fand er sich auf einem hohen, von tiefem Wasser umgebenen Berg, auf dem er sich niederließ, um die überirdische Welt mit Muße zu betrachten.

Vor ihm schwammen vier wunderschöne, schneeweiße Schwäne, von denen jeder einen langen Pfeil unter den Flügeln barg. Der Erste davon flog auf den Moskito zu, schoss ihm seinen Pfeil in die Seite und zog ihn dann wieder heraus. Nachdem er ihn genau betrachtet und geprüft hatte, sagte er: »Ah, das ist jemand von meinem Geschlecht.«

Die anderen drei Schwäne taten genau dasselbe, und als sie sich so alle überzeugt hatten, dass der Moskito »von ihrem Geschlecht« sei, gruben sie vier große Kanäle, durch die das Wasser abfloss.

Währenddem war nun der Moskito durch die Öffnung wieder zurückgekrochen und hatte den unterirdischen Menschen und Tieren die Merkwürdigkeiten und Wunder der oberen Welt beschrieben. Der Waschbär war der Erste, der sich hinausarbeitete; da er jedoch oben gleich unsinnig und unvorsichtig herumhüpfte, so geriet er tief in den schwarzen Schlamm, der ihm nun seine Beine so dunkel färbte, dass man es an seinen Nachkommen noch heute erkennen kann.

Als ein starker Wind die Erde an den meisten Stellen getrocknet hatte, kamen auch die anderen Menschen und Tiere hervor. Die Navajos waren die Ersten, dann kamen die übrigen Stämme und zuletzt die Blassgesichter. Unter der Erde hatten sie alle eine allgemeinverständliche Sprache geredet, sowie sie aber oben waren und sich jeder ein eigenes Wohnplätzchen gesucht hatte, bildeten sich gleich so viele Dialekte, dass bald keiner mehr den anderen verstand.

Da sich die Tiere gleich in den Wäldern verliefen, so musste ihre alte Großmutter schnell einige Haustiere schaffen, damit die Menschen etwas zu essen hatten.

Die Erde war noch sehr klein; es waren weder Himmel noch Sonne, Mond, Sterne oder Milchstraße da, und infolgedessen war es geradeso dunkel wie in der alten Wohnung in der Tiefe des Berges. Um diesem Übelstand abzuhelfen, wurde nun eine große Ratsversammlung abgehalten, wobei ein alter Medizinmann eine sehr gediegene Rede hielt.

Unter anderem sagte er: »Hört, meine Brüder, wir sind jetzt geradeso übel dran wie früher, da wir in der großen Höhle wohnten; es ist hier geradeso dunkel wie unten; wir stoßen uns hier geradeso leicht die Augen aus wie unten; zerquetschen uns die Nasen oder stoßen sie uns schief und treten uns die Zehen geradeso leicht ab wie früher. Das Einzige, was uns retten kann, ist, dass wir eine Sonne für den Tag und einen Mond mit vielen Sternen für die Nacht bauen, damit wir zu jeder Zeit ordentlich sehen können und imstande sind, uns mit ausreichenden Lebensmitteln zu versorgen.«

Diese große Idee wurde allgemein unterstützt, und gleich wurden die nötigen Vorkehrungen getroffen, sie zu verwirklichen. Ein großes Haus wurde gebaut, allerlei medizinene Stoffe wurden hineingeschleppt, und die alten Navajos machten sich daran, eine Sonne zu bauen, während die anderen Stämme an einem Mond, dem Himmel, den Sternen und der Milchstraße beschäftigt waren.

Als die Sonne fertig war, mussten sie die beiden spindeldürren Narren auf ihre Achseln nehmen und am Himmel befestigen. Es war eigentlich eine unverzeihliche Nachlässigkeit von den Medizinmännern, jene Schafsköpfe mit einem so wichtigen Amt zu betrauen – was sie übrigens auch recht bald bereuen sollten. Sie waren nämlich bei ihrer Arbeit so unachtsam, dass sie die Sonne zu nahe an die Erde setzten, wodurch diese sicherlich in wenigen Stunden verbrannt wäre, wenn nicht gleich alle Leute große Rauchwolken aus ihren Pfeifen dagegengeblasen hätten. Noch viermal musste die Sonne weitergerückt werden, damit die wachsende Erde nicht in Gefahr kam, vollständig ruiniert zu werden.

Der Himmel war inzwischen auch schon vollendet, und die Medizinmänner waren eben daran, ihn mit allerlei schönen Sternbildern auszuschmücken, als plötzlich ein alter Präriewolf dahergelaufen kam, den noch übrigen Sternevorrat in wilder Unordnung an den Himmel warf und dabei die Leute mit spöttischen Reden beleidigte, weil sie mit den lumpigen Himmelslichtern so viel Zeit vergeudet hatten.

Als so Sonne und Mond im Gang waren und am Himmel wie auf der Erde Ordnung herrschte, machten einige alte Medizinmänner zwei große Wasserkrüge; der eine davon war außen wunderschön bemalt, enthielt aber nur schmutziges Wasser, während der andere rau und plump aussah, aber mit einer Herde Vieh gefüllt war. Die Öffnungen waren bedeckt, sodass niemand sehen konnte, was die Krüge enthielten. Darauf wurden die Navajos und die Pueblos herbeigerufen, und jedem dieser Stämme wurde die Wahl eines dieser Krüge freigestellt.

Die Navajos griffen natürlich hastig nach dem schön verzierten und überließen den anderen den Pueblos, worauf einer der Medizinmänner sagte: »So wird es ewig bei euch zwei Nationen sein: Ihr Navajos werdet nie eine bleibende Stätte finden, weil euch der äußere Glanz zu sehr blendet; aber ihr Pueblos werdet die nützlichen Dinge stets im Überfluss haben.«

Und so kam es denn auch. Wenn der Navajo noch heute irgendein glänzendes Ding sieht, so scheut er kein Opfer, bis er es besitzt; der Pueblo aber wird sich nie durch das Äußere bestechen lassen.

Um diese Zeit stand unter den Navajos ein Mann auf, der war ein außergewöhnlich guter Spieler und von unbeschreiblichem Glück begünstigt; er bereiste alle Dörfer und Niederlassungen und gewann alle Kleinode und Kostbarkeiten der Navajos und zuletzt auch noch alle Leute des ganzen Stammes.

Als er diese alle beisammen hatte, fasste ihn ein kräftiger Jäger am Kopf, legte ihn auf seinen Bogen und schoss ihn hinauf in den Himmel. Aber nach kurzer Abwesenheit kam er wieder zurück und brachte viele Feuerwaffen und eine Menge blutgieriger Spanier mit sich. Dann verließ er seinen Stamm und reiste nach Mexiko, wo er alten Medizinmännern nach noch leben soll.

Die mitgebrachten Spanier gründeten am Rio Grande feste Niederlassungen.

Da die Indianer außer Fleisch, Wurzeln und Kräutern kein anderes Nahrungsmittel besaßen, so kam eines Tages ein riesiger Truthahn vom Morgenstern zu ihnen geflogen und brachte ihnen Welschkorn (Mais) mit, das sie anpflanzten und sich recht gut schmecken ließen. Damit es auch stets gut gedeihe, mussten die Medizinmänner beim Pflanzen aus ihren Pfeifen große Rauchwolken in den Himmel blasen, was dann dieser stets mit einem segensreichen Regen belohnte.

DIE KOJOTEN

Die ersten Indianer waren die Kojoten (Coyotas). Als einer davon starb, bildeten sich in seinem Kadaver eine Menge kleiner Tiere, die sich allmählich als Bären, Hirsche, Biber usw. entpuppten. Einige davon bekamen sogar Flügel, und zwar so große und starke, dass sie damit bis zum Mond fliegen konnten. Um dies nun zu verhindern, befahlen die Mediziner, jeden toten Menschenkörper in ein Feuer zu werfen, damit sich die daraus entstehenden Vögel die Flügel kurz brennen sollten. Seit jener Zeit sind sämtliche Vögel auf der Erde geblieben.

Allmählich nahmen auch die Indianer eine mehr menschliche Gestalt an; sie bekamen die gehörige Anzahl Augen, Ohren, Finger und Zehen, fingen an, aufrecht zu gehen und verloren ihre langen Schwänze, die ihnen bei jeder Bewegung hinderlich waren. Sie liefen nämlich zuerst auf allen vieren herum, jeder hatte nur ein Auge, ein Ohr, einen Finger und eine Zehe.

Den Verlust des großen Schwanzes aber haben einige davon bis heute noch nicht verschmerzt und suchen sich dadurch zu trösten, dass sie sich hinten irgendeinen langen Tierschwanz anbinden.

KOSMOGONIE DER WINNEBAGOS

Als der Große Geist einst aus einem süßen Traum erwachte, fand er sich auf einem hohen Stuhl sitzen. Da er sich ganz einsam fühlte und gern Gesellschaft um sich gesehen hätte, so schnitt er sich in der Nähe seines Herzens ein Stück Fleisch ab, tat etwas Erde dazu und formte dann vier Männer daraus. Nachdem er sich einige Tage recht gemütlich mit diesen unterhalten hatte, schuf er auch eine dicke Frau dazu – die Erde nämlich, die seit jener Zeit von allen Indianern Großmutter genannt wird.

Diese vier Männer waren die vier Winde, Nord, Süd, West und Ost und hielten die Erde in ständiger Bewegung, was dem Großen Geist aber nicht recht gefiel, weshalb er gleich vier große Tiere und vier mächtige Riesenschlangen darunterstellte, die sie festhalten mussten. Da jedoch die Erde immerwährend wuchs, so wurde jenen Tieren die Last mit der Zeit ein wenig zu schwer, und sie waren zuletzt nicht mehr imstande, sie bei heftigen Stürmen in Ruhe zu halten. Als dies der Schöpfer merkte, schickte er ihnen noch schnell einen riesigen Büffel zu Hilfe, und von nun an stand sie unbeweglich fest.

Nun schnitt der Große Geist abermals in der Nähe des Herzens ein Stück von seinem Körper und machte einen Mann und eine Frau daraus. Ersterer wusste sehr viel, Letztere aber sehr wenig. Dem Mann gab er recht viel Tabak und Tabaksamen und sagte ihm, wenn er von den Winden, den Vögeln oder den Tieren verstanden sein wolle, so solle er vorher etwas von diesem Rauchkraut ins Feuer werfen.

Der Frau gab er allerlei Früchte und zeigte ihr die essbaren Kräuter und Wurzeln. Dann winkte er ihnen, einmal unter sich zu sehen, und sie fanden ein wunderschönes Kind zwischen sich, das lächelte so süß, dass es die Frau gleich auf den Arm nahm und säugte. Danach schuf der Große Geist noch von jedem Stamm ein Paar sowie eine Menge Tiere, Fische und Vögel, sodass alle Menschen vollkommen zu leben hatten. Dann nahm er Abschied von der Erde und kam erst nach hundert Jahren wieder. Da fand er denn nun, dass die zuerst geschaffenen Menschen alt und krumm geworden waren und sich fast gar nicht mehr bewegen konnten; auch war die Erde bereits so dicht bevölkert, dass die jungen Leute gar keinen Raum mehr hatten, um ihre Wigwams aufzuschlagen.

»Ach«, sagte da der Große Geist zu sich, »die Leute leben zu lange und vermehren sich zu rasch; ich will meine mächtigen Diener, die vier Donner, schicken, damit sie ihnen das Kriegshandwerk beibringen und zeigen, wie man sich gegenseitig totschlägt.«

Als dies geschehen war, bekamen sie wieder Platz. Diejenigen, die im Krieg gefallen waren und einen unbescholtenen Lebenswandel geführt hatten, nahm der Große Geist in seinen Himmel auf; die Schlechten aber mussten sich weit im Westen ein Unterkommen suchen.

Als so das menschliche Leben geregelt war, kam plötzlich ein böser Manitu auf die Erde und wollte ebenfalls einen Indianer schaffen; doch als er ihn fertig hatte und ihn recht betrachtete, war es ein Neger. Dann versuchte er auch Schlangen zu machen, aber sie waren alle giftig; die Bäume, die aus seiner Hand hervorgingen, trugen keine Früchte, und das Feuer, das er mitgebracht hatte, heizte nicht. Er predigte die Kunst des Stehlens und des Lügens und führte die Seele eines jeden, der ihm Gehör geschenkt hatte, hinab in die kalte Hölle.

Seit jener Zeit bereitete sich der Große Geist zu einem furchtbaren Kampf gegen seinen Widersacher vor, und dieser soll, wie zuverlässige Leute sagen, vier Tage und vier Nächte gedauert und mit der Ausrottung aller Schlechten und Bösen geendet haben.

Eine andere Schöpfungsgeschichte der Winnebagos

Als der Große Geist die Erde geschaffen und sie mit Gras und Blumen geschmückt hatte, setzte er vier mächtige Geister mit zwei Klapperschlangen und zwei Büffeln an ihre vier Ecken, um sie festzuhalten. Dann machte er Tiere, Vögel und auch einen Indianer, dem er sagte, er solle langsam und behutsam auf die Erde steigen; aber dieser stürzte sich wie ein Wolkenbruch herab und landete am Ufer des Michigansees. In der einen Hand hatte er eine schwere Kriegskeule und in der anderen ein Instrument, mit dem er Feuer machen konnte. Dieser Indianer war der erste Chief. Da er ganz allein war, so schickte ihm der Große Geist später eine liebende Frau herunter.

Der zweite Mann fuhr in einem schrecklichen Regen herab und löschte damit das Feuer des ersten aus.

Danach schuf der Große Geist einen Mann aus einem Stück Erde vom Boden des Michigansees. Dann wurden die übrigen Menschen geschaffen.

Als nach Verlauf von vielen hundert Jahren der Große Geist wieder einmal auf die Erde herabblickte, sah er, dass sich seine lieben Winnebagos mit ihren Steinäxten sehr abarbeiten mussten, was ihm so zu Herzen ging, dass er gleich die weißen Männer schuf, die bessere Werkzeuge für sie machen mussten.

Wie Mais, Bohnen usw. entstanden sind

Ein Susquehanna-Indianer, der sich von einem Missionar die Geschichte der Sintflut hatte erzählen lassen, gedachte jenen dafür mit folgender Sage zu belohnen:

»Am Anfang hatten unsere Väter nur Fleisch zu essen, und wenn sie einmal auf der Jagd unglücklich gewesen waren, so mussten sie bitteren Hunger leiden.

Nun hatten einst zwei Jäger einen fetten Bären getötet und ein Feuer angezündet, um einige Stücke davon zu braten, als eine große, blendend schöne Frau aus den Wolken kam und sich vor ihnen auf die Rocky Mountains niederließ. Da sagte der eine zum anderen: ›Das ist ein Geist, der unseren Braten gerochen hat; komm, lass uns ihm ein Stückchen opfern.‹

Darauf opferten sie ihr den besten Leckerbissen – die Zunge nämlich.

›Kommt nach einem Jahr wieder her‹, sagte sie darauf, ›und ihr werdet sehen, dass ich nicht vergessen habe, eure Freundlichkeit zu belohnen.‹

Als sie die Gegend wieder besuchten, fanden sie ringsum alles mit den nützlichsten Pflanzen bewachsen; die Stellen, die ihre rechte Hand berührt hatte, trugen Mais, und diejenigen, auf die sie die linke gerichtet hatte, trugen Bohnen. Da, wo sie gesessen war, wuchs die köstliche Tabakspflanze.«

»Ach«, entgegnete darauf unwillig der Missionar, »wie könnt ihr doch an solche dumme Fabeln glauben, die irgendein müßiger Kopf von euch ausgeheckt hat? Was ich euch aber erzählt habe, ist die reinste Wahrheit und stammt aus dem Mund des Allmächtigen selbst!«

»Mein Freund«, erwiderte der beleidigte Indianer darauf, »es scheint, dass man bei deiner Erziehung doch die Hauptsache vergessen hat. Du sahst, dass wir so höflich waren, deine fabelhafte Geschichte zu glauben; warum glaubst du nun die unsrige nicht ebenfalls?«

Die fünf Nationen

Als Owäneo, der Große Geist, Aekänischiodschensi oder die Erde aus dem Wasser entstehen ließ, sagte er zu seinem himmlischen Bruder: »Lass uns einige rote Menschen machen, die das schöne Land bewohnen mögen!« Darauf bestreute er die Felsen von Onondaga mit rotem Samen, der in kurzer Zeit zu Würmern wurde, in die sich später die vielen umherirrenden Zwerggeister versteckten.

Dann wurde die Erde von den Wolken bewässert und von der Sonne schön gewärmt, sodass die kleinen Würmer mit den Geisterchen darin recht prächtig wuchsen, Arme und Beine bekamen und sich aus der Erde hervorarbeiten konnten. Schon nach neun Monaten wurden perfekte Knaben und Mädchen daraus, die Owäneo mit einem warmen Mantel umhüllte und mit Milch aus seinen Fingernägeln tränkte.

So pflegte er sie sorgfältig neun Sommer lang. In den nächsten neun Sommern lehrte er sie die Kunst des Lebens, schuf Bäume, Pflanzen und Tiere für sie und berief sie dann zu einer großen Versammlung ein.

»Hört!«, redete er sie an. »Ihr seid fünf Nationen, denn ihr seid fünf Händen voll Samen entsprungen. Ihr seid alle Brüder und Schwestern, und ich bin euer Vater, der euch großgezogen hat.

Mohawks, ich habe euch kühn und tapfer gemacht; euch gehört das Korn der Erde.

Senecas, ihr seid fleißig und gewerbsam; ihr sollt die Bohnen haben.

Oneidas, ihr seid geduldig und still; euch sollen die Nüsse und die übrigen Baumfrüchte gehören.

Cayugas, ihr seid stark und großmütig; die Wurzeln sind euer Eigentum.

Onondagas, ihr seid weise, gerecht und beredsam; euch habe ich Melonen und Trauben zur Nahrung gegeben.

Der Tabak und die Tiere des Waldes, des Flusses und der Luft gehören euch gemeinsam.

Ihr seid die besten Menschen der ganzen Erde, deshalb habe ich euch auch das beste Land gegeben, das ihr so lange bewohnen sollt, als es die Sonne bescheint, der Mond erleuchtet und der Himmel mit Regen tränkt. Wenn ihr mich liebt und euch gegenseitig in Not und Elend beisteht, so werde ich euch stets beschützen und eure Heimat gegen die fremden Kinder anderer Götter verteidigen.

Die Körper, die ich euch gegeben habe, werden mit der Zeit alt und unbrauchbar werden; aber ich kann nicht immer bei euch sein und euch ständig mit neuen versehen; ich habe euch daher so eingerichtet, dass ihr selbst neue schaffen könnt.«

Darauf wickelte sich der Große Geist in eine lichte Wolke und schwebte pfeilschnell der Sonne zu.

Kosmogonie der Miamis

Die Erde war zuerst nur eine kleine flache Insel, die der Meister des Lebens mit grünen Bäumen und Gewächsen geschmückt hatte. Später, als diese bedeutend größer geworden war, nahm der Schöpfer eine Handvoll roter Tonerde und machte ein allerliebstes Menschenpaar daraus, dem er alle Tiere zum Eigentum gab. Da es für diese jedoch sehr mühselig war, die großen Vierfüßer ohne weitere Beihilfe zu erjagen, so griff der Große Geist in den Himmel und gab ihnen die Hunde zu treuen Dienern und Begleitern auf ihren Jagdzügen. Dann rief er Menabuscho herbei, der jedem Strauch, Baum, Vogel, Fisch usw. einen bestimmten Namen geben musste.

Fleisch allein schmeckte natürlich den Indianern nicht lange, und der Schöpfer, der dies sehr wohl einsah, sagte daher dem Korn im Himmel, es solle hinab auf die Erde gehen und seine Kinder erquicken, die ihm dafür dankbar sein würden. Das Korn gehorchte auch, und als es kam, schärften die Medizinmänner allen ein, es ja nicht zu missbrauchen und vor allen Dingen nicht mehr davon zu pflanzen, als zu ihrem Bedarf nötig sei, um den Zorn des Großen Geistes nicht auf sich zu laden.

Aber die Miamis vergingen sich einst gegen dieses Gesetz und bepflanzten unermesslich große Felder mit jenem Gewächs. Da die Ernte sehr ergiebig war, so füllten sie alle Säcke damit, die sie hatten, und vergruben das übrige Korn in der Erde. Eine Menge Körner blieben jedoch in den Stengeln sitzen und wurden von den jungen Leuten als Spielzeug benutzt.

Danach zogen die Miamis fort in eine andere Gegend, wo es bedeutend mehr Wild gab. Alles, was nur den Bogen spannen konnte, ging auf die Jagd, aber kein Pfeil traf, und selbst der des besten Schützen verfehlte sein Ziel. Das mitgenommene Korn war bald aufgezehrt, und die alten Leute, die sich schon vor Mattigkeit und Hunger nicht mehr rühren konnten, beschlossen, sich tot zu hungern.

Da dachte ein junger Mann wieder an seinen früheren Wohnplatz zurückzugehen und sich und seinem sterbenden Vater so viel Korn zu holen, als er überhaupt schleppen konnte. Sein Weg führte an einer großen Büffelherde vorbei, aber seine Pfeile flogen in einer ganz anderen Richtung, wenn sie auch noch so gut gezielt waren.

Zuletzt kam er an einen kristallklaren Strom, an dessen Ufern eine rauchende Hütte stand, die von einem alten kranken Mann bewohnt war. Dieser lag mit dem Rücken dem Feuer zu und lüftete kaum merklich den Kopf, als der Jüngling eintrat. »Ach«, seufzte der Jäger, »lass mich ein wenig bei dir ausruhen; ich bin schwach und hungrig, und meine und meines Volkes Pfeile sind machtlos. Ich habe mich deshalb auf den Weg zum Ort unseres Sommeraufenthalts gemacht, um meinem alten Vater etwas von dem Korn zu holen, das wir dort vergraben haben.«

Der verkrüppelte Alte, der ein verkleideter Magier zu sein schien, sagte darauf: »Mein Enkel, ihr Indianer habt mich sehr beleidigt und in die traurige und unglückliche Lage gebracht, in der du mich hier siehst. Doch ehe ich weiter mit dir rede, geh erst vor die Hütte, hole dir meinen großen Kessel herein, und labe dich an dem süßen Korn, mit dem er gefüllt ist.«

Nachdem sich der junge Mann gestärkt hatte, fuhr der Alte fort: »Meine Knochen sind zerbrochen worden durch die Schuld eurer Jünglinge, die im vergangenen Sommer mit mir gespielt haben, denn ich bin Mondamin oder der Gott des Korns, der für euch vom Himmel gekommen ist. Ihr habt mich sehr beschimpft und schändlich mit Füßen getreten, und das ist die Ursache, warum ihr jetzt von einer Hungersnot heimgesucht werdet und warum eure Pfeile vergeblich fliegen. Alle Leute, die mich achten, sind glücklich und haben stets zu essen.«

Darauf schlief der erschöpfte Jüngling ein. Als er am anderen Morgen gestärkt und erfrischt erwachte, lief ein fetter Bär vor der Tür vorbei, den er glücklicherweise schoss, wonach er ihn auf den Rücken nahm und zu seinem Vater schleppte.

Einige andere junge Leute, die ebenfalls um Korn ausgegangen waren, hatten die Höhlen leer gefunden und waren, als sie zurückkamen, so schwach, dass sie kaum ihr trauriges Missgeschick erzählen konnten. Nun teilte ihnen der glücklichere Jüngling seine Erlebnisse beim Korngeist mit, und alle diejenigen, die die Hungersnot überlebten, haben sich später nie mehr auf solche frevelnde Art gegen jene Gottesgabe versündigt.

Sonne und Mond

In uralten Zeiten lebte einst ein altes Mütterchen, das hatte eine allerliebste Enkelin bei sich, die das schönste Mädchen war, das die Sonne je gesehen hatte. Als diese zum jungfräulichen Alter herangereift war, fragte sie einst ihre Großmutter, ob es denn außer ihr keine Menschen mehr auf der Welt gebe.

»Nein«, erwiderte die Alte; »früher lebte die ganze Erde voll Männer und Frauen, doch da sie alle einen sehr schlechten Lebenswandel führten, so ließ sie der Große Geist durch einen bösen Manitu vernichten. Hätte ich zu jener Zeit nicht über ungewöhnlich mächtige Medizinkräfte verfügt, so wären wir beide auch nicht mehr am Leben.«

Das klang doch der Enkelin ein bisschen zu kurios, und sie dachte bei sich: Wenn sich meine Großmutter gerettet hat, so sind gewiss auch noch mehr dem Untergang entronnen. Sie nahm sich daher vor, die Welt zu bereisen und nachzusehen. Darauf machte sie sich zehn Paar Mokassins, füllte ihre Taschen mit Lebensmitteln und ging fort in die Fremde. An jedem Abend zog sie ihre Beinkleider ab und ließ sie zurück zur Großmutter gehen, damit sie dieser ihre Erlebnisse erzählen konnten.

Am Morgen des zehnten Tages kam die Jungfrau in eine große Hütte, die aus zwölf Zimmern bestand, in denen sich aber niemand befand, weil, wie es schien, die Eigentümer auf die Jagd gegangen waren. Sie setzte sich darauf ruhig dicht neben die Tür und wartete bis zum Abend, wo der Reihe nach zwölf Brüder hereinkamen, von denen jeder seinen besonderen Platz einnahm. Erst der zehnte bemerkte die Jungfrau, ergriff sie an der Hand, führte sie an seinen Platz und sagte: »Mein liebes Mädchen, ich freue mich, dass ich dich gefunden habe, denn ich bin's herzlich satt, noch weiterhin meine Mokassins zu nähen, und hoffe, dass du mir diese Arbeit abnehmen wirst.«

Das Mädchen war's zufrieden, heiratete ihn und erfreute ihn nach einem Jahr durch die Geburt eines Knäbleins, das aber leider schon nach dem dritten Tag wieder starb, worüber der Vater sich so sehr grämte, dass er ebenfalls starb. Danach heiratete die Witwe den jüngsten Bruder, der auch gleich starb, und so heiratete sie alle nach der Reihe bis zum ältesten.

Da dieser sie jedoch nicht liebte, wurde sie täglich trauriger und nahm sich zuletzt vor, den Ort ihres Kummers heimlich zu verlassen. Ihre Hütte war nach Art der Medizinhütten gebaut; sie hatte den Eingang auf der östlichen und den Ausgang auf der westlichen Seite. Durch Letzeren floh sie. Sie zog den Türpfosten aus der Erde, kroch mit ihrem Hund in das Loch und verschwand so spurlos. Der Pfosten nahm danach seine alte Stelle wieder ein.

Die Frau kam zuletzt ans Ende der Welt, das weit im Osten liegt. Dort saß Menabuscho und fischte. »Mein Großvater«, sagte sie zu ihm, »ein mächtiger Geist quält und verfolgt mich.«

Doch der Alte antwortete erst, nachdem sie dies noch zweimal wiederholt hatte. »Du störst mich«, sagte er. »Es ist sonst kein mächtiger Geist auf der Welt als ich; geh nur getrost weiter.« Dabei zeigte er nach Westen in die Luft.

Sie folgte und stieg in die Höhe.

Ihr Gemahl, der inzwischen manche tränenreiche Nacht durchwacht hatte, hatte sie nach allen Richtungen gesucht, aber nirgends – weder in der Luft noch auf der Erde – eine Spur von ihr gefunden. Doch als er zuletzt alle Pfosten seines Wigwams aus der Erde zog, fand er, dass sie beim westlichen Ausgang durch eine Höhle entwischt war. Gleich eilte er ihr nach und kam ebenfalls zum fischenden Menabuscho, den er dreimal nach seiner Frau fragte. Aber der Alte stellte sich taub und gab ihm keine Antwort.

Der Jäger schrie immer lauter, wurde sogar recht grob, bis sich dann Menabuscho ärgerlich umdrehte und ihm entgegnete: »Es ist allerdings eine Frau diesen Weg gekommen, aber dir gehört sie nicht!«

Als er dies hörte, setzte er gleich seine Verfolgung fort, und Menabuscho rief ihm nach: »So sollst du deiner Frau nachlaufen, solange die Erde steht, und sollst von den Menschen Gischiguhk* genannt werden.«

Die Frau – der Mond – kam bald darauf wieder zum Alten zurück und bedankte sich für ihre glückliche Rettung. Dabei sagte sie ihm mit liebenswürdiger Wich-

* der Tagmacher

tigkeit heimlich ins Ohr, dass sie noch eine guterhaltene Großmutter zu Hause habe, die sich recht famos zu seiner Frau eignen würde. Schmunzelnd legte darauf Menabuscho seine Angel nieder, ging schnurstracks hin zur Alten und heiratete sie. Aus ihrer Verbindung entsprangen die Menschen.

Jene Frau wurde späterhin Tibikdschisis oder die Sonne der Nacht genannt. Die zwölf Brüder sind die Monate, die bei ihrer Berührung mit Tibikdschisis der Reihe nach sterben.

ANSICHTEN EINES TUSCARORA-INDIANERS
ÜBER DIE ERSCHAFFUNG DER WELT

In uralten Zeiten gab es zwei Welten. In der untersten herrschten die ungeheuerlichsten Geschöpfe; in der obersten wohnten die Menschen. Unter diesen befand sich eine hochschwangere Frau, die war gerade nahe daran, von Zwillingen entbunden zu werden, als sie durch große Schmerzen von Sinnen kam und in die Unterwelt sank, wo sie von einer großen Schildkröte aufgefangen wurde. Diese wuchs mit jeder Minute, bis zuletzt eine große Insel daraus wurde. Ihr Rücken war mit Erde bedeckt, aus der ein großer Wald von Bäumen und Gesträuchen hervorschoss.

Während nun die Frau in den schmerzlichsten Kindesnöten dalag, fiel es dem einen Kind ein, unter ihrem Arm hervorzukriechen – eine Idee, von der es das andere mit aller Gewalt abbringen wollte, was ihm jedoch nicht gelang.

Bei der Geburt des zweiten Kindes kam die Mutter ums Leben.

Das eine Kind hieß Enigorio oder der Gute Geist und das andere Enigonhahetdschi oder der Böse Geist. Beide wuchsen recht nett heran und blieben in den dunklen Regionen, die der Gute Geist später dadurch erhellte, dass er die beiden Augen seiner Mutter in der Luft befestigte, wovon das eine bei Tag und das andere bei Nacht leuchtete. Aus den übrigen Körperteilen machte er die vielen Sterne.

Als dies die scheußlichen Ungeheuer der Dunkelheit merkten, verkrochen sie sich so schnell, wie sie konnten, im unterirdischen Schlamm, damit sie niemand sah.

Danach schuf der Gute Geist viele Füchse und allerhand sonstige Tiere und baute auch zuletzt zwei Geschöpfe – ein Männchen und ein Weibchen – nach seinem Ebenbild.

Sein Bruder unterhielt sich inzwischen damit, dass er raue Berge, rauschende Wasserfälle und giftige Schlangen hervorbrachte, und als den beiden Menschen die Seelen eingehaucht werden sollten, verwandelte er sie schnell in Affen und der Gute Geist war genötigt, wieder zwei neue zu machen, denen er aber die Seelen heimlich selbst einblies. Darüber zankten sie sich nun und forderten sich zum Kampf heraus, und es wurde ausgemacht, dass der Sieger die Welt regieren sollte.

Der Kampf dauerte zwei Tage; der Böse wurde erschlagen und hinab in die schwarze Tiefe gestürzt, wo er jetzt noch wohnt und die Seelen seiner Anhänger in Empfang nimmt.

Die Strafe Gottes

Erzählung der Apachen

Mächtige Häuptlinge mit großen Armeen beherrschten die Erde. Das Volk war schlecht, stolz und lästerte seinen Schöpfer bei jeder Gelegenheit in so gemeiner Weise, dass sich dieser vornahm, alle Menschen zu vertilgen. Darauf nahm er Sonne, Mond und Sterne vom Himmel und ließ einen entsetzlichen Regen auf die Erde strömen, der alle Tiere und Menschen mit Ausnahme einer kleinen Anzahl, die sich auf den höchsten Berg geflüchtet hatten, ertränkte.

Darunter war auch ein großer Häuptling, der weit und breit wegen seiner Tapferkeit und Frömmigkeit berühmt war; dieser forderte nun alle seine Leute auf, mit ihm zu beten und den Großen Geist zu bewegen, seinen Zorn zu besänftigen und Sonne und Mond wieder scheinen zu lassen. Aber alle außer ihm wurden mit Stummheit geschlagen. Der Chief musste also allein weiterbeten und wurde endlich auch erhört; die Erde trocknete allmählich wieder unter den Strahlen der wärmenden Sonne; Gras und Bäume schossen wieder aus ihr hervor, und den übrig gebliebenen fiel es nie wieder ein, ihren Schöpfer zu lästern.

Die Geschichte eines Riesen

Als die Erde aus dem Wasser emporgetaucht war, entstanden allerlei Kreaturen, Pflanzen, Tiere, Menschen und auch einige Riesen darauf, welch Letzere sich besonders am Kanawage-Fluss oder St.-Lorenz-Strom ansiedelten.

Auch ein ganz fremdes Volk kam auf großen Schiffen an, konnte aber nicht landen, da sich plötzlich ein schrecklicher Sturm erhob, der alle ihre Fahrzeuge zerschmetterte. Die Leute wären sicherlich alle ertrunken, wenn sie nicht schnell einige vorbeifliegende Falken herausgezogen und auf einen nahen Berg geschleppt hätten. Dort erholten sie sich wieder, bauten ein kleines Fort und trieben Ackerbau und Viehzucht. Doch die umwohnenden Riesen, die alles raubten und plünderten, was nur einigermaßen von Wert war, fingen auch mit ihnen Krieg an, nahmen sie alle gefangen und töteten sie.

Diese Riesen richteten überhaupt unter der Menschheit das grässlichste Unheil an. So wohnte z. B. zu jener Zeit ein alter Häuptling in der Nähe des genannten Flusses, der hatte sechs Söhne und eine wunderschöne Tochter, welch Letzere eines Tages, während sich ihre Brüder auf der Jagd befanden, von einem dieser Riesen, der sein Augenmerk schon lange auf sie gerichtet hatte, geraubt und fortgeführt wurde.

Als sie ihre Brüder bei ihrer Rückkehr nicht mehr fanden, beschloss der älteste sie zu suchen. Nach drei Tagesreisen stand er vor dem Haus des Riesen und sah seine Schwester herumgehen und dürres Holz sammeln. Doch als er auf sie zuging, lief sie schnell in die Hütte zurück, und es schien ihm, als ob es ihr recht gut gefalle und sie nicht den geringsten Wunsch hege, wieder in ihre alte Heimat zurückgebracht zu werden. Der Jäger ging ihr nach und wurde auch von seinem Schwager recht freundschaftlich empfangen. Beide steckten sich ihre Pfeifen an und unterhielten sich recht gemütlich.

Am Abend wurde dem jungen Mann ein weiches Lager angewiesen, und da er recht müde war, so schlief er auch bald ein, und der Riese hatte dann leichtes Spiel, ihm mit seiner Keule den Kopf zu zerschmettern. Darauf begrub er ihn und sagte seiner Frau, sie solle ja auf ihre anderen Brüder achtgeben und ihn wissen lassen, wenn sich wieder einer nahe.

Kurz danach erschien auch wirklich der jüngste, der als der Stärkste und Wildeste galt, trefflich bewaffnet vor der Tür und fragte stürmisch nach seinem Bruder. Der Riese erzählte ihm, dass er Frieden mit ihm geschlossen habe und er zurzeit auf der Jagd sei. Darauf setzte sich Dontonkä, wie er hieß, nieder, ließ sich von seiner Schwester etwas zu essen bringen, und da es inzwischen Abend wurde und er sich schläfrig fühlte, so legte er sich auf eine Büffelhaut und schlief ein. Vorher band er sich jedoch über jedes Auge ein Stück faules Holz, das in der Dunkelheit so leuchtete, dass der Riese glaubte, sein Schwager habe die Augen auf und wache.

Am folgenden Morgen entspann sich nun ein schrecklicher Kampf zwischen beiden, und Dontonkä zerschmetterte den Riesen in tausend Fetzen und verbrannte sein ganzes Haus. Seine Seele flog darauf in den Himmel und wurde zu einem großen Stern. Auch die Frau starb kurz danach, und ihr Geist verwandelte sich ebenfalls in einen Stern.

Von einer zweiköpfigen Schlange

Ein Knabe hatte einst eine zweiköpfige Schlange gefangen und in eine Schachtel gesteckt, wo er sie zehn Winter lang mit Vogelfleisch fütterte. Im Verlauf dieser Zeit wurde sie aber so groß und stark, dass sie nur fette Bären, Hirsche und Büffel zu sättigen vermochten, was dem inzwischen zu einem mutigen Jäger herangereiften Knaben viel Mühe verursachte.

Als er eines Tages ausgegangen war, kroch die Schlange aus ihrer Behausung hervor, trat alle Bäume wie Gras nieder und drohte alle Menschen zu verschlingen. Die Krieger vermochten mit ihren besten Waffen nichts gegen sie auszurichten und mussten eilends in eine geräumige Höhle flüchten, in die sie ihrer Größe wegen nicht folgen konnte. Lauernd und züngelnd blieb sie daher vor dem Eingang liegen, und alle Versuche, sie zu verscheuchen, schlugen fehl.

Nun hatte einer dieser Krieger einen Traum, dass, wenn er seine Pfeile mit dem Haar seiner Schwester, das medizinene Eigenschaften besaß, schmücke, diese die Haut der Schlange durchdringen würden. Er folgte also diesem Traum und war auch wirklich so glücklich, mit dem ersten Schuss das Herz des höllischen Reptils vollständig zu zerstören, sodass es augenblicklich tot niedersank. Auf diese Art wurde die Menschheit von ihrem sicheren Untergang gerettet.

Ein Tier des Unglücks

Ein Jäger sah einst auf der Jagd ein merkwürdig gestaltetes, fremdartiges Tier an einem Bach sitzen. Es war von grauer Farbe, sah beinahe wie ein Hund aus, hatte aber keinen Kopf; wenigstens keinen sichtbaren. Seine Wohnung war nicht weit davon entfernt.

Als er am Abend nach Hause kam, erzählte er dies seinen Bekannten und gab dabei zu erkennen, dass er sich fürchte, noch einmal an jenen Platz zu gehen, weil, wie er sicherlich glaube, das ganze Tier aus Gift bestehe. Darüber lachten ihn nun alle Anwesenden aus und verhöhnten ihn als dummen Feigling, der vor einem Schatten erschrecke. Einer erbot sich sogar, gleich am anderen Morgen hinzugehen und es, wenn es noch da sei, zu fangen und zu töten, wobei er alle anderen Jäger als Zuschauer wünschte.

Er ging auch wirklich hin, entdeckte das Tier und versetzte ihm mehrere derbe Keulenschläge; doch als er es fesseln wollte, wurde es wütend und entwischte zu seiner geschützten Wohnung. Ärgerlich ging der Jäger darauf nach Hause, wo sich nun die Folgen seines gefährlichen Kampfes bald zeigten – er wurde von einer ansteckenden Krankheit überfallen, die nicht allein ihn, sondern auch fast alle anderen Leute seines Dorfes nach kurzer Zeit ins Grab brachte. Nur wenige retteten sich dadurch, dass sie so schnell wie möglich das Lager verließen.

WIE EINER EIN BERÜHMTER DOKTOR WURDE

Der blutdürstige Stamm der Steinriesen war beinahe ganz ausgerottet, und nur noch wenige davon trieben sich in den nördlichen Gegenden herum, wo sie häufig die allein umherstreifenden Jäger überfielen und skalpierten. Einer der Jäger, den auch so ein mörderischer Teufel beinahe an den Haaren erwischt hatte, suchte sich schnell durch die Flucht zu retten, aber sein Verfolger ließ auf einmal ein solch gliederlähmendes Kriegsgeschrei ertönen, dass der arme Jäger kaum noch ein Bein vor das andere setzen konnte. Nun suchte er sein Heil darin, dass er auf einen Baum kletterte, ohne dass es der Riese merkte.

Als dieser nun sah, dass die Spur seines Wildes auf einmal aufhörte, zog er ein medizinenes Instrument aus der Tasche, das die geheime Kraft besaß, den Ort anzugeben, wo sich die flüchtigen Menschen oder Tiere aufhielten. Es zeigte auch wirklich auf den Baum, aber der Jäger, der etwas lange Arme hatte, war leise an einem herabhängenden Ast hinabgeklettert und entriss nun seinem langen Verfolger das Instrument ohne viel Mühe.

Jetzt wurde aber der Riese ungeheuer kleinlaut, fing an zu weinen wie ein Kind und bat den Jäger, ihm doch um des Himmels willen sein Werkzeug wiederzugeben, er wolle ihm in seinem Leben nichts mehr zuleide tun und ihm auch die Heilkräuter für jede Krankheit zeigen. Der Jäger ging auf den Handel ein, ließ sich über die Eigenschaften der verschiedenen Heilkräuter genau unterrichten, erstattete dann das medizinene Instrument zurück und ging wohlgemut nach Hause.

Dort heilte er nun die gefährlichsten Krankheiten. Hatten einem die Hexen, die zu jener Zeit noch eine bedeutende Rolle spielten, Würmer, Haare oder Steine in den Körper geblasen oder diese auf eine andere Art hineinpraktiziert, so holte er's ohne viele Umstände wieder heraus und rettete so manchen vor dem sicheren Tod.

Die Hauptaufgabe der Hexen bestand nämlich damals darin, den Leuten allerlei große Würmer und ekelhaftes Haar in die Bäuche zu hexen, wodurch sie sicherlich bald die ganze Menschheit ruiniert hätten. Auch waren sie trefflich organisiert, hielten ihre regelmäßigen nächtlichen Zusammenkünfte ab und besaßen die Kunst, sich in Wölfe, Füchse, Eulen, Falken, Felsen, Steine oder Baumstämme verwandeln zu können, was sie befähigte, jeder Verfolgung zu entgehen.

Inhaltsverzeichnis

319